EMDR 마음의 상처 치유하기

어린 시절
트라우마를 경험한
성인을 위한
EMDR 치료법

EMDR
마음의 상처
치유하기

로럴 파넬 지음

김준기·배재현·김남희 옮김

수오서재

끊임없이 우리를 괴롭히는 것들은

항상 새로운 해결책을 찾게 한다.

그것을 정면으로 바라보지 않으면

상처는 결코 치유되지 않는다.

우리를 따라다니는 그림자를 직면하는 것이

바로 치유의 시작이다.

―잘랄루딘 루미

옮긴이의 말

이 책은 로럴 파넬 박사가 1999년에 쓴 책《어린 시절 학대를 경험한 어른을 치료하는 EMDR: EMDR in the Treatment of Adults Abused as Child》을 번역한 것이다. EMDR 치료법이 세상에 알려진 지 10년쯤 뒤에 출판된 이 책은 당시 EMDR 치료법에 대한 순수한 열정과 도전 정신이 고스란히 담겨져 있다. EMDR 치료법의 핵심 이론과 기본적인 절차뿐만 아니라, 트라우마의 처리가 잘 일어나지 않는 상황에서 대응할 수 있는 실질적인 개입 방법까지 광범위하게 실려 있다.

사실 어린 시절 학대를 경험한 어른을 치료하는 것은 복합 외상후 스트레스complex PTSD로 고통을 받는 내담자를 치료하는 것을 의미한다. 이런 경우 단순 외상simple trauma의 기억을 처리할 때와는 전혀 다른 양상이 벌어진다. 트라우마 기억을 다루는 것에 대한 내담자의 두려움, 처리를 방해하는 차단 믿음, 차단된 신체 감각, 시금석 사건, 해리 반응, 예상치 않았던 자아 상태의 출현 등등의 이유로 인해 트라우마 기억의 처리는 쉽게 차단되고 맴돌기looping가 일어난다. 이러한 문제를 해결하기 위해서는 EMDR 표준 프로토콜standard protocol의 변형과 응용이 필수다. 즉 트라우마 처리를 하기 전에 내담자가 갖고 있는 문제의 사례개념화를 잘 수립해야 하고, 충분한 자원을 미리 찾아내어 강화하는 것에 많은 노력을 기울여야 한다. 트라우마를 처리해나가는 과정에서 맴돌기가 일어날 때마다 인지적 개입, 교육적 개입, 신체적 개입 등을 과감하게 시행해야 한다. 또한 트라우마 처리를 마치고 난 뒤에 내담자가 일상생활을 잘 할 수 있도록 자기 모니터링, 명상, 심호흡, 안전지대 훈련 같은 다양한 자기관리 방법을 알려주어야 한다.

결국 복합 트라우마를 경험한 내담자의 치료 효과를 높이기 위해서 치료자는 EMDR 치료의 기본 원칙에 충실하면서 동시에 임상적 판단과 개입 과정에서 유연하고 창의적이어야 한다! 당연히 이는 트라우마로 고통을 받는 사람들을 치료하는 많은 전문가들에게 결코 쉽지 않은 요구 사항이다. 이 책의 매력은 그 쉽지 않은 치료 과정을 구체적으로, 그리고 포괄적으로 알려주고 있다는 것이다. 특히 후반부에 나오는 치료 사례를 보면, 로럴 파넬 박사가 다양한 기법을 필요에 따라 창의적으로 사용하면서도 EMDR 치료자로서의 기본 원칙을 얼마나 충실히 지키고 있는지 알 수 있다.

2008년에《EMDR 마음의 상처 치유하기》라는 제목으로 출판된 책을 이번에 다시 개정하여 출판하게 된 것은 바로 위에서 말한 이 책의 매력 때문이다. 이 책은 EMDR 치료를 새롭게 시도하는 임상가들, 많은 경험이 있으나 어려움에 봉착한 치료자들, 그리고 트라우마 치료에 관심이 있는 많은 이들에게 도움이 될 것이라고 생각한다.

PS. 외상 후 스트레스 장애를 치료하는 방법으로써 신선한 바람을 일으켰던 EMDR 치료법이 세상에 나온 지 어느새 30년의 세월이 지났다. 그동안 많은 사람들이 트라우마 치료에 깊은 관심을 갖기 시작했다. 이제 심리치료 분야에서 트라우마 치료는 점점 더 중요해졌으며, 다양한 치료 기법들이 계속 쏟아져 나오고 있다. 2019년 EMDR 치료의 창시자인 프랜신 샤피로 박사가 영면했다. 그럼에도 불구하고 양측성 자극을 통한 기억의 재처리를 기본 원칙으로 하는 EMDR 치료법은 계속 확대 발전되어 갈 것이다.

2020년 5월
김준기

감사의 말

나에게 영감을 불어넣고 이 책이 나오기까지 도움을 준 많은 사람들에게 진심으로 감사의 인사를 전한다. 먼저 나의 내담자들에게 감사하다. 그들은 나와 EMDR 치료법이 과거의 상처를 치유하도록 도와줄 것이라고 굳게 믿으며 엄청난 공포에 맞서는 용기를 가지고 치료에 임해주었다. 그들의 치유 과정은 나에게 EMDR에 대해 많은 것을 가르쳐주었다. 그들이 있었기에 내가 알게 된 것들을 다른 사람들과 함께 나눌수 있었다.

EMDR을 개발하고, 또한 그것을 내담자들의 다양한 요구에 맞게 창조적으로 적용할 수 있도록 격려해준 프랜신 샤피로에게도 감사하다. EMDR을 세상에 알리려는 그의 용기와 결의에 나 역시 힘을 얻었다.

많은 EMDR 치료자들이 이 책을 쓰는 데 도움을 주었다. 친구 린다 콘은 사례를 제공해주고 브레인스토밍을 도와주었으며 예술과 이미지를 EMDR과 통합하는 데 전문성을 보여주었다. 책을 쓰는 모든 과정을 지지해주고, 특히 책을 편집하고 구성하는 데 많은 도움을 준 브룩 브라운에게도 감사하다. EMDR의 개척자인 랜드리 와일드윈드는 복잡한 사례에서 자아를 강화하는 방법을 알려주었고, 마거릿 앨런은 늘 한결같은 우정으로 유용한 피드백을 해주었으며, 존 프렌드개스트와 리처드 밀러도 변함없는 우정으로 지지해주었다. 특히 내면의 어린 자아와의 치료 작업을 가르쳐주고, 내면의 자원을 개발하는 데 도움을 주었다. 많은 노력과 열정적인 지지를 보내준 커트 로앤조인, 에콰도르의 열차 탈선 사건 때 '개입'의 사용이 무엇인지 보여준 크리스티 스프롤스, '험프리 보가트'라는 자원의 주입을 알게 해준 마크 드워킨, 그리고 긍정적인 자원을 강화시키는 EMDR 방법을 개발하는 데 기여한 A. J. 폽키, 샌드라 포스터, 제니퍼 렌들, 데브라 콘, 매기 필립스, 그리고 앤드루 리즈에게 감사하다.

세도나에서 이 책을 위해 시간을 함께해주고 집필 작업을 도와주며, 특히 12장에 대한 피드백을 주었던 여동생 셰리 밴든버러에게 고마움을 전하고 싶다. 어렸을 때부터 나의 글쓰기를 도와준 진 펌프리와 부모님 헬렌 맥도널드, 딘 파넬께 감사를 드린다. 이 책의 출판을 도와준 저작권 대리인 셰릴 풀러튼과 이 책의 가치를 인정해주고 지지해준 노턴 출판사의 편집자 수전 먼로에게도 감사하다.

나의 아들 카토노와 에티엔에게도 고맙다는 말을 하고 싶고, 특히 사랑과 격려로 오늘의 내가 있도록 지지해준 남편 피에르앙투안 블레에게 고마움을 전하고 싶다.

차례

**1부   어린 시절 학대를 받은 성인을 위한
EMDR 치료 개관**

2부   EMDR 치료의 단계와 구성

서문

내가 EMDR을 처음 접한 것은 1991년 5월 캘리포니아 남부 사막에서 열린 요가 수련 과정에서였다. 거기서 나는 한 EMDR 전문가를 만났는데, 그녀는 EMDR이 정신 치료 과정을 얼마나 극적으로 변화시키는지 열심히 설명했다. 내담자는 어느 때보다 빠르게 호전되었고, 변화가 오랫동안 지속되었으며, EMDR이 심리적인 기억을 객관적인 기억으로 변환시키는 것 같다고 말했다. 내가 《외상의 전환: EMDR Transforming Trauma: EMDR》(1997a)이라는 책에서도 쓴 바와 같이, 그녀는 요가 시간에 호흡 곤란을 일으키며 이상한 행동을 보이는 한 남자를 치료해 EMDR의 강한 효력을 입증해보였다. 그는 EMDR 치료를 받은 다음 날 바로 동료들과 합류하여 요가를 할 수 있었다. 이러한 효과에 감명을 받은 나는 3주 후 캘리포니아의 서니베일에서 열린 프랜신 샤피로Francine Shapiro의 EMDR 1단계 훈련 과정에 참가했다.

훈련 실습 중 나는 EMDR의 효력을 직접 체험했다. 해결되지 않은 어린 시절의 기억을 다루는 과정에서, 나의 어린 자아는 두 살 때 화가 난 아버지에 의해 거의 죽을 뻔했던 기억을 떠올렸다. 나는 빠르고 얕은 호흡과 터질 것 같은 심장의 강렬한 제반응abreaction°을 경험했다. 나의 어린 자아는 너무 놀라 무서움에 떨고 있었다! 이 과정은 어린 시절의 경험, 즉 내가 어린아이일 때 가졌던 모든 생각과 느낌, 믿음들이 고스란히 얼어붙어 있었다는 걸 이해하게 했다. 또한 제반응의 파도에 몸을 맡긴 채, 감정이 강렬하게 흘러나오도록 두었다가, 자연스럽게 가라앉는 과정을 인위적으로 멈추지 않고 내버려두는 것이 매우 중요하다는 사실도 깨닫게 되었다. 실습 과정을 통해 어린 시절에 겪은 학대 사건의 EMDR 치료를 시작할 수 있었다. 그 후 내면 구조와 자아 신념이 바뀌는 것을 경험했는데, 그것은 인간관계 패턴까지 변화시켰다. 불행했던 결혼 생활을 끝내고, 더 잘 맞는 사람을 만나 재혼했으며, 어린 시절의 학대로 늘 긴장 상태에 있었던 아버지와도 다정하고 사랑스러운 관계로 바뀌었다. 이전에는 상상도 할 수 없던 변화였다.

1992년 EMDR 협회의 2단계 훈련 과정을 마치고 그해에 EMDR 교육 조력자facilitator가 되었다. 나는 1단계 훈련 과정을 마치자마자 곧바로 많은 내담자들에게 EMDR을 사용하기 시작했다. 나는 협회의 훈련 과정에 참석했을 뿐만 아니라, 매주 EMDR 전문가, 동료들과 함께 사례 자문 모임을 가졌다. 이 모임은 매우 유용하여, EMDR 치료 방법에 대한 자신감을 갖게 해주었고, 치유력을 개발할 수 있도록 도움을 주었다. 자문 모임에서 내면의 어린 자아를 활용한 치료 방법을 알게 되었

○ 무의식 속에 억압된 기억이나 감정을 터뜨려 표현함으로써 누적된 스트레스나 긴장을 정화하거나 완화시키는 것을 일컫는 말인데, 여기서는 외상 당시의 분노나 슬픔 등 고통스러웠던 감정을 표현하는 것을 말한다. ─옮긴이

으며, 이것을 나의 내담자들의 치료에 맞게 적용했다.

　　EMDR은 프랜신 샤피로가 공원을 산책하면서 우연히 발견한 이후 광범위하게 발전해왔다. 초기에 그녀에게 훈련을 받은 우리는 이 강력한 방법을 내담자들에게 사용하면서, 내담자들의 요구에 맞게 이를 수정 보완하였고, 계속해서 새로운 방법을 발견해냈다. 처음에는 EMDR을 그저 신속한 해결책 정도로 보는 시선이 있었지만, 복합적인 진단명을 가진 내담자, 특히 어린 시절에 학대를 당한 내담자에게 보다 도전적으로 사용하기 시작하면서 EMDR에 대한 시선이 바뀌었다. 우리는 뇌의 정보 처리 과정이 항상 외상 기억을 해결하는 방향으로만 단순하게 진행되는 것이 아니라는 점을 알게 되었다. 정보 처리 과정은 종종 고착되어 진행되지 않아 내담자를 괴롭게 한다. 우리는 여러 가지 노력을 시도해 보았는데, 어떤 것들은 성공적이었고 또 어떤 것들은 그렇지 않았다. 그래서 우리는 서로 발견한 것들을 함께 나누며 EMDR을 발전시켰다.

　　EMDR 협회에서 훈련 과정의 교육자로서 EMDR을 가르치고, 자문을 해주면서, EMDR 전문가에게 어린 시절 학대 경험이 있는 성인에게서 나타나는 복잡한 문제들을 다루기 위한 구체적인 정보가 필요하다는 것을 알게 되었다. 현재까지 출간된 문헌들만으로는 복합적인 문제들을 가진 내담자를 돕기에 충분한 자료를 얻을 수 없었다. 어떤 치료자들은 EMDR을 사용하지 않거나, 그들의 정신 치료에 EMDR을 통합할 수 없다고 말하기도 한다. 과거 몇 년 동안 나는 EMDR 협회의 2단계 훈련 과정과 EMDR 국제 협회 학술 대회, 그리고 나만의 독자적인 EMDR 교육 과정에서 이 책에 실린 내용들을 가르쳐왔다.

　　이 책은 임상 현장에서 EMDR을 사용하는 데 실제적인 정보를 제공하며, 샤피로가 1995년에 쓴 책의 내용을 바탕으로 한 혁신적인 기법들을 제시한다. 또한 치료자가 치료적 난국에 봉착했을 때 시도할 수 있는 실제적인 기법들을 소개하고 그중 어떤 치료 방법을 선택할 것인가에 대한 정보도 제공한다. 치료 기법들의 실제 사용 방법을 보여주고, 치료자가 학대를 더 깊고 풍부하게 이해할 수 있도록 책 전반에 임상 사례들을 실었다. 지난 8년간 내담자들에게 직접 사용했던 것들과 다른 곳에서 수집한 자료들이다. 나의 동료들은 통찰력과 발견을 함께 나누며, EMDR이 앞으로도 계속 발전할 것으로 기대하고 있다.

여러분이 EMDR 치료를 해나가면서 어려운 상황에 부딪혔을 때 이 책이 도움이 되길 바란다. 정보 처리 과정에서 일어날 수 있는 여러 가지 경로를 모두 다 아는 척하지는 않겠다. 모든 사람은 놀랄 만큼 다 다르다. 훈련 과정과 임상에서 가장 중요한 것은 내담자와 잘 조율하여 공감의 관계를 맺는 것이다. 마음을 열고 직관에 귀를 기울여라. 그리고 직관이 당신에게 알려주는 대로 시행해보라. 만일 그것이 효과가 없다면 다른 방법들을 시도하라. 항상 내담자를 주의 깊게 점검하라. 그리고 창조적인 치료자가 되어라! 치료자가 개방적이고 용기를 가질수록 내담자도 더 고무될 수 있다.

이 책을 쓴 원래 의도는 성적으로 학대받은 성인들을 위한 EMDR 치료였지만, 나중에는 일반적인 학대나 상처로 대상을 확대했다. 왜냐하면 정서적, 신체적, 성적 학대의 문제는 많은 공통점을 가지고 있기 때문이다. 여기에서 제시한 원칙들은 모든 유형의 학대에 적용된다. 또한 이 책에는 해리성 장애 치료는 포함시키지 않았다는 걸 강조하고 싶다. 이 질환은 보다 복합적인 치료를 필요로 하므로 특별한 훈련 과정을 요구한다. 해리성 장애에 대한 저술은 다른 EMDR 동료들에게 맡긴다.

치료자는 복합 외상의 내담자를 치료하거나 이 책에서 제시한 수정 프로토콜을 적용해보기 전에 충분한 EMDR 훈련을 받아야 하며, 반드시 《안구운동 둔감화 재처리법 Eye Movement Desensitization and Reprocessing》 (샤피로, 2011)에서 설명하는 표준 프로토콜을 사용해보아야 한다. 이 책은 EMDR 공식 훈련 과정과 교과서의 보완 교재이지, 대체 교재가 아님을 밝혀 둔다.

나의 학문적 배경

나는 광범위한 분야에서 훈련을 받았고 성인, 청소년, 아동의 장기 및 단기 정신 치료를 경험했다. 또한 정신 치료에서 발달적/자아 심리학적ego-psychological 관점과 자기 심리학적self-psychological 관점을 포함하는 실용적이고 정신역동적인 측면과, 원형적 실체와 무의식적 상징을 중요시하는 융의 심리학적 측면을 모두 지향하고 있다. 여러 해 동안 꿈, 이미지, 그리고 적극적 이미지화에 관한 치료를 해왔으며 최면 치료와 이완 기법을 훈련했다. 지난 26년 간 조지프 골드스타인Joseph Goldstein 과 잭 콘필드Jack Kornfield의 비파사나Vipassana 명상을 훈련했으며, 티베트 불교의 시각화 훈련과 같은 다양한 명상 훈련을 경험했다. 또한 나의 치료 작업들은 진 클레인Jean Klein의 비이원성 아드바이타 가르침non-dual advaita teachings과 그의 '명상 신체—작업'에 영향을 받았다. EMDR 훈련을 받은 이후로 내담자의 믿음과 신체 경험, 감정, 에너지 변화, 신체 감각에 대해 더욱 민감해졌다. EMDR 치료에 임하면서 내담자가 보고하는 내용뿐만 아니라 내담자가 정서적, 신체적으로 어떤 것을 느꼈을 것으로 짐작되는 나의 직감을 믿고 따르게 되었다. 또한 정보 처리의 신체적 측면에 많은 관심을 가지고 있다.

이 책을 읽기 전에 유의할 사항

내담자의 사생활 보호를 위해 모든 사례에서 이름, 직업, 가족 구성, 인종, 구체적인 사건 등을 바꾸었다. 어떤 사례는 여러 사람의 이야기를 혼합하여 재구성했다.

환자라는 용어 대신 내담자라는 단어를 사용했는데, 이 단어를 더 좋아하기 때문이다. 모든 내담자의 성을 생략하고 이름만 표기했으며, 내담자의 삶에서 느껴지는 감각에 따라 이름을 새로 붙였다. 이 책에 있는 사례의 대부분은 나의 내담자이며, 일부는 EMDR 동료들의 내담자이다.

EMDR 치료를 할 때 라이트 바light bar(빛을 따라 눈동자가 움직이게 하는 기계)나 손동작으로 안구 운동을 유도하거나, 손이나 무릎 위를 번갈아 두드리는 방법을 사용했다. '▶◀▶◀▶◀' 표시는 양측성 안구 운동이나 청각 자극, 신체 감각 자극 등과 같은 재처리 과정을 일으키는 자극의 한 세트를 가리킨다. 달리 표시가 없는 경우에는 치료자가 내담자에게 무엇이든 떠오른 것에 초점을 맞추라고 지시한 것으로 이해하면 된다. 또는 한 세트의 양측성 자극을 주는 동안 내담자가 경험한 정보를 이끌어 내기 위해 자극이 끝날 무렵 "무엇이 떠올랐나요?" 또는 "당신에게 지금 무슨 일이 일어났죠?"와 같은 질문을 한 것으로 이해하면 된다.

제 1 부   어린 시절
                학대를 받은 성인을 위한
                EMDR 치료 개관

01

EMDR이란

이 장에서는 EMDR에 대해 당신이 이미 알고 이해한 내용을
새롭게 환기시킴으로써, 다음 장에서 이어지는 좀 더 복잡하고
어려운 문제들의 기초가 될 만한 정보들을 제공한다.

EMDR의 발견과 발전

심리 문제의 치료를 위한 안구 운동은 1987년, 당시 심리학과 졸
업반 학생이었던 프랜신 샤피로에 의해 우연히 발견되었다. 그녀는 고통
스러운 생각에 괴로워하면서 캘리포니아 주의 로스가토스에 있는 한 공
원을 산책하던 중, 갑자기 고통스러운 생각들이 사라지는 것을 인식하게
되었다. 그 생각들을 다시 떠올려 보았으나, 방금 전처럼 생생하지도 않
았고 고통스럽지도 않았다. 묘한 흥미를 느낀 그녀는 자신의 사고 과정
을 주의 깊게 관찰하기 시작했는데, 고통스러운 생각이 떠오르자 자동적
으로 눈동자가 매우 빠르게 움직이기 시작하는 것을 알아챘다. 안구 운
동이 고통스러운 생각을 마치 의식 밖으로 밀어내는 것처럼 보였다. 안
구 운동을 한 후에 고통스러운 생각을 다시 떠올렸을 때, 부정적인 감정
이 많이 사라져 있는 것을 알게 되었다. 그녀는 이 실험을 진지하게 시행

하기 시작했다. 자신을 괴롭히는 것을 생각하고 같은 방법으로 눈동자를 움직여보았다. 다시 생각들이 사라졌다. 실험 대상을 넓혀 가면서, 그녀는 더 오래된 기억과 현재의 문제에 대해서도 같은 과정이 일어나는지 시험해보았고, 모두 같은 방식으로 반응했다. 이러한 발견이 다른 사람들에게도 효과가 있는지 알아보기 위해, 친구들에게도 시도해보았다. 대부분 오랜 시간 동안 안구 운동을 지속하지 못했기에 그녀는 자신의 손가락을 따라 눈동자를 움직이는 방법을 고안했다.

　　70명을 대상으로 실험해본 후, 안구 운동이 고통스러운 요소에 대한 민감도를 감소시킨다는 것을 믿게 되었고, 이를 보다 더 세련된 방법으로 발전시켰다. 그녀는 이 방법을 안구 운동 민감 소실(EMD; Eye Movement Desensitization)이라고 명명했다. 그리고 1990년, 재처리 과정을 포함시키면서 안구 운동 민감 소실 및 재처리 과정(EMDR; Eye Movement Desensitization and Reprocessing)이라는 명칭으로 개념을 확장했다. 이 방법을 가지고 더 많은 경험을 하게 된 그녀는 안구 운동이 외상 기억을 보다 더 적응적이고 기능적인 것으로 재처리한다는 사실을 확신하게 되었다. 1988년, 샤피로는 캘리포니아의 멘도시노에서 22명의 지원자(베트남 전쟁 참전 군인, 강간 피해자, 성적 학대 피해자)를 대상으로 자신의 새로운 방법을 실험했다. 이들은 모두 악몽, 플래시백, 침습적인 사고intrusive thought, 낮은 자존감, 대인 관계 문제와 같은 외상 후 스트레스 장애(PTSD; Post Traumatic Stress Disorder)의 증상으로 고통을 받고 있었다. 그리고 지속적으로 외상 기억에 시달리고 있었다. 초기 면접에서 지원자들을 실험군과 대조군의 두 집단으로 나누어 두 그룹 모두에게 심리적 외상과 관련된 믿음과 불안, 그리고 그 밖에 그들이 고통 받는 증상을 평가했다. 그리고 실험군의 지원자들에게 15분에서 90분 정도의 EMDR 1회기를 시행했으며, 대조군의 지원자들에게는 EMDR을 시행하지 않고, 대신 외상 경험을 자세히 묘사하도록 했다. 1회기의 EMDR 치료를 받은 실험군은 불안이 현저히 감소하고, 심리적 외상을 보다 더 객관적으로 평가했으며, 그 밖의 다른 증상들이 감소한 반면, 대조군에서는 거의 변화를 보이지 않았거나 아주 작은 변화만을 보였다. 윤리적인 이유로 후에 대조군에도 EMDR 회기를 시행했는데, 이들 역시 치료 후에 증상이 줄어들었다. 1개월 후와 3개월 후에 EMDR 실험군을 다시 평가했을 때, 샤피로는 EMDR이 이들에게 긍정적이고 유의미하며 지속적인 행동의 변화를 가져다주었으며, 이는 당사자들뿐 아니라 그들의 주변 사람들도 마찬가지로 평가하고 있었다고 보고했다.

샤피로의 초기 EMDR 효과 연구 이후, 이를 지지하는 많은 사례 보고와 연구가 이루어졌다. EMDR의 긍정적인 치료 결과는 다음과 같은 다양한 환자군에서 보고되었다. 과거 치료에서는 반응을 보이지 않던 전쟁 참전 군인(Daniels, Lipke, Richardson & Silver, 1992; Lipke & Botkin, 1992), 공포증과 공황 장애 환자(Goldstein, 1992; Goldstein & Feske, 1994; Kleinknecht, 1993), 범죄 피해자(Baker & McBride, 1991; Kleinknecht, 1992; Page & Crino, 1993), 애도 감정으로 고통을 받은 사람(Puk, 1991; Solomon & Shapiro, 1997), 심리적 외상을 받은 아동 (Greenwald, 1994; Lovett, 1999; Puffer, Greenwald & Elrod, in press; Tinker & Wilson, 1999), 성폭행 피해자(Cohn, 1993a; Parnell, 1994, 1997a, 1998a; Puk, 1991; Spector & Huthwaite, 1993; Wolpe & Abrams, 1991), 화상 희생자(McCann, 1992), 성 기능 장애 환자(Levin, 1993; Wernick, 1993), 해리 장애 환자(Paulsen, Vogelmann-Sine, Lazrove & Young, 1993; Young, 1994), 그 밖의 다양한 진단의 환자들(Marquis, 1991).

외상 후 스트레스 장애 치료에 사용한 다른 어떤 방법들보다 EMDR이 유의미한 치료 효과를 보인다는 대조군 연구들이 많이 나왔다

(Boudewyns, Stwertka, Hyer, Albrecht & Sperr, 1993; Carlsom, Chemtob, Rusnak, Hedlund & Muraoka, 1998; Levin, Grainger, Allen-Byrd & Fulcher, 1994; Marcus, Marquis & Sakai, 1997; Pitman, Orr, Altman, Longpre, Poire & Macklin, 1996; Rothbaum, 1997; Shapiro, 1989a, b; Scheck, Schaeffer & Gillette, 1998; Silver, Brooks & Obenchain, 1995; Solomon & Kaufman, 1992; Wilson, Covi, Foster & Silver, 1993; Wilson, Becker & Tinker, 1995, 1997).

가장 중요한 EMDR 연구 중 하나는 EMDR 훈련을 받은 샌드라 윌슨Sandra Wilson, 리 베커Lee Becker, 로버트 팅커Robert Tinker에 의해 이루어 졌다(1995). 윌슨과 그의 동료들은 비판적인 논평에 대응하기 위해 연구 방법을 개선시켜, 샤피로의 초기 연구를 재현했다. 40명의 남성과 40명 의 여성으로 구성된 80명의 다양한 표본 집단을 선택하여, 무작위로 치 료군과 대조군을 나누었다. 치료군에는 EMDR 훈련을 받은 5명의 치료자 를 배정했고, 평가 기준으로 다른 독립적인 평가자들이 객관화하고 표준 화한 검사 도구를 사용하였다. 참가자들은 EMDR 이외에 다른 치료는 받지 않았다. 몇몇 참가자들만 EMDR를 들어 본 적이 있다고 답했다. 진 단은 외상 후 스트레스 장애였다. 그들의 심리적 외상은 연구를 시작하 기 최소 3개월 전, 최대 50년 전에 일어난 것들이었다. 불안, 공포, 수면 장애, 우울증을 앓고 있었으며 대인 관계에도 문제가 있었다. 이러한 증 상들은 모두 심리적 외상이 일어난 뒤에 생긴 것들이었다. 치료군은 치 료 전에 검사를 받고, 3회의 EMDR 치료를 받았다. 치료 후 다시 검사를 받았고, 90일 후 추적 검사를 받았다. 치료를 받지 않은 대조군은 사전 검사를 하고 난 뒤에 치료 없이 사후 검사, 그리고 추적 검사를 받았다.

연구 결과는 매우 인상적이었는데, EMDR을 받은 내담자 집단은 모든 영역에서 의미 있는 호전을 보였으며, 90일 뒤에도 호전이 유지되 고 있었다. 반면, 치료를 받지 않은 집단에서는 아무런 호전이 없었는데,

이들도 연구 후 EMDR 치료를 받고 난 뒤에는 모든 검사에서 호전을 보였다. 15개월이 지난 뒤에 다시 시행한 추적 검사에서도 참가자들은 치료로 인한 증상 호전을 여전히 유지하고 있었다. 많은 참가자들이 자신감을 회복했으며, 치료의 긍정적인 효과들이 삶의 다른 측면에도 변화를 일으키고 있다고 말했다(Wilson, Becker & Tinker, 1997).

EMDR 치료의 효과 연구(Shapiro, 1989a, b; Wilson et al., 1995)는 외상 후 스트레스 장애 증상으로 고통을 받는 사람들뿐 아니라, 어린 시절 학대를 받은 성인들도 연구 대상에 포함되어 있었는데, 그들 역시 증상이 개선됐다. 셰크, 쉐퍼, 질레트 박사는 심리적 외상 경험이 있는 16세에서 25세 사이의 젊은 여성 60명을 대상으로 EMDR의 치료 효과를 연구(Scheck, Schaeffer & Gillette, 1998)했다. 이들 중 90%는 어린 시절에 신체적 학대 혹은 정서적 학대의 경험이 있는 희생자였으며, 치료 전 검사를 마친 참가자들은 임의로 EMDR 치료군과 적극적 경청만 하는 대조군으로 나뉘어 각각 90분의 치료 회기를 2회씩 받았다. 2회의 치료 회기를 마치고 검사가 시행되었고, 90일 뒤 추적 조사를 위한 면접을 시행했다. 양쪽 집단 모두에서 의미 있는 호전이 발견되었는데, EMDR 치료군에서 더 커다란 변화가 있었다. 특히 심리적 외상을 더 명확하게 측정할 수 있는 도구인 사건 충격 척도Impact of Events Scale에서 큰 차이를 보였다. 증상이 호전된 EMDR 치료 대상자들은 자신들의 증상이나 자아 개념이 정상 범주 안에 들어간다고 보고했다.

비록 이들이 심리적 외상 경험이 있는 일반적인 젊은 여성 집단을 대표한다고 할 수는 없지만, EMDR의 짧은 치료 회기와 참가 대상자들이 보고한 증상의 호전은 매우 인상적인 결과라고 할 수 있다. 참가자들은 자신이 어린 시절 받은 심리적 외상을 기억하고 있었고, 이에 대해 무슨 일이 일어났는지 말로 설명할 수 있었으며, 치료 회기에 참석하고 치료 후의 피드백도 제공할 만큼 충분히 안정적이었다. 사실 많은 학대 생존자들의 경우 학대에 대한 기억을 말로 표현하지 못하고, EMDR 처리를 시작하기에 앞서 신뢰적인 치료 관계를 형성하기 위한 시간이 필요하다. 또한 관찰된 증상의 호전이 지속되었다는 것을 보여주는 자료도 없었다. 외상의 과거력이 있는 젊은 여성이 단기간의 EMDR 치료로 외상 스트레스와 연관된 증상이 감소한 결과를 보여준 것은 희망적이라고 할 수 있다.

특별히 성적 학대의 EMDR 효과에 초점을 맞춘 논문은 현재까지 2편이 발표되어 있다. 로스바움은 강간 피해자의 대조군 연구(Rothbaum, 1997)에서 3회기의 EMDR 치료로 연구 대상 90%의 외상 후 스트레스 장애 증상이 감소했음을 발견했다. 닷타와 월리스의 연구(Datta & Wallace, 1996)는 과거에 성적 학대를 당한 적이 있으며, 현재 성폭력 가해자 치료 프로그램을 받고 있는 청소년 성폭력 범죄자를 대상으로 3회기의 EMDR 치료를 진행하고, 그 효과를 측정했다. 참가자들은 무작위로 EMDR 치료를 받는 실험군과 개인 치료와 집단 치료를 받는 대조군으로 나뉘었다. 실험군은 대조군에 비해 유의미하게 더 좋은 결과를 보여주었다. 심리적 외상과 연관된 불안과 고통이 감소했고, 인지적 조절감과 성폭력 피해자들에 대한 공감도 증가했다(더 많은 연구 결과는 Chambless et al, 1998; Feske, 1998; Shapiro, in press; Spector & Reade, in press를 참조하라).

EMDR을 사용한 치료자들은 EMDR이 다른 치료에 비해 더 효과적이라는 것을 발견했다. 과거에 치료가 어려웠던 사례들의 치료 성공률이 매우 높아졌으며, 내담자들은 더 빨리, 더 많이 호전되었다. EMDR

훈련을 받은 445명의 치료자들이 1만 명 이상의 내담자를 대상으로 EMDR을 시행한 결과, 76%의 치료자들은 EMDR이 그전에 했던 다른 치료에 비해 더 효과적이라고 보고했으며, 4% 정도의 치료자들만이 더 효과적이지 않다고 보고했다.

1987년, 샤피로가 공원을 산책하다가 우연히 발견한 EMDR은 이후 먼 여정을 밟아왔다. 현재까지 전 세계적으로 수천 명의 치료자가 훈련을 받았으며, 심리학 대학원 교육 프로그램에서 EMDR 과정을 가르치고 있다. 또한 의료관리기관과 건강관리기구HMOs 등에서의 수용이 늘어나고 있는 추세이며(캘리포니아 주 카이저 병원), 국제 EMDR 전문가 단체인 EMDRIA도 만들어졌다. 미국 심리학 협회 임상심리학부에서는 1995년에 실질적인 경험적 근거에 의해 EMDR 치료 방법이 어느 정도까지 지지를 받을 수 있는지를 결정하는 연구를 시작했다. 독립적인 연구 평가자들은 최근 EMDR을 "일반인의 외상 후 스트레스 장애에 아마도 효과가 있는probably efficacious" 것으로, '경험적으로 입증된 치료' 항목에 등재했다. 임상에서 EMDR을 폭넓게 사용하고 있는 EMDR 전문가들은 샤피로가 만든 본래의 프로토콜을 확장하여, 좀 더 다양한 종류의 내담자에게 적용하기 위한 프로토콜과 치료 절차를 개발하고 있다. 복잡한 문제가 있거나 다발성의 어린 시절 심리적 외상이 있는 내담자들에게 EMDR을 사용하는 치료자들은 샤피로 고유의 프로토콜만으로 성공적인 치료가 이루어지기엔 뭔가 충분하지 않다는 것을 발견했다. 그래서 EMDR의 기본 전제를 받아들이면서도 유도된 이미지 기법 등을 접목시켜 치료 효과를 높이고 있다. 또한 샤피로가 책에서 기술한 것들에 부가적인 정교한 개입interweaves을 추가해 사용하고 있다.

EMDR 처리 과정을 이해하기 위한 이론적 모델

가속화된 정보 처리 과정을 통해 외상 기억의 고통을 경감

가장 넓은 의미에서 정의하자면, 심리적 외상은 자신이나 세상에 대한 제한된 믿음, 혹은 잘못된 믿음이 생겨나도록 하는 모든 경험이라고 할 수 있다. 예를 들면, 성추행을 당한 어린아이는 자신이 나쁜 아이이고, 세상은 안전하지 않다는 믿음을 갖는다. 이러한 경험은 우리의 몸과 마음에 고착되어 불합리한 감정, 신체 증상, 차단된 에너지의 형태로 나타나며, 뇌 기능에도 중요한 변화를 일으킨다.

샤피로는 두 가지 종류의 심리적 외상을 기술하고 있다. 그녀는 작은 심리적 외상은 '스몰 small t 트라우마', 커다란 심리적 외상은 '빅 big T 트라우마'라고 하였다. 스몰-t 트라우마란 자신감을 잃게 만들거나, 자기 효능감을 침해하는 경험을 말한다. 이러한 경험은 자신과 세상에 대해 좁고 제한적인 견해를 갖게 함으로써, 개인의 잠재력을 충분히 발휘하지 못하게 하고, 고통을 야기한다. 예를 들면, 만성 우울증으로 치료를 받으러 온 여성이 이러한 종류의 심리적 외상을 갖고 있었다. 그녀는 어린 시절부터 자존감이 매우 낮았다고 기억하고 있었다. 뚱뚱해서 친구들로부터 심하게 놀림을 받았을 뿐 아니라, 가족들에게도 비난을 받았다. 그녀는 자신이 늘 부족하다는 부정적인 믿음을 어린 시절부터 뿌리 깊게 가져왔으며, 그녀의 우울증은 어린 시절의 경험과 연관되어 있었다. 수년에 걸친 면담 치료를 통해 많은 통찰력이 생겼음에도 불구하고, 우울감과 부정적인 자아 개념을 완전히 떨쳐내지 못했다.

빅-T 트라우마란 강간, 아동기 성폭행 혹은 신체적 학대, 재난, 사고, 상실과 같이 한 개인에게 극적인 영향을 주는 경험을 말한다. 이러한 경험은 세상에 대해 갖고 있는 평소의 관점을 뒤흔들어, 자신에 대해 혹은 세상의 질서에 대해 의문을 갖게 한다. 악몽, 플래시백, 불안, 공포, 두려움, 집과 직장에서의 부적응과 같은 외상 후 스트레스 장애 증상을 일으킨다. 스몰-t 트라우마와 같이 이러한 경험들도 자신감과 자기 효능감에 영향을 준다.

또한 스몰-t 트라우마나 빅-T 트라우마에 상관없이, 심리적 외상은 그것을 경험했을 당시의 이미지, 신체 감각, 맛, 냄새, 소리, 믿음 등을 그대로 간직한 채 기억 네트워크 안에 남긴다. 마치 얼어붙은 것처럼 시간이 흘러도 몸과 마음속에 남아 있다. 그래서 강간을 당한 여성이 집 밖으로 혼자 나가는 것에 대한 두려움을 갖는 것이다. 강간 피해 경험을 어떤 방식으로든 기억나게 하는 장소를 피하며, 범인의 특징, 예를 들면 나이, 인종, 키 등이 비슷한 남자에 대한 공포를 갖는다. 강간과 관련된 모든 기억이 신경계에 그대로 남아 있기 때문에, 기억을 회상할 때마다 강한 정서적 반응이 나타난다. 내적으로든 외적으로든 강간을 기억하게 하는 것들은 사건 당시를 기억된 형태 그대로 그녀의 의식에서 번개처럼 떠오르게 한다.

일상적인 사건들은 우리의 의식에 별다른 흔적을 남기지 않고 그냥 통과한다. 그러나 외상 사건은 마치 덫에 빠진 것처럼 영구적으로 그 안에 갇힌다. 마치 망가진 레코드 음반처럼 몇 번이고 반복해서 몸과 마음에 외상 경험을 불러일으킨다. 사실 외상 증상으로 나타나는 악몽은 덫에 빠진 정보를 처리하기 위한 마음의 시도일 수 있다. 그러나 외상 기억은 꿈에서 모두 처리되지 않고 지속된다. 아마도 기억을 얼어붙게 만드는 이러한 기전은 실수를 반복하지 않도록 하기 위한, 인간이 갖고 있는 안전장치였을 것이다. 그러나 안전장치가 적응하지 않으면, 우리를 보호하기는커녕 우리의 지각과 정서를 혼란스럽게 한다. 예를 들면, 남성에게 성폭행을 당한 소녀는 나중에 성인이 되었을 때 모든 남성을 무서워할 수 있다. 배우자와 친밀한 관계를 형성하는 것을 방해할 수 있고, 이성 친구를 만들지 못하게 하고, 심지어 직장에서 남자 상사와 문제를 일으킬 수 있다. 남성에 대한 불안이 항상 매우 높지만, 그녀는 왜 그런지조차 모르고 있을 수도 있다.

이론적으로 보면 신체가 몸에 생긴 상처를 자연스럽게 치유하는 것과 마찬가지로, 인간의 뇌도 정신 건강의 균형을 유지하는 시스템을 갖고 있다. 이를 정보 처리 시스템이라 한다. 신체가 자동적으로 몸에 생긴 상처를 치유할 때 상처가 차단되어 있다면, 상처가 곪아 치유가 늦어진다. 마찬가지로 심리적 외상도 신경계의 차단이 일어나 갇히게 되면 여러 가지의 외상 후 스트레스 장애 증상을 일으키는 것이다.

EMDR 치료를 할 때, 치료자는 내담자를 심리적 외상과 연관된 타깃, 예를 들면 사람, 기억, 꿈의 이미지, 실제 사건, 환상의 사건, 추정된 사건 혹은 신체적 감각이나 생각과 같은 경험의 일부분 등에 집중하게 하는데, 이는 타깃에 집중함으로써 외상 기억이 갇혀 있는 기억 네트워크를 자극하려는 시도다. 동시에 안구 운동이나 그 밖의 양측성 자극을 주어 신경계의 정보 처리 능력을 회복하는 기제를 자극한다. 즉, 새로운 통찰력과 이해력을 찾을 수 있는 다른 기억의 네트워크로부터 정보를 끌어내어 정보 처리가 일어나도록 하는 것이다. 샤피로는 이렇게 두 개의 다른 기억 네트워크에서 정보의 빠른 자유 연상이 일어나는 현상을 '가속화된 정보 처리 과정accelerated information processing'이라고 했다(샤피로, 2011). 안구 운동의 각 세트를 반복할 때마다 갇혀 있던 외상 정보가 풀려나와 적응적인 경로로 빠르게 진행되면서, 부정적인 생각, 감정, 이미지 등은 사라지고 자연스럽게 긍정적인 태도와 새로운 통찰력이 자리 잡는다.

EMDR 치료 경험이 많은 치료자들은 EMDR을 쓸모 있고 필요한 정보는 지우지 않으면서 몸과 마음에 갇혀 있는 해로운 정보를 새롭게 처리한다고 설명한다. 예를 들면, 성추행 피해자는 EMDR 치료를 통해 외상 사건에 관한 악몽이나 플래시백으로 더 이상 괴로워하지 않지만, 사건 자체를 잊어버리게 되는 것은 아니다. 누구도 믿을 수 없다고 생각하는 대신, 어떤 사람은 믿을 수 있다는 것을 알게 된다. 샤피로는 "정보가 긍정적으로 통합되고 적응적으로 해결되면, 미래에 그 정보를 유용하게 쓸 수 있으며, EMDR은 당연히 그곳에 있어야 할 무언가를 없애는 것도 아니고, 사람을 기억 상실증에 빠지게 하는 것도 아니다"라고 하였다(샤피로, 2011). EMDR의 기본 원칙은 상처를 치유할 수 있는 건강한 힘이 우리 내부에 있다는 것이다. 부정적인 이미지, 믿음, 신체 감각으로 인해 차단된 것을 제거하고, 자연스러운 안정well-being 상태와 정서적 균형을 회복한다.

안구 운동은 왜 효과가 있는가

EMDR은 여러 가지 기법이 통합되어 있는 정신 치료의 한 형태다. EMDR의 구성 요소들을 설명하는 많은 이론들이 있지만, 그중 안구 운동이 어떻게 치료적 효과를 일으키는지에 대해서는 아직 정확히 알려져 있지 않다. 이론적으로 보면, 안구 운동은 외상이 남긴 처리되지 않은 기억, 감정, 사고를 재처리해주거나, '대사시켜 주는' 것 같다. 가령 잠을 잘 때 빠른 안구 운동이 일어나는 렘수면REM상태에서 우리의 뇌가 꿈을 꾸면서 그날의 정보를 처리하는 것처럼, EMDR의 안구 운동은 차단된 정보를 처리하여, 몸과 마음에서 배출시킨다.

매일 밤 우리는 꿈을 통해 몸과 마음에 남아 있는 그날의 경험을 처리한다. 과거의 사건과 연관된 어떤 강렬한 꿈은 그것을 치유하려는 몸과 마음의 시도이다. 그러나 문제는 괴로운 꿈을 꾸다 중간에 깨어나면 안구 운동이 멈추는데, 이렇게 되면 정보 처리를 완전히 끝마치지 못한다. 그러나 꿈과 달리, EMDR은 치료자가 내담자에게 안구 운동을 계속하게 하면서 동시에 외상 사건에 집중하도록 하여, 결국 외상 사건을 완전히 경험하고 재통합하도록 한다.

EMDR 치료자들은 안구 운동뿐 아니라, 손으로 두드리기나 양측성 음향 같은 양측성 자극도 정보의 재처리 과정을 자극하는 데 효과가 있다는 것을 발견했다. 아마도 양쪽 대뇌 반구에 규칙적으로 번갈아 자극을 주는 것이 재처리 효과를 일으키는 것으로 보인다. 그런가 하면 안구 운동이 기억을 통합하는 해마의 기능을 강화한다고 보는 이론도 있다. 또는 내담자에게 내부의 느낌과 안구 운동에 동시에 집중하도록 하는 이중 집중dual attention이 뇌를 활성화하여, 목격한 사건의 기억을 재처리한다는 이론도 있다. 나는 수백 년 전통의 요가나 자기 수련에서도 마음을 평온하게 하기 위해 안구 운동을 사용한다는 이야기를 들은 적이 있다. 샤피로는 현재 고통을 경험하고 있는 몸과 마음을 깨끗하게 하는 기본적인 생물학적 기전을 재발견했을 뿐 아니라, 과거에 저장된 심리적 정보와 안구 운동을 연결시키는 독창적인 개발을 한 것이다.

심리적 외상을 다루는 신경 생물학과 최신 뇌 연구

어린 시절 학대를 받은 성인을 치료할 때 심리적 외상의 신경 생물학을 이해하는 것이 유용하다. 최근 10년간, 심리적 외상이 인간의 뇌와 행동에 어떻게 영향을 주는지에 대한 연구가 빠르게 증가했다. 이 분야의 탁월한 연구자인 베셀 반 데어 콜크Bessel van der Kolk는《외상적 스트레스Traumatic Stress》에서 매우 중요한 정보들을 제공한다. SPECT와 같은 신경 영상 장치의 발전에 힘입어 각각 다른 상황에 놓인 뇌를 관찰하면서 새로운 지견을 얻을 수 있었다. 그의 흥미로운 견해는 외상 기억의 부호화encoding 과정과 외상의 장기적 영향을 이해하는 방법에 커다란 변화를 가져왔는데, 그중 하나는 뇌가 발달하는 어린 시절에 발생한 심리적 외상은 우리가 알고 있던 것보다 훨씬 더 많이, 그리고 훨씬 더 오랫동안, 정신적 기능과 정서적 기능을 방해하고 생리학적으로도 영향을 준다는 것이다. 또한 외상 기억은 보통의 기억과는 다르게 뇌의 언어 중추와 따로 떨어진 뇌의 우반구에 조각조각 분리된 형태로 통합되지 않은 채 저장된다는 것을 발견했다. 이는 전통적인 면담 치료가 어린 시절의 심리적 외상을 효과적으로 해결하기에 제한적이고 불충분할 수밖에 없음을 설명한다.

기억의 발달

아기가 세상에 태어나면 내재적 기억implicit memory부터 갖는다. 내재적 기억이란 정서적, 행동적, 신체 감각적, 지각적, 그리고 비언어적 기억으로 대개 우측 뇌에 저장된다. 이러한 기억 체계를 갖고 있는 아기는 시간 개념이 없다. 배가 고프면 음식이 공급되기를 바라고, 오줌을 싸면 운다. 아기에게는 과거나 미래의 개념이 없다. 또한 자아의 개념도 없다. '나'라는 것이 시간에 걸쳐 지속하여 경험된다는 개념이 아직 발달하지 않는다. 이 기억을 입력하기 위해 집중과 주의력을 필요로 하지 않는다. 초기 유아기에 이곳에서 발달한 감각 운동 도식은 후에 자아와 세상에 대한 도식의 템플릿이 된다.

외현적 기억explicit memory은 나중에 발달하기 시작한다. 외현적 기억 혹은 이야기 기억narrative memory은 의미 기억semantic memory과 자전적 기억autobiographical memory을 담당한다. '난 그것을 했어', '나 저것을 느꼈어' 하는 식으로 시간에 따른 자아 인식을 할 수 있다. 외현적 기억을 하기 위해서는 의식적인 자각과 집중하는 주의력이 필요한데, 이때 해마의 정보 처리 과정이 관여한다. 정보는 작동 기억으로 통합된 뒤 장기적이고 영구적인 기억 체계로 이동한다.

태어나서 세 살까지는 해마가 완전히 발달하지 않기 때문에, 이때의 기억은 우측 뇌의 편도체에 내재적 기억의 형태로 저장되어 남아 있고, 외현적 기억으로는 입력되지 않는다. 이를 '유아기 기억 상실'이라고 한다. 그래서 사람들은 이때 일어난 일을 이야기로 기억해내지 못하고 신체 반응과 같은 내재적 기억만 떠올릴 수 있다(Siegal, 1998). 예를 들면, 따뜻한 우유 냄새는 그것과 연관된 이야기 기억을 떠오르게 하지는 않지만, 행복하고 편안한 느낌을 일으킬 수 있다.

아동기의 심리적 외상

심리적 외상은 뇌 반구의 정보 처리 기능을 분열시킨다. 언어와 움직임을 통제하고, 단어와 기호를 조정하며, 정보를 순차적으로 처리하는 기능을 가진 좌측 뇌를 차단하기 때문에 기억은 우측 뇌에 내재적 기억의 형태로만 입력된다. 즉, 외상의 기억은 신체 감각과 강렬한 정서의 상태로 조각조각 분리된 채 그대로 남아 있으며, 순차적인 이야기 기억으로 전환되지 않는다. 이는 아마도 공포가 정보를 처리하는 해마를 차단하기 때문에 정보가 외현적 기억으로 전환되지 못하는 것으로 보인다. 실제로 콜크 등은 만성적인 외상 후 스트레스 장애에서 해마의 크기가 줄어들어 있는 것을 발견했다(van der Kolk et al., 1997). 시간 개념이 없기 때문에 그들은 자신의 내재적 기억을 자극하는 무언가를 만날 때마다, 그 기억이 지금 다시 실제로 일어나고 있다고 느낀다. 어린 시절 심리적 외상을 받은 성인을 EMDR로 치료하다 보면, 실제로 이러한 현상을 자주 발견한다. 그들은 신체에서 일어나는 느낌을 현재에서 생생하게 느끼며, 그것이 현재 경험하고 있는 것이 아니라 과거에 일어난 것이라는 감각을 잃는다.

어린 시절의 학대 경험은 좌측 뇌의 언어 중추와는 분리된 채 우측 뇌에 저장된다. 우측 뇌는 부정적인 감정의 상태를 그대로 저장한다. 또한 초기의 심리적 외상은 이른바 쇼어가 말한 신경 연결의 감소를 안와전두엽orbital frontal cortex에 일으켜 교감 신경계와 부교감 신경계의 부조화가 생기게 한다(Schore, 1998). 과잉 각성 상태가 되고, 외부 신호를 잘못 해석하며, 스스로를 안정시키기 어렵게 만든다. 그래서 학대받은 아이들은 감정 조절에 문제가 있으며, 쉽게 흥분하고 안정감을 찾는 것을 어려워한다. 스트레스 대처에도 취약하다. 어린 시절의 심리적 외상은 외상 후 스트레스 장애가 쉽게 생기는 근본 원인이 된다. 또한 이러한 신경 연결의 감소는 긍정적인 정서 경험을 하는 능력에 손상을 입히고 우울증에 걸리는 원인이 된다(Schore, 1998). 안와전두엽에 심한 신경 연결의 감소가 있을 경우, 애착과 공감, 그리고 신체 통증을 조절하는 능력에 영향을 미친다. 어린 시절 심리적 외상을 받은 사람은 우리가 생각하는 것 이상으로 더 많은 상처를 입는다.

심리적 외상과 뇌

외상 기억은 일반적인 기억과는 다른 방법으로 뇌에 저장되어 있다. 외상을 받는 동안 기억의 조각들은 서로 합쳐지지 않는다. 외상이 정보의 통합 과정을 얼어붙게 하기 때문에 다른 보통의 기억들처럼 정보가 도식schema으로 통합되지 않는다. 심리적 외상은 경험의 평가와 분류, 그리고 전후 관계 파악을 방해한다. 외상 기억은 변연계에 있는 뇌의 뒷부분에 내재적 기억의 형태로 저장된다. 변연계에 있는 편도체는 들어오는 정보에 정서적 의미를 부여하는 기능이 있는데, 이 편도체는 해마로 정보를 보낸다. 해마는 정보가 위험한 것인지 아닌지를 판단하는 뇌의 조기 경보 시스템으로, 이곳에서는 부적절한 정보를 걸러내고, 남길 것을 평가하고, 이를 보관한다.

그런데 심리적 외상을 받은 사람들은 이러한 편도체와 해마의 연결 회로가 파괴되어, 정보가 통합되어 저장되지 않고 그냥 조각조각 분리된 형태로 남아 있다. 이러한 각각의 분리된 조각들은 시각적, 정서적, 촉각적, 후각적, 청각적, 신체 감각적 정보를 담고 있다.

사람은 외상을 경험할 때, 뇌의 언어 영역으로 알려져 있는 브로카 영역Broca's area(좌측 전방 전두엽)의 활동성이 떨어진다. 그래서 외상을 경험한 사람이 '말로 표현할 수 없는 공포'를 경험하게 되는 것이다. 자신의 경험을 말로 설명하지도 못하고, 언어로 이해하지도 못한다. 때문에 자신이 경험한 것에 뭐라고 이름을 붙이지 못하고 그저 강렬한 감정으로만 느끼게 된다. 정서적으로 강렬하게 고통받지만, 자신이 경험하는 것을 다른 사람과 나눌 수가 없다(van der Kolk et al., 1997). 따라서 심리적 외상을 받은 사람을 치료할 때, 치료자는 반드시 외상 기억이 저장되어 있는 우측 뇌를 활성화시켜야 한다. 예술 활동, EMDR, 움직임, 모래 놀이 치료는 모두 우측 뇌를 활성화시키는 활동이다.

다음은 심리적 외상을 받은 사람을 치료할 때 반드시 염두에 두어야 할 중요한 사항이다.

① 외상 후 스트레스 장애가 있는 사람은 평범한 자극에는 주의를 기울이지 않는다. 뇌가 외상의 자극에만 반응하도록 되어 있기 때문이다. 내담자의 삶은 심리적 외상에 고정되어 있기 때문에, 현재가 아닌 과거 속에서 살고 있는 셈이다. 평범한 자극에는 뇌가 주의를 기울이지 않기 때문에, 일상에서 일어나는 새로운 정보를 받아들이지 못한다. 일상에서 일어나는 실제 삶은 의미를 잃는다. 오로지 위협적인 자극에만 주의를 기울이고 이를 처리하려 하기 때문에 세상에 대한 관심이 결여되어 있다(McFarlane, Weber & Clark, 1993).

② 외상 후 스트레스 장애가 있는 사람은 일반인보다 더 활성화된 변연계를 갖고 있기 때문에 일반적인 면담 치료로는 좀처럼 안정화되지 않는다. 외상의 기억이 저장되어 있는 뇌 부위는 계속해서 흥분해 있기 때문에 현재의 위협적이지 않은 내적 혹은 외적 자극이 마치 위험한 자극인 것 같이 반응한다. 자극이 위험하지 않으니 그럴 필요가 없다는 것을 머리로는 이해해도 촉발된 반응은 멈추지 않는다. 오래된 자극에 대해 여전히 같은 신체 감각 반응 혹은 정서 반응을 보인다. 다시 말해, 변연계를 흥분시킨 자극으로 몸이 강렬하게 반응하는 것을 말로 가라앉힐 수 없다. 변연계가 흥분해 일어난 비언어적 반응은 아무리 머리로 이해해도 가라앉지 않는 것이다. 변연계는 마치 현재 위험이 있는 것처럼 계속해서 반응한다(van der Kolk et al., 1997). 그렇기 때문에 어린 시절 학대를 받았거나 성인이 되어 외상을 받은 수많은 내담자들은 오랜 시간 동안 통찰 지향 정신 치료를 받고 난 뒤에도, 촉발 요인에 대한 행동의 반응을 변화시키지 못한다.

③ 외상 후 스트레스 장애가 있는 사람은 각성시키는 정보를 분석하고 분류하는 능력이 감소되어 있다. 좌측 뇌가 차단되어 있기 때문에 자신의 경험을 이야기하지 못하고, 이유를 설명할 수 없는 강한 정서적 반응을 경험한다(van der Kolk et al., 1996).

④ 외상 후 스트레스 장애가 있는 사람은 불쾌한 자극으로부터 벗어나기 위해 언어를 이용하지 못한다. 때문에 대화에 의존하는 치료로는 외상이 있는 내담자를 돕는 데 한계가 있다(van der Kolk et al., 1996).

⑤ 외상 후 스트레스 장애가 있는 사람에게는 외상을 생각나게 하는 외부 자극 혹은 내부 자극에 의해, 분리되어 있던 감각 혹은 잘못 분류되어 있던 감각들이 원래의 형태로 쉽게 재활성화된다(van der Kolk et al., 1996).

콜크는 변연계를 안정시키기 위해 내담자에게 비외상적 자극에 주의를 기울이도록 교육하는 것이 외상 후 스트레스 장애 치료의 핵심이라고 했다(van der Kolk, 1998). 4장에서 좀 더 자세히 다루겠지만, 명상 훈련은 전두엽을 활성화시키고 뇌의 좌측 반구를 강화하는 데 도움을 주는 것으로 보인다. 명상 훈련과 함께, EMDR도 전두엽을 활성화하여 특정 외상 기억을 처리하고 조각조각 분리된 기억들을 통합하도록 도와줌으로써 내재적 기억을 외현적 기억으로 전환시킨다. EMDR을 통해 조각조각 분리된 기억이 이야기 기억으로 전환되어 외상 기억이 성공적으로 처리되면, 내담자는 자신에게 일어난 일을 말할 수 있게 된다.

콜크의 SPECT 스캔에 관한 예비 연구

콜크, 버브릿지, 스즈키는 단일 사건 외상을 경험한 뒤, 외상 후 스트레스 장애로 고생하는 사람들에게 EMDR을 사용한 예비 연구를 시행했다(van der Kolk, Burbridge & Suzuki, 1997). 대상자 6명의 외상 후 스트레스 장애 점수를 EMDR을 시행하기 전과 후에 CAPS Clinician Administrated PTSD Scale로 측정했다. 대상자들에게 자신의 외상 사건을 적은 글을 읽게 하면서 SPECT 뇌스캔을 찍었다. 그리고 각각의 대상자들에게 3회기의 EMDR 치료를 하고 난 뒤, 다시 외상 사건을 적은 글을 읽게 하면서 SPECT 뇌스캔을 찍었다. 6명 중 4명의 대상자에게서 CAPS 점수가 평균 84점에서 36점까지 감소했다. 증상의 유의미한 호전을 보이지 않은 2명의 대상자는 처음에 보고하지 않았던 다발성 외상이 있었던 것으로 나중에 밝혀졌다. EMDR 치료 전, 그들의 편도체는 지나치게 활성화되어 있었고 전두엽의 기능은 저하되어 있었다. EMDR 치료 후, 호전을 보인 대상자들의 양측 전방 대상회anterior cingulate와 우측의 전전두엽이 활성화되어 있었다. 전방 대상회는 정서적 요소와 인지적 요소를 통합하는 기능을 한다. 콜크에 따르면(van der Kolk et al., 1997), 유입되는 자극의 위협도를 평가하는 변연계의 정보를 상쇄하는 상위 뇌 기능에 따라 외상 후 스트레스 장애의 회복이 결정된다. 대상자들은 새로운 정보(외상 사건을 적은 대본)를 받아들일 수 있었고, 그것을 위협적이지 않은 것으로 인식할 수 있었다. 다른 말로 하면, 지나간 이야기가 외상처럼 들릴 수도 있지만, 그것은 그야말로 지나간 이야기일 뿐 지금 일어나는 것이 아니라는 사실을 인식하게 된 것이다. 여과 장치가 활성화되면서, 대상자들은 현재의 경험과 과거의 경험을 구별할 수 있게 되었다. 이러한 연구 결과는 성공적인 EMDR 치료를 받은 내담자들에게서 관찰할 수 있다. 내담자들은 한층 더 과거와 현실을 자각할 수 있게 되었으며, 과거 외상을 기억나게 하는 요소들에 자극받지 않았다. 그들은 더 이상 무의식적 반응에 휘둘리지 않게 되었다.

표준 EMDR 프로토콜과 진행 절차

일반적으로 EMDR 치료는 내담자가 심리적 외상을 치유하고자 하거나, 수행 능력의 문제점을 극복하고자 할 때, 또는 삶의 문제가 되는 측면을 처리하고자 하는 욕구가 있을 때 시작한다. 샤피로는《안구운동 둔감화 재처리법》에서 EMDR 치료의 8단계를 소개했다. 여기서는 샤피로의 책에 나온 여러 가지 주의점이나 쟁점을 반복하지 않으므로, 치료자들은 위의 책을 기본 교과서로 사용하길 바란다.

처음의 두 단계는 EMDR 처리 과정을 위한 병력 청취 및 준비 단계다. EMDR 처리 과정을 시작하기 전, 치료자는 반드시 철저한 병력 조사를 해야 한다. 그렇게 해야 치료자는 현재 나타난 문제의 근원에 대한 가설을 세울 수 있고, 따라서 적절한 임상적 개입을 사용하고, 안전장치를 확립하며, EMDR로 처리할 수 있는 가장 좋은 타깃을 고를 수 있다. 또한 이 단계에서 치료자와 내담자는 재처리 과정 작업이 안정적으로 일어날 수 있도록 치료적 관계를 형성한다.

준비 단계에서 치료자는 내담자에게 심리적 외상의 이론을 설명하면서 안구 운동이나 그 밖의 다른 양측성 자극이 어떤 작용을 하는지, EMDR 처리 과정 중 내담자는 무엇을 해야 하는지를 상세하게 설명한다. 내담자는 치료자에게 EMDR 처리 과정 동안 자신이 경험한 것을 정확하게 알려주어야 하고, 치료자는 무엇이 일어나든 검열하지 않고 그대로 내버려두는 것이 중요하다는 사실을 내담자에게 알려주어야 한다. 또한 처리 과정 중 생긴 감정에 옳은 감정이나 나쁜 감정이 있는 것이 아니고 사람마다 제각각 다르게 처리한다는 것을 말해주어야 한다. 치료 과정이 잘 통제되고 있고, 필요하다고 느껴지면 언제든지 처리 과정을 중단할 수 있다는 것도 내담자에게 알린다. 손을 들거나 눈을 감는 것과 같은 멈춤 신호를 정해놓는다. 특히 어린 시절 학대를 받아 자신이 아무것도 통제할 수 없었던 무기력을 경험한 성인 내담자에게 이러한 설명은 매우 중요하다.

학대를 경험한 내담자의 치료 준비 과정에서 중요한 부분 중 하나는 내면의 안전지대를 미리 설정해놓는 것이다. 안전지대란 EMDR 처리 도중 내담자가 잠시 멈추고 휴식을 취하길 원하거나, 회기를 마칠 때 안전감을 느낄 수 있는 장소를 말한다. 안전지대에 대해서는 5장에서 다시 자세히 이야기하겠다.

치료자와 내담자의 관계에서 연결감, 안정감, 그리고 보호받고 있다는 느낌을 형성하는 것은 매우 중요하다. 안전감과 신뢰감을 느낄 수 있는 치료 관계가 성립되고, 내담자가 EMDR 처리 과정 동안 일어나는 것들을 충분히 이해할 수 있으며, 치료자나 내담자가 모두 다 준비되었다고 느껴질 때, 비로소 EMDR을 시작할 준비가 되었다고 할 수 있다. 첫 두 단계에 대해 뒤에서 더 자세히 다룰 텐데, 특히 어린 시절 학대를 받은 성인 내담자에게 더 적합한 내용들을 다룰 것이다.

3단계는 EMDR 치료 회기를 위한 평가 단계다. 특히 어린 시절의 학대 기억을 처리하는 경우, 종종 강한 정서가 표출되어 치료 회기를 마치는 데 일반적으로 더 오래 걸리는데, 보통 한 회기당 90분에서 그 이상이 소요된다. EMDR 치료 회기에서 가장 먼저 할 일은 내담자가 심리적 외상과 연관된 타깃을 명확히 파악하고 그것에 초점을 맞추도록 돕는 것이다. 치료자는 내담자에게 "그 사건의 가장 끔찍한 부분을 표현하는 장면은 무엇입니까?" 하고 물어본다. 내담자는 밤에 침대에 있을 때 친오빠가 몸을 만지는 이미지를 타깃으로 선택할 수 있다. 그다음으로 현재까지 계속 기억되는 사건과 연관된, 삶을 제한하는 자신에 대한 믿음인 부정적인 인지를 물어본다. "그 장면을 떠올렸을 때, 지금 당신 자신에 대한 부정적인 믿음을 가장 잘 나타내는 말은 무엇입니까?" 내담자의 믿음은 '난 안전하지 않다'였다. 이 부정적인 믿음은 강한 감정이기 때문에 내담자의 일상에 많은 영향을 미쳤다. 치료자는 그 장면을 떠올릴 때 지금은 스스로를 어떻게 믿고 싶은지 물어본다. 이 사례에서 긍정적인 인지는 '나는 지금 안전하다'였다. 치료자는 내담자에게 자신에 대한 긍정적인 진술의 타당도를 1점(완전한 거짓)에서 7점(완전한 사실)까지의 척도 중에서 어디에 해당하는지 점수를 매겨 보라고 한다. "당신의 오빠가 침대에서 당신을 만지는 장면을 떠올리면서 '지금 나는 안전하다'라는 생각이 완전히 거짓이라고 느껴지면 1점, 완전히 사실이라고 느껴지면 7점이라고 할 때, 얼마나 사실로 느껴지나요?"라고 묻는다. 이를 인지 타당도 척도(VoC; Validity of Cognition Scale)라고 한다. 8장에서 자세히 다루겠지만, 어린 시절 학대를 받은 성인의 경우 이러한 긍정적인 인지는 변형되거나 혹은 초기 회기에 정하지 않고 나중에 찾기도 한다.

그런 다음, 치료자는 내담자에게 그 장면과 부정적인 인지를 떠올릴 때 어떤 감정을 느끼는지 물어본다. "그 사건과 '나는 안전하지 않다'라는 생각을 떠올리면, 지금 어떤 감정이 느껴지나요?" 이 사례에서 내담자는 두려움과 불안이 느껴진다고 말했다. 이때 치료자는 고통의 정도를 측정하는 주관적 고통 점수 척도(SUDS; Subjective Units of Disturbance Scale; Wolpe, 1991)가 어느 정도 되는지 내담자에게 물어본다. SUDS의 측정은 치료가 어느 정도 진행되고 있는지를 알아보기 위해 치료 과정 중간 중간에 여러 번 물어본다. "고통이 없거나 불편하지 않으면 0점, 상상할 수 있는 가장 큰 고통을 10점이라고 할 때, 당신은 지금 얼마나 고통스럽게 느껴집니까?" 이 사례에서 내담자는 8점이라고 대답했다.

그다음 신체 감각의 위치를 물어본다. "고통이 몸 어디에서 느껴집니까?" 내담자는 위가 답답하고 목에 뭔가 걸린 것 같은 느낌이 든다고 했다.

4단계는 민감 소실desensitization의 단계다. 내담자는 고통스러운 장면과 연관된 감정, 신체 감각, 그리고 부정적인 인지를 함께 떠올리며 치료자의 손가락을 따라 눈을 움직인다. 치료자는 내담자에게 눈을 움직이면서 어떤 내용이든 검열하지 않고 떠오르는 것을 그냥 내버려두라고 알려준다. 외상 기억이 갇혀 있는 신경 네트워크를 자극하여 그 기억의 여러 가지 요소들을 재처리하는 것이 목표다. "그 장면과, 나는 안전하지 않다는 생각, 그리고 신체에서 그것이 느껴지는 곳을 떠올리면서 제 손가락을 따라 안구 운동을 하세요." 안구 운동은 천천히 시작하여 점점 속도를 높이는데, 내담자가 편안하게 느끼는 속도까지 높인다. 약 24회의 좌우 왕복 운동을 하고 난 뒤, 혹은 내담자에게 분명한 변화가 일어날 때, 치료자는 안구 운동을 멈추고 "그대로 모든 것을 놔두고, 심호흡을 하세요"라고 지시한다. 그리고 내담자에게 "지금 무엇이 떠올랐습니까?" 혹은 "지금 무엇을 느꼈습니까?"라고 물어본다. 내담자는 이미지, 신체 감각, 감정, 새로운 깨달음, 일반적인 생각 등을 경험하기도 하고, 아니면 전혀 아무것도 안 떠오를 수도 있다. 내담자의 보고를 듣고 난 뒤 "그것에 대해 생각하면서 계속 갑니다" 혹은 "그것과 함께 계속 갑니다"라고 이야기하면서 다시 안구 운동 한 세트(약 24회 왕복 운동)를 시행한다.

치료자는 내담자가 무엇을 경험하는지 세밀하게 주의를 기울이면서 내담자와 함께 있는 것이 중요하다. 하나의 정보를 끝까지 처리했다는 신호가 날 때까지 치료자는 내담자가 안구 운동을 계속하도록 한다. 만약 내담자가 정서적으로 매우 흥분하면, 안정을 찾을 때까지 계속해서 안구 운동을 해서 외상 사건을 내담자가 완전히 깨끗하게 처리할 수 있도록 한다. 내담자마다 선호하는 안구 운동의 속도나 횟수가 다르다. 어떤 내담자는 한 세트당 10~15회 정도의 안구 운동을 가장 좋아하고, 어떤 내담자는 한 세트당 100회 정도의 안구 운동을 선호하기도 한다. 안구 운동 한 세트를 마칠 때마다 "지금 뭐가 일어났습니까?" 혹은 "지금 뭐가 떠올랐습니까?"라고 내담자에게 물어본다. 내담자는 자신의 경험을 이야기하고 다시 안구 운동을 한다.

어떤 내담자는 EMDR 치료 도중 자꾸 말을 하고 싶어 하는데, 대개의 경우 매우 유용하다. 왜냐하면 그렇게 함으로써 내담자는 그 경험을 계속 유지하고 치료자는 그 경험을 뒤따라갈 수 있기 때문이다. 안구 운동을 하는 동안 내담자는 사고, 감정, 신체 감각의 다차원적인 자유 연상 과정을 경험한다. 어떤 내담자는 매우 강렬한 감각이나 무서운 이미지, 혹은 살해하고 싶은 분노, 압도적인 공포, 애도, 사랑, 그리고 용서와 같은 강렬한 감정을 경험하기도 하고, 어떤 내담자는 태어나기 전 혹은 유아기의 경험과 같은 것을 묘사한 그럴싸한 기억을 해내기도 하고, 또 어떤 내담자는 세밀하면서도 상징이 많은 '꿈 비슷한 이미지'를 경험하기도 한다. 내담자가 이러한 모든 경험을 하는 동안, 치료자는 "그것과 함께 계속 가세요" 혹은 "그것들이 그냥 지나가게 내버려 두세요"라고 말해주기도 하고, "이미 지나간 오래된 일입니다"라고 말해줌으로써 내담자를 안심시키기도 한다. 기차를 타고 가면서 창밖에 스쳐 지나가는 풍경을 바라보는 기분으로 내적인 경험을 바라보라는 은유적인 이야기를 해줄 수도 있다.

많은 내담자들은 자신의 의식을 바라보는 관찰적 자아의 경험을 하면서, 마치 영화를 보는 것처럼 자신의 경험을 바라볼 수 있다. 이는 경험하면서 동시에 관찰하는 것과 유사하다. 내담자가 외상 기억에 의해 압도되어 관찰적 자아가 약해지면, 치료자가 내담자의 관찰적 자아를 격려하고 강화시켜주면 도움이 된다.

안구 운동을 하고 변화된 상태를 점검하는 과정은 회기 내내 계속하는데, 치료자는 간혹 원래의 처음 장면으로 돌아가 SUDS를 측정한다. 어떤 내담자는 관련된 다른 기억의 채널이 많이 열리면서 원래의 목표 기억에서 점점 멀어지는 경우가 있다. 내담자의 처리 과정이 지나치게 분산되지 않도록 하는 것이 치료자의 중요한 역할이다. 이럴 때는 다시 원래의 목표 기억으로 돌아가라고 하여, 무엇이 떠오르는지 묻는다. 예를 들면, 위의 사례에서는 치료자가 "원래의 기억으로 돌아가면, 지금 무엇이 떠오르나요?"라고 물어볼 수 있는데, 이를 통해 재처리 과정이 얼마나 일어났는지를 알 수 있다. 이 사례의 경우, 내담자가 "그 장면을 떠올리면 지금 화가 느껴진다"라고 대답하면, 치료자는 처리 과정이 일어나고 있다는 것을 알 수 있다(내담자는 처음엔 공포의 느낌으로 처리를 시작했다). 치료자는 "그것과 함께 계속 가세요"라고 말하면서 다시 안구 운동을 시작한다. 만약 원래의 장면으로 돌아오니 더 이상 그리 고통스럽지 않다고 하면, 치료자는 내담자에게 SUDS를 물어본다. "고통이 없거나 불편하지 않으면 0점, 상상할 수 있는 가장 큰 고통을 10점이라고 할 때, 지금 얼마나 고통스럽게 느껴지나요?" 내담자가 감정적으로 힘들지 않다고 하고, SUDS를 0점 혹은 1점이라고 보고하면, 긍정적인 인지를 주입하는 5단계로 넘어가야 할 때다.

주입installation은 원래의 목표 기억이나 사건과 긍정적인 인지를 같이 떠올리라고 하면서 안구 운동을 하거나 혹은 양측성 자극을 주는 것이다. 먼저 내담자에게 원래의 이미지를 떠올리게 하고, 회기를 시작할 때 긍정적인 인지(이 사례에서는 '나는 지금 안전하다')를 다시 생각하라고 한 뒤, 그것이 적합한지 아니면 더 적합하다고 느껴지는 다른 긍정적인 인지가 떠올랐는지 물어본다. 내담자는 '나는 지금 안전하다'를 계속 선택할 수도 있고, '난 그 당시 내가 알고 있던 대로 최선을 다했다' 혹은 '그것은 지나간 과거의 일이다'를 새롭게 선택할 수도 있다. 그러고 난 뒤, VoC를 체크한다. "원래의 사건과 '나는 지금 안전하다'는 말을 함께 떠올려볼 때, 그 말이 완전히 거짓이라고 느껴지면 1점, 완전히 사실이라고 느껴지면 7점이라고 하면, 지금은 어느 정도로 느껴집니까?" 만약 내담자가 완전히 사실로 느껴진다고 하며 6점 혹은 7점이라고 하면, 치료자는 내담자에게 그 말과 원래의 사건을 함께 떠올리라고 한다. 이때 사건의 장면은 작아졌거나, 흐려졌거나, 혹은 컬러풀하기보다는 흑백으로 변하여, 어떤 방식으로든 덜 위협적으로 변한다. 안구 운동을 몇 세트 정도 더 한다. 그리고 치료자는 다시 VoC를 물어보아 그대로인지 아니면 변화했는지 알아본다. 때때로 새로운 연결 기억 네트워크가 열리면서 재처리해야 할 필요가 있는 새로운 사항이 나타나기도 한다. 그럴 경우, 시간이 남아 있다면 치료자는 그것을 그 시간에 계속 처리할 수도 있다. 만약 시간이 없다면 그것을 적어놓고 다음 시간에 다시 다루기로 하고, 회기를 마치기 전에 마무리 작업을 가능한 한 충분히 한다.

만약 내담자의 VoC가 6점 미만일 때는 다음과 같은 몇 가지 시도를 해볼 수 있다. 먼저 긍정적 인지의 적합성을 점검한다. 어쩌면 긍정적 인지가 단지 상황에 적합하지 않은 경우도 있다. 내담자가 처리를 방해하는 '차단 믿음'을 갖고 있을 수도 있는데, 이것을 집중적으로 다루어 재처리해야 한다. 긍정적인 인지를 완전한 사실로 받아들이지 못하는 어떤 부가적인 기억을 갖고 있을 수도 있다. 학대의 피해자는 처리해야 할 다른 학대 기억이 많기 때문에 '나는 지금 안전하다'라는 생각을 7점으로 느끼지 못하는 경우가 자주 있다.

　EMDR의 6단계는 신체 검색이다. 이는 목표 기억이나 사건이 처리되고, 긍정적인 인지의 주입을 마치고 난 뒤에 한다. 이 사례에서, 치료자는 내담자에게 "눈을 감고 그 사건과 '나는 지금 안전하다'고 하는 생각을 떠올리면서 당신의 온몸을 머리부터 발끝까지 점검해보세요. 그리고 뭔가 느껴지는 신체 부위가 있으면 말해주세요"라고 알려준다. 내담자가 어떤 감각이 느껴진다고 보고하면 치료자는 바로 안구 운동을 시행한다. 만약 좋은 감각이 느껴졌다면, 안구 운동은 좋은 감각을 강화시킬 것이다. 불쾌한 감각이 느껴졌다면 치료자는 그것이 사라질 때까지 재처리해야 한다. 신체 검색은 치료자에게 아직 처리되지 않은 기억에 주의를 기울여야 함을 알려준다. 위의 사례에서 내담자는 신체 검색을 하는 도중 숨이 막히는 것 같은 느낌이 남아 있다는 것을 알았다. 이는 다른 학대 사건과 연관 있는 신체 감각일 수도 있고, 방금 다룬 사건에서 완전히 처리되지 않은 부분과 연관된 신체 감각일 수도 있다. 만약 이것을 재처리할 시간이 남아 있지 않다면, 이에 대해 잘 설명해주고 적절히 마무리해야 한다. 치료자는 남아 있는 신체 감각을 잘 기억하고 있다가 다음 시간에 이것을 다시 다룬다.

　EMDR의 7단계는 종료다. 만약 처리가 잘 진행되어 원래의 사건에 대한 고통이 사라졌다면, 종료는 비교적 간단하다. 치료자와 내담자는 회기 동안 처리한 과정이나 새롭게 알게 된 통찰에 대해 잠시 이야기를 나눈다. 치료자는 내담자에게 다음 치료 시간까지 계속해서 기억의 요소들이 저절로 처리될 수 있다는 것을 알려주고, 중간에 새로운 기억의 요소들이 나타나면 다음 시간에 다룰 수 있다고 말해준다. 내담자가 꿈이나 새로운 통찰을 일기에 기록하거나, 그림을 그리거나, 그 밖의 다른 예술적 활동을 하는 것은 자연적인 처리 과정을 촉진시키는 데 도움이 된다. 회기 사이사이 생기는 스트레스에 내담자가 스스로 대처할 수 있도록 명상이나 스트레스 감소 기법 등을 가르쳐 주는 것도 도움이 된다. 필요할 경우 치료자에게 전화할 수 있다는 것도 알려준다.

EMDR 치료 시간 동안 문제가 깨끗이 처리되지 않아, 미완결 회기가 되는 경우가 자주 있다. 대개 내담자는 여전히 정서적으로 동요되어 있고, SUDS도 1점 이상이며, VoC도 6점 미만이다. 이럴 때에는 긍정적 인지의 주입과 신체 검색은 하지 않는다. 특히 처리해야 할 자료가 여전히 남아 있는 것이 분명한 경우에는 긍정적 인지의 주입과 신체 검색을 하지 않는다. 이러한 미완결 회기를 마치는 방법에는 여러 가지가 있다. 먼저, 치료자는 내담자에게 시간이 거의 다 되어 치료 회기를 마치는 데 기분이 괜찮은지를 물어본다. 그리고 치료자는 내담자가 회기 동안 노력하여 작업한 것에 대해 격려와 지지를 보낸다. 대개 명상이나 이완 훈련을 하거나, 안전지대로 돌아가는 것이 도움이 된다. 종료 과정에서 인지적 개입을 사용할 수도 있다. EMDR은 정서적으로 많은 동요를 일으키기 때문에 이것이 그대로 노출되면 정서적으로 취약해질 수 있다. 따라서 마무리를 잘하여 내담자가 편안하고 안정된 상태가 되게 하는 것이 중요하다. 어떤 내담자의 경우는 운전하고 돌아가기 전에 산책하게 하고, 때로는 그날은 직장에 돌아가지 말라고 제안하기도 한다.

EMDR 치료의 8단계는 재평가다. 다음 시간에 내담자가 왔을 때 치료자는 지난 시간에 다룬 문제와 연관된 어떤 중요한 일이 있었는지를 물어본다. 내담자는 꿈, 새로운 통찰이나 기억, 새로운 신체 감각, 혹은 플래시백을 경험했다고 보고하기도 한다. 치료자는 내담자에게 전 시간에 다룬 목표 기억을 떠올렸을 때 뭔가 새로운 것이 떠오르는지 한번 점검해보라고 한다. 예를 들면, 내담자는 지난 시간 처리했던 기억과 관련된 새로운 기억이 떠올라 지금은 흥분된다고 말할 수도 있다. 그동안 떠오른 것들을 고려하면서, 치료자와 내담자는 함께 EMDR로 처리할 다음 타깃을 선택한다.

개입의 이론적 근거와 적용

안구 운동을 하면서 내담자의 정보 처리 과정을 그냥 따라가는 것만으로는 정보 처리가 긍정적인 결과로 흘러가도록 하는 데 충분하지 않은 경우가 있다. 내담자는 때때로 인지적 혹은 감정적 맴돌기에 빠져, 같은 이미지, 같은 생각, 같은 정서, 같은 신체 감각을 반복하면서 SUDS가 전혀 감소하지 않기도 한다. 맴돌기는 마치 망가진 레코드판과 같은 것으로 내담자의 처리 과정이 홈 같은 곳에 갇혀, 같은 자료를 반복하여 되새기는 현상이다.

정서적으로 강한 맴돌기가 없어도 처리 과정이 차단될 수 있다. 이런 경우 변화가 전혀 없고, 고통의 처리 과정이 전혀 일어나지 않는다. 이때 치료자는 외상의 기억이 풀려 나오면서 재처리가 계속 일어나도록 하는 인지적 개입cognitive interweave이라는 창조적인 방법을 사용할 수 있다(샤피로, 2011). 인지적 개입은 창의적이고 적극적인 EMDR 전략으로, 내담자로부터 나오는 자료에만 의존하기보다는 치료자가 내담자에게 새로운 정보를 제공함으로써 막힌 처리 과정을 뛰어넘어 새롭게 처리되도록 한다. 치료자가 해주는 말은 내담자가 연결하지 못했던 기억 네트워크나 연상을 함께 엮어 준다. 개입은 새로운 전망, 새로운 정보, 혹은 내담자가 알고는 있지만 활성화된 마음 상태로 접근할 수 없었던 정보를 소개한다. 외상의 경험은 다른 새로운 정보의 영향을 받지 않는 신체–마음의 어느 부위에 따로 저장되어 있는 것으로 보인다. 개입은 분리되어 있는 내담자의 마음 부위를 서로 연결시켜주는 다리 역할을 한다. 개입을 하고 나서 안구 운동을 시행하면 처리 과정이 다시 시작된다. 어린 시절 외상을 받은 성인을 치료할 때, 개입은 특히 더 효과적인데, 이들은 대개 관찰적 자아나 성인의 관점이 발달되지 않아 거의 모든 경험을 아이의 관점에서만 경험하며 살아왔기 때문이다. 개입의 종류와 개입 전략은 9~12장에서 치료 사례와 함께 소개한다.

02

치료의 주요 쟁점과 증상

이 장은 어린 시절 학대를 경험한 성인을 치료할 때, 치료자가 신경 써야 할 주요 쟁점인 안전, 책임, 선택과 조절, 경계, 대인 관계, 신체 인식/이미지, 성, 자존감, 강한 감정, 방어, 악몽과 플래시백, 신체 기억, 공황과 불안, 우울 등을 다룬다. 어떤 내담자는 다른 문제로 치료를 받는 도중에 학대받았던 기억이 드러나기도 한다. 그러므로 치료자는 위의 쟁점들을 잘 알고 있어야 한다 그래야 내담자의 치료 타깃이나 제한적 믿음을 재빨리 알아차릴 수 있다. 흔히 내담자의 정보 처리는 무의식적인 차단 믿음이나 차단 이미지로 인해 정지되기 때문에 치료자는 적절한 인지적 개입을 사용해 진행을 촉진시킬 필요가 있다.

어린 시절 상처받은 성인의 치료 쟁점

통계상 18세 미만의 여아 4명 중 1명, 남아 7명 중 1명이 성적으로 피해당한 것을 고려하면—사실 이 수치도 실제보다 적게 보고된 것일 수 있다—EMDR 치료자들은 이런 내담자를 만날 가능성이 높다. 게다가 다른 형태의 학대들—감정적, 언어적, 신체적 학대—을 추가한다면, 그 수는 엄청나게 증가할 것이다. '학대'라는 용어는 어린아이가 낯선 사람에게 여러 번의 성희롱을 당하는 것부터 유아기부터 청년기에 걸쳐 지속적인 근친상간을 당하는 것까지 광범위한 행동을 포함한다.

어린 시절 성적으로 학대받은 성인들은 독특한 특성을 가지고 있기 때문에 치료자는 그들이 겪는 특별한 어려움을 잘 알고 있어야 한다. 즉, 치료자는 언제든 나타날 수 있는 잠재적인 함정이나 실수에 주의하고 있어야 하며, 치료 초기에는 분명하게 나타나지 않지만, 나중에 드러나는 내담자의 지속적인 요구에도 민감해야 한다. 이러한 내담자들과 함께 작업할 때는 세심하게 연마된 민감성과 주의력이 필요한데, 치료자가 무의식적으로 어린 시절 외상의 역동逆動을 재현해 내담자에게 다시 상처 주는 것을 주의해야 한다. 어린 시절 학대받은 성인들은 다양한 증상들을 호소하는데, 일반 사람들보다 불면, 우울, 불안, 분노, 약물 중독, 자해, 자살에서 더 높은 수치를 보인다. 학습 장애나 안면 경련, 혹은 그 밖의 다른 신경계 반응을 보일 수도 있고, 문란한 행동이나 위험한 활동에 빠질 수도 있다. 신체화somatization와 해리, 그리고 학대는 서로 연관되어 있다.

내담자들은 온갖 문제들을 호소한다. 실제로 치료를 시작할 때는 어린 시절에 학대를 겪었다는 사실을 모를 수도 있다. 내담자들은 대인 관계나 직장에서의 어려움 때문에 치료를 받으러 오기도 하고, 원인 모를 신체적 증상들을 호소하기도 하며, 불안이나 우울, 섭식 장애로 괴로워하기도 한다. "그러나 어떤 증상도 어린 시절 학대의 명백한 징후로 볼 수 없으며, 과거에 일어난 일을 현재의 확실한 증거 없이 정확히 알 수 있는 방법도 없다(샤피로, 2011)."

'복합적 외상 후 스트레스 장애'는 비록 미국정신의학협회에서 제작한 〈정신장애의 진단 및 통계 편람(제4판)〉(DSM-IV)°에는 진단명이 없지

○ DSM-IV 〈정신장애의 진단 및 통계 편람Diagnostic and Statistical Manual of Mental Disorders(제4판)〉 (1994)은 미국정신의학협회(American Psychiatric Association; APA)에서 제작한 정신 장애의 진단 기준을 담은 책자로써, 정신 질환에 대한 진단과 분류 체계를 보다 효율적으로 적용하고, 연구자 간 의사소통을 원활하게 하기 위해 만들어졌다. 심리 장애를 개념화하는 데 있어서 어떤 병리에도 치우치지 않고 증상과 징후를 위주로 장애의 특성을 정의한다. 제1판은 1952년에 발행되었으며, 2013년 다섯 번째 개정판으로 DSM-V가 발행되었다. -옮긴이

만, 현재 전문가들 사이에서 많이 사용하고 있는 용어로, 중요한 심리적 외상으로 인해 성격적인 문제를 가진 사람들이 공통적으로 겪는 증후군을 말한다. 종종 그들은 반복적으로 학대의 희생자가 된다. 콜크에 따르면, 학대받은 아이들은 경계성 인격 장애, 신체화 장애, 해리 장애, 자해, 섭식 장애, 약물 남용 등과 같은 다양한 범주의 정신 장애에 걸리기 쉽다. 또한 해리는 신체적으로 혹은 성적으로 학대받은 아이들이 습득하는 방어 기제이며, 어렸을 때 해리를 경험한 사람들은 성인이 되어서도 외상 후 스트레스 장애의 발병률이 더 높다(van der Kolk & Fisler, 1995).

감정 조절의 어려움도 치료자가 유념해야 할 문제다. 학대받은 많은 아이들이 경험하는 만성적인 과잉 각성 상태는 힘든 감정을 조절하는 능력을 손상시킨다. 그 결과, 아이들은 비정상적으로 행동화를 하거나 혹은 사회적으로 위축된 성인으로 성장한다. 또 감정 조절 장애는 자신에 대한 정의를 내리는 데에도 문제를 일으킨다.

DSM-IV에서 외상 후 스트레스 장애를 정의할 때, '상세 불명의 극단적 스트레스 장애(Disorders of Extreme Stress Not Otherwise Specified; DESNOS)'의 잠정적인 기준으로 다양한 핵심 증상들을 모았다. 이 증상들은 다음의 다섯 가지 범주, 정서적 각성 조절의 변화, 주의력과 의식 상태의 변화, 신체화, 만성적 성격의 변화, 의미 체계의 변화로 분류했다. 위원회는 DSM-IV 역학 조사에서 어린 시기에 학대받은 성인들은 이 모든 범주에서 문제가 있다는 사실을 발견했다. 학대 기간이 짧고, 학대 당시 피해자의 나이가 많을수록, 피해자는 외상 후 스트레스 장애의 주요 증상만을 보였다. 그러나 더 어린 시절에 학대를 받았고, 오랜 시간 지속되었으며, 보호받지 못했던 사람일수록 손상 범주는 더 광범위했다. 성격적인 문제와 심리적 외상 중에서 어떤 것이 먼저인지는 불분명하다. 그러나 어느 경우든, 치료자는 복잡한 문제를 가진 사람과 작업하고 있다는 것을 반드시 유념해야 한다.

안전

안전 문제는 우선적이며 중요한 문제다. 학대받았을 당시에 안전하지 못했기 때문에 아이의 신경계는 세상이 안전하지 않다는 믿음과 위험의 경험에만 고착되어 있다. 치료자는 반드시 내담자가 안전하게 치료받을 수 있는 분위기를 제공해야 한다. 만약 내담자가 안전하다고 느끼지 않는다면, 치료를 진행하는 것은 무익하고, 심지어 잠재적으로는 해롭기까지 하다. EMDR 작업을 할 때는 아이의 신경계가 활성화되기 때문에 내담자는 퇴행하여 심한 제반응을 경험하며, 아이 상태에서 생긴 전이 문제로 위협을 느낄 수도 있다.

성적 학대는 근친상간인 경우와 낯선 사람에 의한 추행인 경우에 따라 안전 문제에 차이가 있다. 근친상간의 경우, 아이는 학대자와 늘 가까이 있어야 하기 때문에 결코 안전함을 느낄 수 없다. 이런 아이는 대인 관계에서 안전을 느끼는 것이 아니라 오히려 혼자 있는 것이 더 안전하다고 느낀다. 치료자를 신뢰하는 것이 힘들기 때문에 치료적 동맹을 형성하는 것이 매우 중요하다. 또한 안전지대를 만드는 것도 어렵다.

많은 내담자가 어린 시절에 고통스럽게 겪었던 학대에 대해 철저히 비밀로 하며 지낸다. 초기에는 가해자의 위협 때문이지만, 나중에 성인이 되어 위협의 영향력이 사라졌을 때조차 비밀을 계속 지녀왔다는 수치심 때문에 침묵 깨기를 거부한다.

또 어떤 내담자는 안전 문제가 상황에 따라 달라질 수 있다. 특히 낯선 사람에 의해 학대받은 경우, 아이는 안전과 피난처를 제공한 장소나 사람을 기억할 수 있다. 그럼에도 학대받던 당시의 아이는 가해자에 의해 좌지우지되었기 때문에 안전하다고 할 수 없다.

만약 치료자의 성별, 인종, 외모가 가해자를 닮았을 경우 일부 내담자들에게는 방해가 될 수 있다. 치료적 동맹의 신뢰 형성을 방해할 수 있으므로, 치료자는 반드시 이런 가능성에 주의해야 한다. 게다가 치료적 동맹이 강할 때조차, 정보 처리 과정 중에 치료자가 내담자에게 알리지 않고 무릎이나 손등 두드리기를 사용하거나, EMDR 치료 도중 내담자가 플래시백, 전이를 경험하면, 치료자를 가해자로 경험할 수도 있다 (5장의 멜라니의 사례도 마찬가지의 경우다).

치료자는 치료 회기뿐만 아니라, 치료 회기 후의 안전 문제도 중요하다는 것을 염두에 두어야 한다. 때때로 어린 시절에 학대받은 내담자는 현재의 상황에서 과거 외상 상황을 재현한다. 예를 들어, 가족에게 학대받은 사람은 배우자와의 성적 관계에서 학대 상황을 반복한다. 청소년기에 강간당했던 사람은 피해자와 가해자 역할을 교대로 하면서 가학적이거나 혹은 자학적 관계에 몰입하기도 한다.

때때로 내담자는 치료 중에 자기혐오에 빠져, 갑자기 자해를 하기도 한다. 이러한 자해가 자살의 동기가 되는 것은 아니지만, 위험할 수 있다. 따라서 내담자의 과거력을 청취할 때 이런 징후를 듣고 관찰하는 것은 매우 중요하다.

치료 회기 후에 이제껏 억제되었던 내용이 치료실 밖에서 떠올라 내담자가 놀라거나 힘들어할 수도 있다. 이런 경우 정보 처리 과정 중인 내담자에게 의사의 처방과 모니터링이 필요할 수 있다. 또한 내담자가 치료 회기 외에도 밖에서 충분한 지지 체계를 가지고 있는지 반드시 물어봐야 한다.

책임

　학대받은 아이들은 흔히 자신이 잘못했기 때문에 스스로 학대의 책임을 져야 한다고 믿는 경향이 있다. 어떤 내담자는 부모가 가지 말라고 한 곳에 갔다가 추행을 당했기 때문에 자신에게 책임이 있다고 느끼기도 한다. 또는 어머니는 그렇게 할 수 없기 때문에, 아버지가 요구하는 모든 방식으로 아버지를 기쁘게 하는 것이 자신의 의무라고 느끼는 내담자도 있다. 어느 경우든 내담자는 스스로를 나쁜 사람으로 기억하는 반면, 자신의 강한 심리적 욕구에 따라 '좋은 부모'를 가졌다는 허상을 간직할 수 있다.

　종종 성인 가해자는 피해자인 아이에게 비난받아 마땅하다고 말하고, 아이는 그 믿음을 받아들이고 내재화한다. 판별력이 부족한 아이는 사건에 대한 잘못된 해석을 하고, 역기능적인 '자기 이야기'를 만들어낸다. 이는 원래의 상처를 수차례 강화하고 반복한다. 대부분의 아이는 어른의 관심을 원하고, 그것을 즐기기도 하는 경향이 있기 때문에 어떤 경우에는 가해자의 관심에 유혹받는다. 또한 아이는 자신의 신체가 기쁘게 반응하면, 금지된 생리적 반응이라고 여겨 나쁜 것으로 해석한다. 관심받고자 하는 자연스럽고 단순한 욕구를 학대에 대한 책임과 혼동하기도 한다.

　아이는 학대의 책임을 느끼는 것과 동시에, 아이가 감당할 수 없는 숱한 다른 문제들에 대해서도 책임을 느낀다. 뿌리 깊은 잘못된 책임감은 적절하게 책임을 갖는 능력을 방해한다. 심지어 치료자에 대해서도 책임을 느낀다. 치료자가 듣고 싶어 하는 것을 말함으로써 치료자를 기쁘게 하려는 양상이 나타날 수도 있다. 예를 들어, 내담자는 치료자가 무능하다는 것을 내색하기 싫어, 수차례의 안구 운동 세트 후에도 변화가 일어나지 않는다고 말하기 어려워할 수도 있다. 즉, 내담자는 치료를 받으면서도 치료자를 배려하고 싶어 한다.

선택과 조절

아이는 학대의 횟수와 관계없이 학대 당시의 자신을 무기력하게 느낄 수밖에 없다. 자신의 신체에 대해, 가해자에 대해, 그리고 자신이 처한 상황에 대해 그 어떤 조절도 할 수가 없었기 때문이다. 그 순간 아이가 경험한 무기력함은 성인이 되어서도 지속된다. 결과적으로 성인이 된 후에도 수많은 상황에서 자신을 희생자로 느끼면서 자신의 신체에 대한 어떤 선택이나 조절도 할 수 없다고 느낀다. 그러나 일단 부정적인 인지가 완화되면 스스로 어떠한 선택이든 할 수 있게 된다.

특히 고통스러운 현상이 일어나고 있는데 아무런 조절도 할 수 없다면 무시무시한 두려움과 공포의 경험일 수 있다. 이런 이유로, 치료자는 내담자에게 치료 시간에 일어나는 모든 것을 내담자가 스스로 잘 조절할 수 있다고 강조하는 것이 중요하다. 내담자의 역량 강화empowerment는 치료 과정에서 매우 중요한 부분이다.

자신이 주변 상황에 어떤 조절도 할 수 없다는 느낌과 유사하게, 자율성 또한 매우 낯선 개념일 수 있다. 즉 내담자는 필요하고 원하는 것에 대해 스스로 행동하고 느낄 수 있다는 생각을 전혀 할 수 없다. 아이였을 때 어느 누구도 자신의 이야기를 들어주거나 믿어 주지 않았기 때문에 '아니요'나 '예'를 말할 수 있거나 자신의 삶에서 어떤 것을 선택할 수 있다는 것을 믿지 못한다. 당연히 다른 사람이 자신의 말을 수용하거나 존중한다는 것을 의심한다.

이러한 믿음은 EMDR 회기에서 다음과 같이 나타날 수 있다. 치료자가 안구 운동을 할 때 손가락이 내담자의 얼굴에 너무 가깝거나 혹은 너무 멀 수 있는데, 내담자는 치료자에게 이것에 대해 말하지 않는다. 무릎 두드리기를 원하지 않거나, 혹은 안구 운동의 한 세트를 좀 더 짧게 하고 싶을 때에도 말하기 어려워한다. 치료자의 요청에 '아니요'라고 말할 수 있다는 생각이 아예 들지 않을 수도 있다. 특히 근친상간을 당한 생존자에게 가장 중요한 것은 자신이 어떤 상황에서든 선택할 수 있다는 사실을 배우는 것이다.

어떤 내담자는 자신이 원하는 것을 알아도 요청하기 어려워한다. 부모에게 요청했다가 처벌받았을 수도 있고, 혹은 무시당했을 수도 있다. 어떤 경우든, 자신의 요청이 쓸모없다고 치부되고 받아들여지지 않아, 자신이 무력하다는 느낌을 경험했을 것이다. 내담자가 장기간에 걸쳐 느껴 온 무력감을 극복하게 하는 것은 치료에서 반드시 필요하다. 자신에게 적합한 것이 무엇인지 판별할 수 있고, 무엇이 옳은지에 대한 자신의 감각을 신뢰하는 능력을 되찾는 것이 필요하다. EMDR 회기 동안 자신의 욕구를 인식하고, 이를 표현하고, 자신이 갖고 있는 힘을 경험하면서, 내담자는 중요한 치유 과정을 경험하게 된다.

경계 문제

어린 시절 성적으로 학대받은 내담자는 개인의 경계가 침해당하는 것을 반복적으로 경험했기 때문에 분명한 자아감을 갖지 못할 수 있다.

해리 경향이 있는 내담자는 개인적인 경계를 인식하는 데 어려움을 느낀다. 자신의 신체를 자신과는 상관없는 외부의 것으로 느끼기 때문에 신체적으로 나쁜 경험이나 느낌, 신체적으로 침입당한다는 느낌을 잘 모른다. 자신의 신체를 느껴야만 관계에서 옳고 그름을 구별할 수 있고, '아니요'라고 말할 수 있다.

또 다른 성향으로, 어떤 내담자는 치료자를 포함한 모든 사람을 자신의 외부에 두기 위해 주위에 벽을 친다. 심지어 '예' 또는 '아니요'로 대답을 요구하는 질문조차도 침입으로 느낀다. 개인적인 공간은 이들에게 매우 중요한 문제다. 내담자는 치료자가 가까이 앉거나 무릎이나 손을 두드리는 것을 원하지 않을 수 있다. 나는 자신의 공간에 침입한다고 느끼지 않기 위해 나를 꽤 멀리 떨어져 앉게 한 몇몇 내담자들을 경험했다. 이런 경우 안구 운동을 위해 라이트 바를 이용했다. 실제로 두 여성은 진료실에서 내가 멀리 떨어져 앉기를 원했고, 그 거리에서 라이트 바를 언제 시작하고 멈출지 표시했다.

적절한 경계의 내적 감각이 없으면서 양육과 수용을 받고자 하는 내담자는 치료자를 기쁘게 하려고 자신의 욕구를 무시할 수도 있다. 그러면서 다른 한편으로는 어려서부터 경계의 발달 없이 성장해왔기 때문에, 치료자의 집에 전화하거나 휴가 중에 약속을 요구하는 것을 아무렇지 않게 생각할 수도 있다.

대인 관계

학대 가정에서 의사소통은 대개 비효과적이거나 빈약하기 때문에 어린 시절 학대받은 성인은 주로 대인 관계의 문제를 호소하며 치료를 받으러 온다. 어린 시절의 역기능적 환경 때문에 건강한 관계를 위한 기술들을 전혀 배우지 못한 것이다. 세상은 안전한 곳이 아니고, 다른 사람은 신뢰할 수 없으며—친밀감 형성을 방해하는 마음—심지어 자신의 감각조차 믿지 않는다. 흔히 내담자는 자신이 '손상된 물건'이므로 아무도 자신을 원하지 않는다는 잘못된 믿음을 바탕으로 삶을 예측한다.

대인 관계에서는 투사적 동일시가 쉽게 일어난다. 내담자는 인식하고 싶지 않은 부정적인 속성들을 무의식적으로 타인의 탓으로 돌리며, 치료자가 그 대상이 되기도 한다. 이러한 역기능적인 심리는 내담자로 하여금 사람을 경멸하고 적대적으로 행동하게 만든다. 또한 내담자는 어린 시절 상처를 재현하듯 타인에게 잔인하게 행동하고 타인을 희생시킬 수도 있으며, 때로는 피해자 역할을 하기도 한다.

만성적으로 학대받은 성인은 자신을 보호하고 지지하기 위해, 외부에 지나치게 의존적일 수 있다. 이들의 대인 관계는 배우자가 학대를 일삼아도 계속 같이 사는 등 다양한 희생의 형태를 갖는 것이 특징이다. 주도권이 결여되어 원하지 않아도 그런 상황에 처해지는 경우가 있는데, 이는 어린 시절 학대받은 성인에게 흔하게 나타난다. 또 어떤 내담자는 자신이 더 나은 대우를 받을 가치가 없다고 믿기 때문에 학대의 상황에서도 그런 인지를 하지 못한다.

배신은 많은 학대 피해자의 정신세계 중 큰 부분을 차지하는데, 특히 신뢰했던 사람에게 배신을 당한 강간 생존자가 그렇다. 따라서 치료적 관계는 지속적으로 평가되어야 한다. 비록 내담자가 치료자를 신뢰한다고 말할지라도, 실제로는 관계를 매우 두려워하며 믿기 어려울 만큼 혼자라고 느끼고 있기도 하다. 다른 사람을 좀처럼 신뢰하지 못하는 것은 이들에게 매우 흔한 현상이기 때문에, 도움을 받기 위해 치료자를 의지하기 위해서는 내담자에게 많은 용기가 필요하다.

어린 시절에 이미 배신으로 고통을 받았기 때문에 내담자는 친밀함에 대한 깊은 두려움과 싸워야 한다. 여러 번의 외상적 사건들은 내담자의 성장에 큰 결점을 남겨 자신을 신뢰하는 것에도 어려움을 겪는다. 특히 자신을 돌보아주는 것과 성적인 것을 명확하게 구별하지 못하기 때문에 착취당하기 쉽다. 게다가 학대받은 아이들은 경쟁에 어떻게 대응하고, 어떻게 협상하며, 어떻게 친밀감을 발달시키는지를 배우는 정상적인 발달 단계를 놓친 까닭에, 성인으로서의 삶은 피상적이며 무의미해지기 쉽다.

내담자의 대인 관계 특성은 치료자에게 중요한 정보를 준다. 비록 일부 내담자는 관계 형성의 어려움 때문에 오지만, 친밀한 관계를 너무 빨리 형성하는 경향도 어린 시절의 학대를 암시할 수 있다는 점을 기억해야 한다.

신체 인식/이미지

학대받은 아이는 자신의 신체가 안전한 장소가 아니라는 사실을 너무 빨리 배운다. 일반적으로 성인 내담자는 지속적으로 자신의 신체 감각을 인식하는 데 한계가 있어, 치료 중에 강렬한 반응이 드러나는 시점에서 갑자기 해리 증상을 보인다. 이러한 내담자에게 신체 감각을 인지하도록 가르치는 것은 분명한 자아감을 정립하는 데 도움을 준다. 아주 구체적인 방법을 통해 내담자는 무엇이 자신이고, 무엇이 자신이 아닌지를 배운다.

치료자는 해리의 과거력이 어린 시절의 학대를 나타낼 수도 있다는 사실에 주목해야 한다. 마찬가지로 마비 증상도 이러한 내담자의 주된 대처 기제 중 하나다. 자신을 마비시키는 것은 자신을 둔하게 만들어 어떤 것도 느끼지 않으면서 고통으로부터 안전하고자 하는 것이다.

칼로 상처를 내는 것과 같은 자해는 흔히 사회적 고립과 두려움의 반응으로 나타난다. 콜크, 페리, 허먼은 성인의 자해와 거식증은 어린 시절의 성적 학대와 매우 유의미한 관계가 있음을 발견했다(van der Kolk, Perry & Herman, 1991).

성

어려서부터 성적으로 고통을 받은 내담자는 성관계를 상대방의 욕구에 관심을 갖고 함께 욕구를 나누는 활동임을 이해하며 성장하기가 어렵다. 그래서 어떤 성적 관계에도 존중과 신뢰가 없다. 난잡한 성관계, 성적 행동화, 상대방을 희생시키고 단순히 성적 대상으로만 여기는 것 등은 성적 학대의 흔적들이다.

성적인 느낌을 혐오하는 경우도 흔하다. 한편으로는 어떤 성적인 느낌도 부인하고, 다른 한편으로는 지나치게 성적인 모습을 보이기 때문에 어떤 극단이 더 우세할지 예측할 수가 없다. 아버지에게 학대받은 두 자매가 나중에 각각 매춘을 하고 종교에 귀의하는 등 양극단의 삶을 추구할 수 있다.

성적인 행동을 통해 부모의 관심을 얻은 아이는 성인이 되어서도 같은 행동을 지속한다. 한편으로 어떤 내담자는 모든 성적 행동을 거부하고 의도적으로 매력 없게 보임으로써 성적인 관심으로부터 자신을 보호한다. 심한 과체중이거나 가능하면 눈에 띄지 않기 위해 매력 없는 행색을 한다. 성적 관심을 끌면 자신이 위험에 빠질 수도 있다고 느끼는 것이다.

어린 시절 성적 학대를 받은 사람은 원만한 결혼 생활을 하지 못하는 경우가 많다. 대개 성 기능에 이상이 있으며, 어떤 사람은 배우자와의 성관계를 피하기 위해 온갖 노력을 기울인다. 성관계와 사랑이 함께 갈 수 있다고 믿지 않는다. 심지어 자신이 성관계를 원하면 스스로를 '더럽게' 또는 '혐오스럽게' 느끼기까지 한다. 특정한 성적 행동은 어린 시절의 학대 기억을 유발할 수도 있다. 예를 들어 뺨을 쓰다듬는 것 같은 단순한 행동이 내담자를 화나게 할 수도 있고, 키스로 강한 분노와 공황을 유발할 수 있다. 한 여성은 남편이 자신과 성관계를 원할 때, "그를 죽이고 싶다!"고 말했다.

성장기에 일어나는 성인의 경계 침해, 아이에 대한 존중의 결여와 폭행 등으로 인해, 어떤 이들은 성인이 되었을 때 성적 정체성에 문제가 생길 수 있다. 이는 성적 학대를 받은 남성 피해자에게서 흔하게 발견된다.

자존감

어린 시절 학대를 받은 내담자는 매우 부정적인 자아상을 가진다. 자기혐오, 무가치함, 무능력함 등으로 스스로를 묘사한다. 이 부정적인 느낌은 다른 사람과의 상호 작용에 영향을 끼쳐 사회적으로 고립시키거나 친밀한 관계를 피하게 만든다. 어떤 내담자는 쉽게 타인과 관계를 맺기도 하지만, 실제로는 부적절하다는 느낌과 누군가를 속이는 듯한 느낌을 마음속 깊이 갖고 있다.

학대자는 아이가 '그것을 좋아했거나' 혹은 '그것을 요청했기' 때문에 나쁘다고 아이에게 종종 말한다. 그로 인해 아이는 학대에 대한 수치심, 죄책감, 부적절한 책임감을 성인이 되어서까지 갖는다.

아이는 보통 사람들이 그러하듯 자신에게 일어난 일을 이해하려고 노력한다. 성인은 주변 세상과 대인 관계의 역동에 대한 더 폭넓은 인식을 가지고 있는 반면, 아이는 '자기self'가 세상의 중심이라고 믿기 때문에 '내가 나빠서', '내가 멍청해서'와 같이 학대에 대해 자기와 관련된 이유를 부여하려고 노력한다. 이는 아이가 가족 내 희생양인 경우에 더욱 그러하며, 이러한 상황에서는 건강한 자존감을 형성하기 어렵다.

《트라우마》(2012)에서 주디스 허먼Judith Herman은 "어린 희생자는 학대자의 사악함을 자신의 탓으로 여김으로써 부모에 대한 원초적인 애착을 유지하려고 한다. 그렇기 때문에 심지어 학대가 멈춘 후에도 자신이 나쁘다는 느낌을 쉽게 포기하지 못하고 오히려 성격에 고착된다. 결과적으로 많은 성인 내담자들은 자기 경멸적이고 심하게 자기 비판적이며 스스로에게 가혹하다"고 말한다. 그렇기 때문에 치료자는 치료 작업 초기에 내담자의 내적 표상에 대한 태도를 신중하게 평가해야 한다.

어떤 내담자는 성취적인 사람이 되려고 노력하여 사회봉사나 협회에서의 업적으로 많은 상을 받기도 한다. 하지만 자신을 사기꾼처럼 느끼기 때문에 성취나 칭찬에서 오는 좋은 느낌을 자신의 것으로 내재화하지 못한다. 오히려 사람들이 자신이 얼마나 나쁘고 무가치한지 모르기 때문이라고 확신한다. 긍정적인 자존감을 늘리는 것이 자아 이질적ego-dystonic인 것이다. 내담자는 자신이 나쁘거나 부적절하지만 단지 이를 숨기는 데 능숙하다고 느낀다.

손상된 자존감은 내담자가 잘못해온 것에 대한 죄책감까지 더해져, 살아 있는 것에 대해서까지 죄책감을 갖게 된다! 이런 내담자는 치료자가 하는 '예/아니요'로 대답을 요구하는 질문까지도 자신에게 책임을 추궁하는 것으로 느끼며, 결과적으로 치료자가 자신을 비난한다고 생각한다. 자존감이 손상된 내담자는 치료자가 안구 운동을 좀 더 좋은 각도에서 시행하기 위해 의자를 뒤로 옮기는 것조차 거절로 해석할 수 있다.

자신의 필요보다 어른의 욕구가 더 중요하다고 배운 학대받은 아이가 건강한 자존감의 발달을 방해받았다는 것은 결코 놀랄 일이 아니다. 예를 들어, 엄마가 충격을 받아 죽을지도 모르니 자신이 한 일을 절대 말하지 말라는 아버지의 경고를 들은 아이는 인간으로서 자기 가치를 소중히 여길 수 없다. 자신의 생명을 위협하는 학대를 당장 멈추는 것이 다른 누군가의 욕구보다 중요하지 않다는 사실은 아이의 정상적인 성장을 방해한다.

강한 감정들: 공포, 분노, 수치심, 슬픔

심리적 외상을 당했을 때 일어난 극도로 강렬한 감정은 그 당시의 순간에 얼어붙는다. 그리고 그 감정이 현재에 다시 자극을 받으면, 여전히 극복하기 어려울 정도로 강하게 되살아난다. 내담자는 '매우 강하게 느껴지기 때문에, 이것은 사실임에 틀림없다'고 믿는다. 예를 들어 내담자가 완전히 겁에 질리는 상황이 되면, 그런 반응이 현재 상황에 맞든 맞지 않든 타당한 이유가 있을 거라고 믿는다. 다시 말해 강한 수치심을 느낀다면, 자신이 수치심을 느낄 만한 행동을 했다고 믿는다. 스스로가 나쁘다는 느낌을 깊이 경험하면, 내담자는 '나는 틀림없이 나빠. 그렇지 않으면 이렇게 느끼지 않을 거야'라며, 그 느낌을 '진실'로 받아들인다.

학대 상황은 별개의 자아로 뇌 구조 어딘가에 저장된다. 이러한 현상은 힘든 상황에 처한 아이가 보호자로부터 마땅히 받아야 할 도움을 받지 못했을 때 일어난다. 이는 분노가 어린 시절 학대받은 성인의 치료의 일부분임을 의미한다. 때때로 내담자가 분노를 드러내 이를 다루어야 하는 경우도 있고, 때로는 내담자가 자신의 분노를 끌어내려고 애쓸 수도 있다. 종종 분노를 다루는 작업을 통해 내담자는 '사람은 좋기도 하고 나쁘기도 하다'는 확장된 개념을 깨닫기도 한다.

학대가 성적인 것이었고 아이가 신체의 즐거움을 느낀 경우, 아이의 수치심과 '나쁘다'는 느낌은 좀처럼 지워지지 않은 채 끝까지 마음속에 남아 있게 된다. 성인 내담자는 그런 신체적 반응이 자연스럽다는 것에 동의할 수도 있지만, 당시의 아이는 그것을 몰랐기 때문에 결국 아이는 자신이 나쁘고 죄를 졌다는 느낌을 가지며, 자신이 신체의 유혹에 넘어갔다고 느끼는 성인으로 성장한다.

내담자는 두려움, 분노, 수치심과 함께 깊은 슬픔을 느낀다. 많은 내담자가 치료를 받는 동안 돌이킬 수 없는 어린 시절의 상실을 느낀다. 순결의 상실, 학대로 인해 생긴 발달의 결함developmental holes, 그리고 '삶'과 '자신'의 상실을 애도한다. 다섯 살 때이건 열다섯 살 때이건, 내담자는 자신과 친구들의 발달과정이 서로 달랐다고 자주 느꼈고, 대부분 자신이 동급생보다 더 성숙했다고 기억한다. 내담자는 마치 자신이 시간의 흐름과는 상관없는 것처럼 느낀다. 주변 사람들과 같은 세상에 살고 있지 않다고 느끼는 것이다.

그들은 또한 자신의 상처 때문에 깊은 대인 관계를 형성할 수 없었다는 것을 슬퍼한다. 학대로 생긴 장애에 대해 교육이나 의미 있는 치료 작업이 없었던 것을 슬퍼하기도 한다.

방어들: 억압, 해리

DSM-IV 역학 조사에서 연구 대상이 되었던 학대받은 청소년들은 고통스럽게 겪어 왔던 학대가 삶에 영향을 주었다는 것을 부인했다. 하지만 많은 청소년들이 친구들과 학대적인 관계를 가졌고, 물질을 남용했으며, 위험한 행동들에 몰입해 있었다. 이는 방어 기제로 억압의 존재를 보여주는 것이다.

초기 평가나 초기 치료 회기 동안, 어린 시절의 학대를 감추거나, 혹은 꾸며서 얘기하는 것은 외상 후 반응의 일부분인 회피나 해리로 볼 수 있다. 때로 회상이 늦어지는 경우도 있고, 내담자가 제3자 입장에서 자신을 말하는 경우도 있다. 또한 어린 시절 학대받은 내담자는 두통,

불면, 위장 장애, 히스테리성 전환 증상 등과 같은 수많은 정신과 신체 psychosomatic의 증상들을 보일 수 있다.

해리는 다양한 상황들을 포함하는데, 치료자는 해리가 어떤 식으로 내담자의 방어 레퍼토리의 일부분이 되었는지 잘 생각해보아야 한다. 이때 기억할 것은 내담자는 자신의 고통을 최소화하기 위해 해리를 배운다는 점이다.

콜크와 피슬러는 해리를 네 개의 유형으로 분류했다(van der Kolk & Fisler, 1995). ① 뇌에서 발생한 경험의 감각과 감정의 분열이다. 해마가 차단되면 뇌에서 외상 경험을 처리할 수 없다. 결국 외상은 통합되지 않은 형태로 뇌에 저장된다. ② 외상 순간의 이인증離人症과 비현실감이다. ③ 일상생활에서의 지속적인 이인증과 멍해짐spacing out이다. 초기 외상 순간을 반복함으로써 현재의 장면에서 자신을 제거한다. 이럴 경우 EMDR 회기에 타깃 기억이 자극을 받아 내담자가 초기 외상 당시에 해리가 일어난 것을 기억해내다가, 치료자가 뭔가 고통스러운 것을 언급하면 갑자기 해리가 될 수 있다. ④ 해리성 정체성 장애처럼 별개의 자아로 외상 기억을 보유한다.

해리성 정체성 장애를 가진 내담자와의 작업은 이 책에서 다루고 있지 않다.

플래시백과 악몽들

내담자는 플래시백을 통해 초기 학대를 재경험한다. 흔히 플래시백은 시각적이지만, 청각적이거나 또는 신체 감각적일 수도 있다. 어떤 경우든 플래시백은 저절로 일어나며 내담자를 과잉 각성과 경계 상태로 만든다.

자녀들과 함께한 기억들을 말하는 것은 내담자 자신의 어린 시절의 플래시백을 유발할 수 있다. 치료자는 내담자가 다른 사람의 이야기를 하다가 그 사람의 이름 대신 '나'라는 용어를 사용할 때, 플래시백이 일어난다는 것을 알 수 있다. 어떤 내담자는 누군가의 스쳐 지나가는 이미지만으로도 플래시백을 자극받기도 한다.

수많은 주제들에 내포되어 있는 분노, 폭력, 위협의 당황스럽고 생생한 꿈들은 종종 어린 시절 학대받은 내담자를 괴롭히며 수면 장애를 자주 일으킨다. 수면 장애가 없는 내담자는 치료를 받으면서 그런 꿈을 경험하기도 하는데, 치료자는 기억을 통합해나가는 EMDR 작업의 한 과정인 꿈에 대해서도 관심을 가져야 한다.

신체 기억들

시각 기억은 없고, 신체 감각으로만 떠오르는 기억이 있는 내담자가 종종 있다. 이들은 누군가에게 학대에 대한 이야기를 듣는 것만으로 플래시백이 유발될 수 있다. 예를 들어, 한 여성이 어렸을 때 맞았다고 얘기를 듣다가 갑자기 속이 울렁거리는 불편함을 경험할 수 있다. 또한 어떤 신체 기억들은 마사지나 지압 등을 받는 동안이나 내과나 치과 시술을 받을 때 일어날 수도 있다.

공황과 불안

공황과 불안은 어린 시절 학대받은 대부분의 성인에게 흔히 나타나는 증상이다. 공황과 불안은 세상이 안전하지 않다는 느낌, 자신이나 타인에 대한 불신감, 피해를 받았던 과거력과 밀접하게 연관되어 있다.

이들은 버림받는 것과 착취를 두려워한다. 치료자의 휴가, 치료자와 주중에 연락할 수 있는지의 여부, 치료자의 안전 등을 불안해하기도 한다. 어떤 내담자는 치료자가 자신을 남겨둔 채 죽을지도 모른다는 불안을 마음속 깊이 품고 있기도 한다. 심지어 치료자가 건강하고, 약속을 잘 지켜도 말이다! 이러한 전이는 내담자에게는 사느냐 죽느냐의 문제 정도로 강력할 수 있다. 내담자의 공포 정도를 반영하는 것뿐만 아니라, 내담자의 무기력감을 반영하는 것이기도 하다.

버림받는 것이 두려워 치료자에 대한 자신의 성적인 흥분을 감추기도 한다. 치료자가 자신을 어떻게 생각할까 두려워, 치료자뿐 아니라 다른 누군가에 대해 갖게 되는 성적인 흥분 같은 느낌을 치료자에게 보고하지 않는다.

치료자가 남성 내담자에게 억제된 감정을 자연스럽게 느껴보라고 하면, 내담자는 치료자의 이러한 격려가 자신이 어렸을 때 배웠던 것과 완전히 반대이기 때문에 불안해한다. 특히 많은 남성이 어렸을 때 자신의 감정을 '남자답게' 처리해야 한다고 배운다. '약함'을 의미하는 어떠한 표현도 밖으로 드러내지 않고 혼자 겪어야 한다고 생각한다. 소년들은 '혼란스럽다', '두렵다', '슬프다'라는 감정을 인정하지 못하기도 한다.

동성애를 인정하지 않는 사회적 압력 때문에 어린 시절 남성에게 성적으로 학대받은 남성 내담자는 엄청난 불안을 느낄 수 있다. 이러한 이유로 남자 아이들은 자신이 당한 성희롱을 치료자에게 알리는 것을 꺼린다. 그래서 치료를 할 때 외상과 함께 수반하는 느낌들을 묘사하기 시작하면 점차 불안해한다. 다행히도 EMDR은 내담자가 외상 기억을 세밀하게 묘사하지 않아도 처리할 수 있다.

또한 내담자는 삶의 중요한 시기에 불안이나 공황이 고조되는 것을 경험할 수 있다. 특히 여성은 아기를 낳은 뒤에 계속되는 막연한 불안감을 경험한다. 불안은 부모나 가까운 친척의 질병이나 사망 시에도 늘어나는데, 이는 아마도 그 사람이 내담자가 학대당할 때 중요한 역할을 했기 때문일 수 있다.

우울

우울이 종종 자신의 내면을 향한 분노라는 것을 고려할 때, 어린 시절 학대받았던 외상을 적절히 처리할 수 없었던 성인의 우울 빈도가 높다는 것을 쉽게 이해할 수 있다. 파이누스, 스타인버그, 고엔지안의 연구(Pynoos, Steinberg & Goenkian, 1996)에 의하면, 초기 어린 시절 학대는 뇌의 화학 작용에 영향을 주어 우울 성향을 갖게 한다. 어린 시절 학대받은 많은 내담자들은 성인이 되어서도 만성적인 우울을 겪는데, 이는 어느 특정 사건과는 관계없어 보이기도 한다. 우울은 다루기 어려우며, 내담자는 마음속 깊이 자리 잡고 있는 수동성과 무기력함을 경험한다. 흔히 우울은 신체 증상으로 나타나고, 기저의 우울 유발 원인들이 처리되거나 없어져야 사라진다. 많은 내담자들에게 우울은 자신의 잃어버린 어린 시절에 대한 슬픔이나 가장 가까웠던 가족의 배신에 대한 해결되지 않은 느낌에서 나온다.

거의 모든 피해자들이 그럴 필요가 없는데도 죄책감과 씨름한다. 그리고 우울이 동반해 일어난다. 자살 시도, 자해, 강박적 식이, 약물 남용, 알코올 의존은 이러한 치명적인 죄책감과 우울함의 복합적인 표현이다.

우울로부터 살아남기 위해 무감각해진 내담자들은 무언가를 느끼기 위해 자해한다. 또 어떤 내담자는 내부의 공허함을 '위에 구멍이 난 것 같다', '가슴에 빈 공간이 있는 것 같다'고 표현한다. 또 다른 내담자는 과식, 과로, 지나친 운동, 성적 행동화와 같은 다른 중독 행동들로 우울한 공허감을 방어하려고 한다. 우울증으로 고통을 받는 많은 사람들이 알코올이나 다른 물질들을 복용한다. 실제로 물질을 남용하는 사람들은 일반인보다 어린 시절에 학대와 무시를 받았던 빈도가 매우 높다(van der Kolk, 1996).

치료자의 태도

치료자는 학대의 다양한 측면에 대한 자신의 태도, 가치, 신념을 인식해야 한다. 이러한 내담자들과 작업을 하다 보면, 대리 외상화 vicarious traumatization, 소진 burn out, 전이, 역전이와 같은 여러 가지 이유로 자문이 필요하거나 동료의 감독이 필요하다. 치료자의 과거력 때문에 내담자와 지나치게 동일시되는 것은 문제가 될 수 있다. 기이한 꿈을 꾸거나, 무능력하거나 압도당한다고 느꼈는데, 자문이나 개인 치료를 통한 지지와 안내를 받지 않는다면 치료자의 기력이 소진될 위험이 있다.

내담자가 가해자에 대한 분노를 치료자에게 옮겼을 때 치료적 입장을 견지하는 것이 힘들 수 있다. 내담자가 자신의 증상을 낫게 하지 못한다며 치료자에게 화를 낼 수도 있다. 치료 관계에서의 힘든 도전들은 내담자가 수년간 억압해왔던 격앙된 감정과 외상 사건들을 반복하는 형태로 나타나기도 한다.

또 다른 중요한 영역은 치료자의 자세다. 치료적 중립성은 치료자가 지켜야 할 아주 중요한 자세다. 치료자는 치료적 관계에서 영향력 있는 역할을 하면서도 정치적이거나 감정적인 의견을 먼저 내놓아서는 절대 안 된다. 치료자가 할 일은 내담자가 자신의 신체와 마음으로부터 외상을 처리하고 제거하는 동안 '내담자의 투쟁과 자아의 재탄생'을 지켜보며 함께하는 것이다. 즉 치료자가 반드시 해야 할 과제의 핵심은, 내담자가 힘을 얻도록 도움을 주는 것이다.

03

학대 피해자 EMDR 치료 시 중요한 사항

어린 시절 학대받은 경험이 있는 성인을 치료하는 EMDR 치료자는 안정화의 문제, 치료자로서의 자기 역량에 대한 도전, 내담자의 강렬한 제반응을 다루어야 한다. 또 치료 기간의 조정이 필요할 수 있고, 기억 네트워크 안에 저장되어 있는 성인의 어린 자아나 전이를 다룰 수도 있다. 치료의 초점은 기억을 불러일으키는 것보다 증상 완화에 있다. 이러한 주제들은 치료에 대해 좀 더 자세히 다루는 다음 장들을 준비하는 데 중요하다.

표준 EMDR 프로토콜의 수정

안정화의 필요성

어린 시절 심각한 학대를 경험한 사람은 주요 양육자와의 관계가 매우 불안정하거나 혼란스러울 수 있으며, 이러한 불안정성은 경계성 인격 장애나 애착 장애와 같은 인격 형성의 손상을 가져온다. 따라서 EMDR 치료를 시작하기 전에 그러한 부분들을 우선 안정시켜야 한다. 또한 내담자가 안전감을 느끼고 치료자로부터 보호받고 이해받으며 공감을 받는다는 느낌을 경험할 수 있도록 강한 치료적 관계를 형성하는 것이 중요한데, 이에는 상당한 시간이 필요하다. 더불어 내적 자원을 발달시키고 강화시키는 데 충분한 시간을 할애해야 한다. 이 부분은 5장에서 자세히 다룰 것이다.

치료자로서의 역량에 대한 도전

어린 시절 온갖 형태의 학대로 고통을 겪은 성인을 치료하는 경우, 오랜 경험과 숙련된 임상 기술이 필요하다. 이러한 과정은 숙련된 치료자에게도 상당한 도전이 될 수 있다. 왜냐하면 정신의 아주 깊은 내적 세계로 들어가는 것이므로 공상과 현실의 경계가 분명하지 않고 강렬한 정서의 경험이 되살아날 수 있기 때문이다. 치료자는 내담자가 퇴행하여 강한 정서 반응을 보이는 것에 대해 안정적으로 대처해야 하며 미완결 회기로 끝마치는 것에도 능숙해야 한다. 치료자로서 EMDR에 대한 신념을 가져야 하며 내담자의 상처를 처리하는 과정에서 촉진자로서의 역할을 중요하게 생각해야 한다. 내담자를 돕는 최선의 도구는 상처의 치유가 가능하다는 치료자의 믿음이다. 이를 바탕으로 내담자의 치유 과정이 잘 일어나도록 도와야 한다.

만일 치료자가 어릴 적 학대받은 경험이 있다면, 치료자 자신도 반드시 다른 EMDR 치료자와 함께 그것을 다루어야 한다. 이미 오랫동안 전통적인 심리 치료를 받았다 하더라도, EMDR은 남아 있는 고통의 잔재까지 말끔하게 없애 줄 것이다. 치료자는 내담자가 EMDR 치료를 받는 동안 무슨 일이 일어나는지, 그것이 어떤 느낌인지 더 잘 이해할 수 있다. 또한 내담자의 치료가 치료자의 잠재적인 촉발 요인을 다룰지라도 자극을 받지 않을 수 있다.

강렬한 제반응 다루기

어린 시절에 학대받은 성인을 다루는 치료자는 내담자가 보이는 강한 정서적 반응에도 능숙하게 대처하여 내담자가 그 과정을 잘 진행해 나가도록 해야 하며, 처리 과정이 막히거나 맴돌며 진행되지 않을 때는 다양하고 능숙한 인지적 개입으로 내담자를 이끌어야 한다. 어린 시절의 상처 기억을 다루는 과정은 상당한 정신적 에너지를 필요로 한다. 상처 기억이 EMDR을 통해 열리는데, 여기에는 이미지, 정서, 신체 감각이 함께 연결되어 있다. 이때 강렬한 감정이 나타나 치료자나 내담자를 압도해 크게 놀랄 수 있다. 기억들은 생리 체계와 신경 체계 안에 저장되어 있기 때문에 EMDR 처리 과정 초기에 여러 가지 신체 반응이 생길 수 있다. 울음을 멈추지 못하고 절규하거나 경련을 일으키고 몸부림치며 괴로워할 수도 있다. 11장에서 설명할 내담자 안야의 경우는 갑작스러운 경련이 일어나고 호흡이 심하게 가빠지는 등 매우 강렬한 제반응을 보였다. 이러한 제반응을 중간에 멈추어서는 안 되며 가라앉을 때까지 치료를 계속해야 한다. 치료가 끝났을 때 우리는 둘 다 지쳤지만 증상은 상당히 호전되었다.

치료 기간의 조정

EMDR은 단기간에 끝나는 치료가 아니다. 특히 가까운 사람에게 오랜 기간 심한 학대를 받았다면 치료 기간은 더 늘어날 수 있다. 내담자는 종종 EMDR을 학대받은 기억을 짧은 시간 내에 지울 수 있는 만병통치약이라고 믿는다. EMDR이 전통적인 치료 방법과 비교할 때 짧은 시간에 치료가 이루어질 수 있도록 치료를 가속화시키는 방법이라는 사실을 전달하는 것이 중요하다. 물론 이는 내담자에 따라, 그리고 경험한 상처의 정도에 따라 달라진다. EMDR을 다양한 치료 방법 중 하나로 사용하면서 각각의 내담자의 보조를 잘 맞추고 그들을 존중해야 한다. EMDR은 치료자와 내담자 사이에 안정적인 치료적 관계를 형성하고 난 후에 시작할 수 있다. 따라서 치료자는 내담자의 문제와 요구를 충분히 이해하고 있어야 하며, 내담자는 처리 과정에 필요한 내적 자원을 갖추고, 안정되어 있어야 한다. EMDR은 협력적이고 상호적인 내담자 중심의 치료다.

때때로 오랫동안 전통적인 심리 치료를 받아서 자신에 대해서 잘 알고는 있지만, 비합리적인 신념이나 행동, 신체의 기억을 바꾸지 못하는 내담자들이 있다. 이런 경우 대부분은 오랜 치료를 통해 기초가 다져졌다고 할 수 있으므로 EMDR 처리 과정을 통해 삶에 영향을 미치는 잔재 증상들을 제거할 수 있다. 이들은 초기 애착의 문제나 성격 장애가 없기 때문에 비교적 치료자와의 안정적인 관계를 쉽게 형성한다.

어린 자아 다루기

어린 시절 외상을 경험한 성인을 대상으로 EMDR 치료를 하면 '어린 자아'가 활성화된다. 성인 내담자는 어린아이와 같이 몸이 작아진 것처럼 느끼기도 하고, 어린아이의 마음으로 돌아가 느끼고, 생각하고, 지각한다. 이런 비현실적인 경험 때문에 내담자나 치료자 모두 혼란스러울 수 있다. 어린 시절의 기억이 떠오르면서 그와 관련된 유년기의 모든 기억들도 활성화된다. 이것은 신체—마음에 저장되어 있던 어린 시절의 경험과 기억이 열려 그 안으로 걸어 들어가는 것과 같다. 일반적으로 성인 자아는 어린 자아가 마치 현재 시점에 있는 것처럼 인식하며 기억 처리 과정의 목격자 역할을 하게 된다. 그러나 때로는 성인 자아가 일시적으로 상실되고 어린 자아의 강력한 경험에 압도당하는 경우가 생기는데, 이때 치료자와 내담자 모두 두렵고 혼란스러워질 수 있다. 내담자는 완전히 퇴행한 것처럼 느낄 뿐 아니라, 성인으로서의 힘과 능력을 잃은 것처럼 느낄 수 있다. 이때 내담자가 균형 감각을 유지하고 성인으로서의 관점을 유지할 수 있도록 돕는 것이 치료자의 임무다.

　어린 자아와 성인 자아는 서로 다른 기억의 네트워크에 공존한다. 어린 자아는 자신이 경험한 특정 외상 사건으로 생긴 단순한 자기 신념 체계를 가지고 있다. 그리고 살아가면서 일어나는 여러 가지 일들이 종종 어린 시절의 기억 네트워크를 자극하게 된다. 그 결과, 어린 자아는 매우 비이성적인 방법으로 행동한다. 예를 들어 강하고 힘 있는 성인 여성이 성인 남성의 화난 목소리에 한순간 강렬한 공포감과 무기력함을 느낄 수 있다. 마치 어린 시절 알코올 중독의 난폭한 아버지에게 그랬던 것처럼 말이다. 순간, 지금은 스스로를 보호할 수 있다는 성인이라는 정보를 활용하지 못한다. 또한 영화를 보거나 의료 처치를 받는 과정도 두려움, 불안, 플래시백, 악몽과 같은 강한 정서 반응을 불러일으킬 수 있다. 이러한 비이성적인 느낌은 내담자 스스로 자신이 '미친 게 아닌가' 하는 두려움과 혼란을 느끼게 할 수 있다.

　어린 자아는 흑과 백, 좋고 나쁨, 옳고 그름과 같이 단순한 사고를 하기 때문에 대부분 중간이 없고 양극단으로 생각한다. 한 예로 '나는 나쁜 아이야'와 같은 어린 시절의 부정적인 신념을 들 수 있다. 발달 과정에서 자신이나 대상에 대해서도 이러한 분리가 일어나는데, 내담자는 자신을 모두 좋거나 모두 나쁜 것으로, 마찬가지로 가해자도 모두 좋거나 모두 나쁜 것으로 생각한다. 대개 좋은 자아와 나쁜 자아는 서로 다른 기억의 방에 있다. 때문에 한 사람 안에 좋음과 나쁨이 모두 있을 수 있다는 것을 생각하지 않고 가해자는 모두 나쁘거나 모두 좋은 것으로 기억한다. 하지만 이러한 분리가 일어난다고 해서 내담자에게 성격 장애가 있음을 의미하는 것은 아니다. 이러한 분리는 특정 기억이나 사건, 사람들에 한해서만 일어난다.

조애너는 세 살 때 가족과 친분이 있는 노령의 남성에게 성희롱을 당했다. EMDR 과정에서 그녀의 기억 한편에는 자신과 작은 동물들에게 친절하게 대하는 그에 대한 좋은 기억이 저장되어 있고, 다른 부분에는 그녀를 학대하고 만일 다른 사람에게 말하면 그녀의 애완동물을 죽이겠다고 위협하는 나쁜 기억이 저장되어 있는 것을 알았다. 그녀의 어린 자아는 한 사람이 친절하고 신사다우며, 동시에 난폭하고 학대하는 사람일 수 있다는 것을 통합할 수 없었다. 그는 완전히 다른 사람 같았다. 그녀 자신에 대해서도 그 남자가 신체의 은밀한 부분을 건드렸을 때 쾌감을 느낀 자신을 '나쁜 아이'로 간주했고, 대신 괴롭힘을 당하는 과정에서 받은 쾌감을 기억하지 않는 자신을 '좋은 아이'로 생각했다. EMDR 처리 과정에서 자신의 좋고 나쁜 자아와 좋고 나쁜 가해자가 통합되어 가는 것을 경험했고, 자아 안의 혼란이 처리되면서 모든 사람과 사물에 서로 다른 측면들이 함께 존재할 수 있다는 사실을 알게 되었다. 어린 시절 경험한 '분리'는 자기와 타인에 대한 통합적인 감각을 발달시키는 성인으로서의 그녀의 능력에 영향을 미치지 않은 것 같다. 분리가 나타나지 않는 곳에서는 깊이 있는 친밀한 관계를 맺을 수 있었고, 어린 시절 학대받은 경험이 그녀 삶의 여러 면에 영향을 미치기는 했지만 자기와 타인에 대해 병적으로 분리된 감각으로 이어지지는 않았다.

EMDR 치료 과정에서 어린 자아를 다루는 경우에는 내담자가 이해할 수 있는 단어나 말을 사용해야 한다. 즉, 어린이가 이해할 수 있는 단순한 용어나 은유를 사용해야 한다. 그렇지 않으면 어린아이 상태에 있는 내담자가 혼란스러울 수 있다. 이는 내담자가 기억 네트워크를 가장 강력하게 자극하는 부정적인 인지를 찾아내도록 돕고, 기억을 효과적으로 처리하도록 돕는 데 있어 매우 중요하다. 치료자가 어린아이의 말을 사용하는 것은 적절한 인지적 개입에도 중요하다. "누가 더 크지? 아빠가 더 큰가, 어린 소녀가 더 큰가?"와 같이 물어보는 것은 어린 자아로부터 반응을 이끌어내는 데 도움이 된다. 만일 성인의 말과 생각으로 물어보았다면 내담자는 자신의 성인 자아로부터 답을 이끌어내느라 어린 자아로부터 빠져나오도록 압력을 받을 수 있고 처리 과정이 방해를 받을 수도 있다.

성인과 아이의 기억 네트워크가 안구 운동으로 연결되지 않을 때, 종종 치료자는 인지적 개입을 사용한다. 1장에서도 설명했듯이, 인지적 개입은 안구 운동만으로는 내담자 스스로 긍정적인 해결 쪽으로 이끌 수 있는 정보가 충분하지 않을 때 활용한다. 내담자는 때때로 인지적, 정서적으로 어느 한 상태에 머물러 반복적으로 같은 생각과 느낌을 경험한다. 인지적 개입은 기억의 처리가 차단되었을 때 단순히 내담자가 무슨 경험을 했는지에만 의존하는 것이 아니라, 치료자가 정보를 제공해 기억의 처리 과정이 잘 이루어지도록 하는 보다 적극적인 EMDR 치료 기법이다. 그것은 내담자의 마음속에서 분리되어 있는 부분들의 사이를 이어준다. 이때 성인 자아를 자극하려면 성인의 말과 그에 맞는 질문을 사용한다. 인지적 개입이 내담자에게 적절하게 받아들여지고 나면 기억의 처리 과정이 다시 진행된다. 인지적 개입은 성인 자아로 하여금 어린 자아에게 뭔가를 설명해주도록 요청할 수도 있고, 성인 자아로부터 답변을 이끌어내도록 할 수도 있으며, 성인 자아와 어린 자아가 둘 다 알지 못하는 어떤 부분에 대해 교육을 제공할 수도 있다.

어린 시절 외상 경험으로 형성된 규칙, 개념, 부정적인 신념들은 부정적으로 왜곡된 자아 정체성과 세상에 대한 관점을 갖게 한다. 이러한 부정적인 자아 신념은 일생에 걸쳐 내재화된다. EMDR은 이러한 어린 시절의 핵심적인 신념을 변화시키는 데 특히 강력한 효과가 있다. 핵심적인 신념은 '나는 사랑스럽지 않다', '나는 더럽다', '나는 뭔가 끔찍하게 잘못되었다', '나는 희생자다'와 같은 생각을 말한다.

　　기억 네트워크에 갇혀 있는 것은 어린아이의 지각과 주관적인 경험이며, 또한 경험한 사건을 왜곡하고 잘못 이해한 결과일 수도 있다. 예를 들어 이웃의 십 대에게 성추행을 당한 어린아이는 부모가 자신을 보살펴주거나 사랑하지 않는다고 생각하기 때문에 그 일을 부모에게 말하지 못하고 정서적으로 위축되어 지낸다. 아이는 이런 자신에 대한 생각들을 내재화한다. 부모는 아이가 성추행을 당했다는 사실은 전혀 알지 못하고 딸이 위축되어 있는 것은 학교에서 일어난 일과 관련 있다고 생각한다. 부모는 나중에야 딸에게 일어난 일을 알고 큰 충격을 받았을 수도 있다. 치료자는 내담자가 어린아이의 관점에서 설명하는 사건에 대한 판단을 보류하고, 내담자가 EMDR을 통해 과거의 기억을 재방문해 새롭고 통합적인 이해에 도달할 수 있도록 열린 마음을 유지하는 것이 중요하다.

기억의 복구보다 증상 완화에 초점 두기

　　EMDR 치료를 하는 동안에는 대개 과거의 잊힌 기억들이 떠오르는데, 기억의 복구 자체가 중요한 것은 아니다. EMDR에서 과거로부터의 치유는 잊고 있던 기억을 다시 떠올리게 하는 것에 있는 것이 아니다. 과거의 경험—실제 일어난 일이건, 상상으로건—으로 인해 신체와 마음에 갇혀 있던 혼란스러운 이미지, 제한된 신념들, 역기능적인 행동들이 정리되어 내담자로 하여금 현재에서 완전하고 자유로운 삶을 살 수 있게 하는 것이다.

EMDR 치료자는 치료 과정을 이끌기보다는 내담자를 따라가는 내담자 중심의 접근을 해야 한다. 또 치료 과정 동안 나오는 내용을 해석하는 것을 지양해야 한다. 왜냐하면 내담자가 스스로를 발견해나가는 과정을 방해할 수 있고, 잘못된 생각으로 이끌 가능성도 있기 때문이다. EMDR 과정 동안 떠오르는 것에 내담자 스스로 결론을 이끌어내도록 내담자를 지지해야 한다. 특히 확실한 외적 증거가 없을 때 내담자의 특정 기억이 사실인지 아닌지를 알아내기는 불가능하다.

EMDR 치료를 하는 동안 내담자가 떠올리는 여러 가지 이미지나 느낌들은 다양한 것에서 비롯될 수 있다. 아동기의 꿈 이미지를 포함하는 상징적 표상화도 마치 현실처럼 느껴질 수 있다. EMDR 치료 과정 동안 많은 내담자가 어린 시절 성적 학대를 당한 외상에 대해 이야기하지만 실제로는 사실이 아닌 경우도 많다. EMDR 과정에서 자신의 아버지와 성관계하는 장면이 떠올랐어도 과거에 실제로 경험한 것이 아닐 수도 있다는 것이다. 어린 시절 누드 잡지를 보았거나 부모의 성관계를 목격했을 수도 있고, 실제 아버지가 그녀를 성폭행했을 수도 있다. 이처럼 내담자가 성폭행 장면을 떠올린 것에 대해서 여러 가지 설명이 가능하다. 우리가 관찰하는 것은 과거에 경험한 어떤 것 때문에 신체와 마음에 갇혀 있는 느낌과 이미지들이다. 내담자가 떠올리는 기억들은 외적인 명확한 증거 없이는 사실로 확정하기가 불가능하다.

어린 시절에 성폭행 경험이 있는 것으로 여겨 나를 찾아온 내담자들이 많다. 이들은 친밀한 관계를 형성하는 데 어려움이 있고 남을 신뢰하지 못하며, 성적인 친밀감에 혐오감을 보이고 이성에 대한 분노를 표현하는데, 흥미롭게도 이러한 생각들과 감정에 초점을 두고 EMDR을 하고 치료자가 아무리 이를 이끌어 내기 위해 노력해도 성적인 이미지나 기억이 나타나지 않는 경우가 있다. 이런 경우 대부분 문제의 근원이 성적 학대가 아닌 다른 것에서 발견되고, 성적 외상을 문제로 다루지 않고도 증상이 사라지는 것을 볼 수 있다. 이처럼 상당수의 사례에서 성폭행에 의해 초래된 것처럼 보이는 증상들이 실제로는 의료 처치를 받는 과정에서 생긴 외상 때문인 경우가 많다.

《외상의 전환: EMDR》에서 소개한 로라의 사례는 성적으로 학대를 경험한 사람에게서 나타나는 증상을 보여 치료를 받은 예다. 내담자는 남편을 사랑하지만 성관계를 싫어하고, 자신을 희생자라고 느끼며 여러 가지 신체 증상을 보였다. EMDR 치료 후 그녀의 문제는 어린 시절 경험한 치과 치료에서 온 것이라는 사실이 드러났다. 남자와 성에 대한 혐오감, 무기력한 희생자 같은 느낌은 그녀가 치과 치료를 받으면서 경험한 신체적, 정서적 고통에서 나온 것이었다.

성적 학대를 경험한 내담자가 보이는 것과 유사한 증상을 보이는 내담자들 중에는 어린 시절 관장을 한 경험에서 외상을 입은 경우도 있었다. 이런 경우 관장은 내담자에게 성적 학대와 유사한 모욕감을 느끼게 하고, 자신에 대해 부정적인 느낌을 갖게 하며 더럽고 무기력하며 노출되었다는 느낌을 줄 수 있다. 한 여성의 기억 속에는 엄마가 자신을 눕히고 관장하기 위해 항문에 관을 아프게 밀어 넣은 기억이 있다. 엄마는 이런 과정이 아이의 건강에 필요하다고 생각해 자주 이렇게 했는데, 그 경험으로 아이는 무기력감과 혐오감을 느끼며 자신이 희생되었다고 생각했다. 아이는 관장을 거절할 수 없고, 만일 싫다고 하면 야단을 맞을 것이고, 자신을 낮게 하려면 관장이 꼭 필요하다고 믿었다. 부모 세대에서는 자녀의 건강을 위해 관장을 해야 한다고 믿는 것이 보편적인 일이었던 것이다.

때때로 내담자의 문제는 실제로 일어나지 않은 일의 결과일 수도 있다. 대리 외상화는 실제 자신이 경험하지 않고 상상함으로써 외상을 경험하는 것이다. 끔찍한 사건에 대한 이야기를 들었을 때, 특히 개인적으로 가까운 사람에 대한 것일 경우 마음속에서 그 사건에 대한 이미지와 함께 감정과 생각이 떠오른다. 이러한 이미지, 감정, 생각 등은 마치 자신이 그 일을 실제 경험한 것처럼 몸과 마음에 고착되어 버린다. 따라서 다른 아이가 학대당하는 것을 보거나 들은 아이는 그것이 마치 자신에게 일어난 일처럼 내적으로 경험한다. 그 이미지와 감정들이 실제인 것처럼 여겨지고, 세상과 다른 사람을 지각하는 방식에 영향을 받는다. 심지어 TV나 영화에서 보거나, 또는 신문에서 읽은 것이 자극적일 수도 있다.

샌프란시스코에 사는 몇몇 어린이들은 1993년에 일어난 폴리 클라스의 납치 살해 사건으로 큰 상처를 받았다. 어린이들은 폴리와 자신을 동일시함으로써 폴리에게 무슨 일이 일어났는지, 그때 폴리가 어떤 느낌이었을지를 상상하면서, 자신이 괴롭힘당하는 장면을 떠올렸을지도 모른다(Lovett, 1999). 이런 이미지들은 실제처럼 느껴져 기억 네트워크 속에 저장되었고, 이는 EMDR 치료 과정에서 타깃이 되었다.

내담자가 학대당한 것이 사실인지 아닌지 불확실하다고 느낄 때는 내담자에게 실제 일어난 일 자체가 중요한 게 아니라고 말해준다. EMDR 치료에서 관점을 두는 것은 신체-마음에 주관적으로 저장되어 있는 것이지, 객관적으로 거짓인지 진실인지를 밝혀내는 것이 아니다. EMDR에서 중요한 것은 정서적인 고통에서 벗어나는 일이다. 만일 어떤 이미지에 두려움과 분노의 감정이 묻어 있다면 그것에서 자유로워져야 한다고 말해주는 것이다.

가해자와의 대면

가해자와 대면하도록 하는 것은 아직까지 상당히 논란이 많은 부분이다. 충분한 보호와 주의가 있어야 하고, 학대의 명확한 증거가 있어야만 한다. 임상적인 경험에 의하면, 나는 내담자가 가해자와 직면하는 것은 불필요하다고 생각한다. 가해자의 반응이 내담자의 치유에 영향을 미친다면, 그건 여전히 가해자에게 힘을 주는 셈이다. 내담자의 분노가 크고 가해자와 직면할 필요가 있을 때는 안전하게 양측성 자극을 주면서 가해자와 대면하는 것을 떠올려보도록 할 수 있다. 이는 내담자의 심리적 고통을 처리하는 데 큰 도움이 된다. 중요한 점은 내담자 스스로 두려움과 분노에서 자유로워지도록 돕는 것이다. 가해자와 내담자가 대면하도록 하는 것은 가족을 혼란스럽게 할 수 있다. 특히 학대가 아주 오래전에 일어난 일이거나, 가해자가 나이 들어 쇠약해졌을 때 그럴 수 있다. 대면하는 것이 내담자에게 남아 있는 분노를 정당화하는 데에는 도움이 될 수도 있다. 하지만 내담자의 치유는 가해자와 대면하지 않고도 일어날 수 있다. 종종 피해자가 성인이 되어 가해자와 대면할 준비가 되었다 해도 이미 많은 시간이 흘러 가해자가 크게 변해 있다면 대면은 그 의미를 잃어버리게 된다. 내담자는 어린 시절 자신을 학대한 그 사람에게 화가 나 있는 것이고, 그 사람은 EMDR의 이미지 속에서 대면할 수 있다.

EMDR과 '거짓 기억'

소위 '거짓 기억'이라고 하는 부분은 많은 논쟁이 있다. 이러한 논쟁은 일부 치료자들이 부족한 증거를 바탕으로 어린 시절 성적 학대에 대한 진단을 너무 쉽게 내리는 데 대한 반발로 시작되었고, 또한 치료자들을 공격함으로써 가해자가 자신을 보호하고자 시작되기도 했다. 나는 치료자가 그렇게 말했기 때문에 자신이 성적 학대를 당했다고 생각하는 내담자들도 보았다. 한 내담자는 아버지와 연관된 기억이 없는데도 아버지를 성적 학대의 가해자라고 말했다. 증상들 때문에 그렇게 느꼈는데, 실제로는 아버지에게 신체적 혐오감을 느꼈을 뿐이었다. EMDR 치료를 하는 동안 아버지가 성적 학대를 했다는 어떤 기억도 떠오르지 않았고, 대신 모든 남자들에 대한 일반화된 두려움이 나타났다. 하지만 그녀에 대한 이전 기록이나 치료자들은 모두 그녀의 아버지가 성적 학대의 가해자라고 확신했다.

치료자는 내담자를 치료하기 전에 적절한 훈련을 받는 것이 아주 중요하다는 점을 다시 한 번 강조하고자 한다. 제대로 훈련받지 못한 치료자가 내담자의 증상을 가족 내의 성적 학대의 증거로 잘못 생각하도록 이끌어 더 큰 상처를 주는 경우를 많이 보았기 때문이다. 내담자가 증상으로 고통 받을 때는 그것에 영향을 미치는 어떤 원인이 분명 있겠지만, 치료자는 자신의 판단을 잠시 보류하고 내담자가 기억 네트워크 내에서 신체 감각과 혼란스러운 이미지를 정리해나가도록 기다리고 따라가야 한다.

전이의 문제

허먼은 어린 시절에 학대를 경험한 성인에게서 흔히 일어나는 전이를 '외상적 전이traumatic transference'라고 명명했다(허먼, 2012). 이러한 내담자에게 중요한 문제는 신뢰이며, 안정적인 치료적 관계를 형성하고 지속적으로 치료를 유지하는 데 가장 중요한 부분이다. 내담자가 자신의 가장 수치스러운 부분을 드러냈을 때, 치료자가 어떠한 판단도 하지 않고 자신을 이해해줄 것이라고 믿는가? 치료자가 치료 시간을 마치면 서 자신을 성인으로서의 자아로 되돌려 놓을 수 있을 것이라고 믿는가? 가해자가 그랬듯이, 치료자가 자신을 이용하거나 희생자로 만들지는 않을 것이라고 믿는가? 치료자가 자신의 끔찍한 기억에 압도되지 않고 자신을 위해 변함없이 안정된 대상으로 함께할 것이라고 믿는가? 이처럼 내담자는 치료 기간 내내 끊임없이 치료적 관계를 시험하려고 할 것이다. 어린 시절에 신뢰감을 상실당한 경험은 가장 심각하고 큰 상처 중 하나이므로, 치료를 받는 동안 내담자는 치료자를 믿을 수 있는지 계속 확인하려고 한다. 따라서 치료자가 신뢰의 문제를 얼마나 열정적이고 일관성 있게 다루는지는 매우 중요한 부분이다. 내담자가 치료자와의 관계에서 경험하는 신뢰감은 상처 기억이 재처리되는 동안 새로운 기억의 네트워크 안으로 주입된다. 또한 치료자를 신뢰한 경험은 한층 힘이 생긴 듯한 느낌이나 안전감과 같은 새로운 도식으로써 내담자의 자아에 스며들게 된다.

　　주디는 어릴 적 베이비시터에게 성폭행을 당한 상처로 1년 정도 심도 깊은 EMDR 치료를 받았다. 치료 과정에서 주디는 가해자에게 엄청난 분노를 느꼈다. 하지만 주디의 가족은 분노를 표현하는 것은 좋지 않다는 가족 내의 규칙을 가지고 있었다. EMDR 치료 과정 동안 주디는 분노를 드러내기 시작했고, 나에게 가해자에 대한 감정을 투사했다.

주디　　사람들이 항상 나를 성적인 대상으로 이용하려고 한다는 느낌이 들어요. 나는 그게 너무 화가 나요. ▶◀▶◀▶◀ 존스 아줌마가 나에게 했던 것처럼 몸집이 크고 못생긴 남자가 그녀에게 똑같이 했으면 좋겠고, 그래서 그녀가 내가 당한 것을 알았으면 좋겠어요. 그녀를 꽁꽁 묶어 버렸으면 좋겠어요. ▶◀▶◀▶◀ 좀 차분해져요. ▶◀▶◀▶◀ 화가 꽉 막혀 있어 밖으로 나오질 않아요. ▶◀▶◀▶◀ 어떤 때는 선생님이 존스 아줌마처럼 생각되고, 여기 있는 게 안전하지 않다는 생각이 들어요. ▶◀▶◀▶◀ 그 나쁜 기억 때문에 난 오랫동안 고통스럽게 지내왔어요. (여기에서 그녀는 왜 그런지 모르겠지만 나에게 화가 난다는 말을 했다. 나는 그녀에게 왜 그런지를 찾아보자고 했고, 나와 함께 있는 것이 안전하다는 것과 그녀의 화를 내가 두려워하지 않는다는 것을 알려주었다. 그녀의 분노가 치료적 관계를 위협하지는 않았다.)

주디 ▶◀▶◀▶◀ 선생님은 남편과 함께 살고 있지 않으면서 그런 것처럼 믿게 했어요. (그녀는 나에게 배신당했다고 느꼈다. 나는 남편과 헤어졌고, 사생활이었으므로 그녀에게 말하지 않았다. 남편과 함께 사용했던 자동 응답기를 듣고 그녀는 내가 자신을 속였다고 생각했다. 나는 그녀가 납득할 수 있게 현재의 상황을 설명해주고 안구 운동을 하면서 그녀 자신의 느낌에 집중하도록 했다.)

주디 ▶◀▶◀▶◀ 이건 이성적이지 않아요. 제가 미쳤나 봐요. ▶◀▶◀▶◀ 나는 자신에게 '걱정하지 마라. 너는 미치지 않을 거야. 잘될 거야'라고 말하고 있어요. 나는 존스 아줌마를 지금 만날 수 있어요. 나는 그녀를 좋아하고 신뢰했어요. (주디는 관계 연결을 시도하고 있다. 그녀는 존스 아줌마를 좋아했는데, 아줌마가 그녀를 배신했다. 그녀와 나는 친밀한 치료적 관계를 유지하고 있는데 나 역시 그녀를 배신할까 봐 걱정하고 있다. 이러한 통찰은 그녀에게 매우 중요한 것이었다.)

이런 과정을 통해 주디는 가해자에게 자신의 분노를 보다 생산적인 방법으로 표현할 수 있게 되었다. 우리는 서로의 관계를 잘 유지하며 전이의 문제를 다루고 그것의 의미를 탐색해나갔다. 그녀는 화를 내는 일은 두려운 게 아니라는 것을 배우게 되었으며, 오히려 화라는 감정이 치료 과정에서 중요한 정보를 제공한다는 걸 알게 되었다. 이러한 경험은 치료적 관계를 더욱더 깊이 있게 만들었다.

내담자들은 다른 종류의 치료에서처럼 EMDR에서도 치료자로부터 '뭔가 행해졌다는 느낌'과 '희생당했다는 느낌'을 받을 수 있다. 그렇기 때문에 치료자는 EMDR이 내담자에게 도움이 된다고 생각할지라도 강요해서는 안 된다. 때때로 안구 운동을 지시하는 치료자의 손동작에도 혼란스러운 반응을 보일 수 있는데, 이때는 내담자와 상의하여 촉각이나 청각 자극과 같이 내담자를 흥분시키지 않는 방법으로 대체해야 한다.

내담자와 전이에 대한 이야기를 나눈 후, 이것을 EMDR의 타깃으로 사용할 수도 있다. 만일 치료자가 내담자의 눈앞에서 손을 움직인 것이 내담자에게 외상의 공포감을 유발했다면, 치료자는 "이런 방법으로 누군가 상처를 준 적이 있습니까?"라고 질문을 던질 수도 있다. 내담자가 "아버지요"라고 대답하면 아버지가 그런 방법으로 내담자에게 상처를 주었던 때를 떠올려 보라고 한다. 내담자가 보고한 사건과 이미지, 생각, 신체 감각을 타깃으로 사용하는 것이다.

만일 내담자가 답하기를 어려워한다면 다음과 같은 질문을 할 수 있다. "이런 식으로 손이 움직이는 것을 볼 때 몸에서 어떤 느낌이 드나요? 자신에 대해 어떤 생각이 드나요? 신체의 느낌과 생각을 떠올리면서 이와 유사한 생각과 느낌이 들었던 때가 또 언제 있었는지 생각해보세요. 무엇이 떠오르나요. 어떤 기억이나 이미지, 장면일 수도 있습니다. 무엇이든 떠오르면 알려주세요." 내담자가 이런 정보들을 떠올릴 때 치료자는 양측성 자극을 주고 EMDR을 시작할 수 있다.

플래시백 전이flashback transference(Loewenstein, 1993)는 외상 전이의 한 형태로, 말 그대로 내담자가 치료자를 가해자로 지각하는 것이다. 치료자에 대한 현재 시점에서의 지각을 상실하고 치료자의 말이나 행동의 어떤 것이 내담자로 하여금 가해자를 떠올리게 하거나 플래시백을 촉발시킨다. 이것은 내담자에게나 치료자 모두에게 매우 두려운 경험일 수 있다.

때때로 내담자는 자신의 강렬한 감정을 감당하기 어려워할 수 있는데, 무의식적으로 이런 감정을 느끼는 것을 치료자 때문이라고 생각할 수 있다. 나는 이런 투사적 동일시projective identification(Ogden, 1994)를 강하게 경험한 적이 있다. EMDR 첫 회기에서 아버지에 의한 근친상간의 심한 외상 경험을 처리하고 있었는데, 내담자는 안구 운동을 하는 동안 매우 괴로운 장면들을 별다른 감정 표현 없이 서술했다. 외상을 처리하는 동안, 나는 아주 무섭고 끔찍한 신체의 느낌을 경험했는데, 내담자가 거의 아무런 감정 반응을 보이지 않는 것을 보고 무척 놀랐다. 내담자에게 신체의 느낌과 감정을 물었지만 그녀는 어떤 감정도 드러내지 않았다. 그 시간의 경험을 정리하는 동안 그녀는 내가 느꼈던 그 감정들을 해리시켰다고 인정했다. 다음 주에 왔을 때, 그녀는 내가 느꼈던 감정을 해리시키고 있었다는 점을 다시 한번 인정했고, 이제 그 감정을 다룰 준비가 되어 있었다. EMDR 치료를 하는 동안 해리 됐던 감정을 충분히 경험할 수 있었고, 학대의 기억을 처리했다. 치료 과정이 끝났을 때 나 또한 안도감을 느꼈다.

또 다른 내담자인 가브리엘은 아동기에 자신이 성적 학대를 당했다고 어른들에게 말했을 때 믿어 주지 않았던 경험 때문에 치료 과정에서 신뢰가 중요한 전이의 문제로 대두되었다. 가브리엘은 부부 치료에서 호전을 보이지 않아 EMDR을 하게 된 경우였다. 주요 증상은 아이를 갖는 것에 대한 극도의 양가감정이었다. 두 번의 회기 동안 과거력을 면담했고, 세 번째 회기에 그녀는 눈에 띄게 불안하고 힘든 모습으로 치료를 받으러 왔다.

가브리엘 지난주에 선생님에게 말하지 않은 게 있어요. 사실 남편에게도 말하지 않았지만 중요하다 생각되고, 우리는 이미 많은 돈을 써버려 더 이상 시간을 낭비할 수가 없어요. 하지만 나는 내가 그 말을 했을 때 무슨 일이 벌어질지 너무나 두려워요. 선생님이 아무리 친절하다 해도…… 너무 두려워요.

치료자 내게 그 말을 하면 무슨 일이 일어날 거라고 생각하세요?

가브리엘 선생님은 그 사실을 우리 부부에게 말할 것이고, 그러면 남편도 알게 되어 결국 그가 날 떠날 거예요.

치료자 여기서 당신이 말하는 모든 것은 비밀이 보장되니 안심하셔도 됩니다. 법적으로도 당신의 허락이 없다면 당신이 말한 것을 누구에게도 말할 수 없습니다.

가브리엘 좋아요. 하지만 선생님이 나를 믿지 않을까 봐 두려워요. 선생님이 내 얘기를 듣고 아이를 갖지 않으려는 핑계라고 생각할 것 같아요.

치료자　나는 당신에 대해 알고 싶은데 지금 뭔가가 당신을 혼란스럽게 한다면, 그것이 우리가 함께 풀어 나가야 하는 중요하고 의미 있는 부분이라고 생각합니다.

가브리엘　어릴 때 아빠에게 성적 학대를 당했는데, 엄마는 그걸 믿지 않았어요. 내가 선생님에게 말했을 때 선생님은 상담 선생님에게 말했고, 상담 선생님은 부모님에게 내가 아빠에 대해 성적인 공상을 가지고 있는데, 이런 공상은 아동기에 정상적인 것이고, 간혹 학교 숙제를 피하기 위한 백일몽과 같은 것이라고 설명했어요. 그 바람에 아빠와의 관계는 점점 더 악화되고, 나는 다시는 어느 누구에게도 이 사실을 말하지 않았어요.

치료자　저를 믿고 이야기해주어 고맙습니다. 근친상간은 매우 심각한 것이고, 그것이 당신의 삶에 어떤 영향을 미쳤는지 배우자와의 관계나 아이를 갖는 결정에 어떤 영향을 미치고 있는지 이해하는 것은 매우 중요합니다.

이 사례는 과거 경험으로부터의 감정과 신념들이 치료자에게 어떻게 전이되는지를 보여준다. 어떤 내담자는 보복에 대한 두려움을 비밀로 간직한 채 치료를 받으러 온다. 가브리엘의 경우 남편으로부터 버림받는 것, 치료자의 배신에 대한 것이었다. 나와 가브리엘은 그녀가 여덟 살 때 학교 상담실에서 일어난 일들을 타깃으로 EMDR을 진행하기로 동의했다. 그녀의 전이가 어디서 시작되었는지를 찾아보는 과정이었다. 그녀와 엄마, 아빠가 학교 상담실에 있는 장면을 떠올렸다. 그녀의 부정적인 인지는 '나는 쓸모없다, 무가치하다'이고, 긍정적인 인지는 '나는 괜찮은 사람이다'였다. VoC는 2점이었다. 이미지에 대한 감정은 두려움과 수치심이었고, SUDS는 9점이었다. 그녀는 위장 쪽인 상복부에서 통증을 느꼈다. 타깃에 초점을 맞추고 안구 운동을 시작했다. 다음은 시작 몇 분 후의 대화이다.

치료자　깊이 호흡하세요. 뭐가 좀 떠올랐나요? 지금 뭐가 느껴지세요?

가브리엘　두려워요. 위가 아파요.

치료자　그것에 주목하세요. 당신의 손을 위 부분에 올려놓고 가볍게 누르세요. (가브리엘이 그 감각에 더 집중할 수 있도록 자극한다.) ▶◀▶◀▶◀ 좀 어떤가요?

가브리엘　조여드는 느낌이에요. ▶◀▶◀▶◀ 그것이 사실이지만 아무도 나를 믿지 않았어요. 왜 내가 말했을까?

치료자　자신에게 그 질문을 해보세요. 그리고 내 손가락을 보세요. ▶◀ ▶◀▶◀

가브리엘　그것(아빠의 성폭행)이 멈추길 원했기 때문이에요. ▶◀▶◀ ▶◀ 너무 화가 나요. 그 상담 선생님. 멍청이 바보. 그가 미워요. 그를 실컷 두들겨 패주고 싶어요.

치료자   그런 장면을 상상해보세요. ▶◀▶◀▶◀

가브리엘   그에게 당신은 멍청이고 부모님에게 말하는 바람에 너무 힘
들었다고 말했어요. 나는 상처받으려고 한 것이 아니라 그의 도움이 필
요했던 거예요. 나는 그에게 당신은 끔찍한 치료자이고, 아이들과 함께
할 가치가 없는 사람이라고 말했어요. 그러고는 그를 해고시켰어요! (웃
음) ▶◀▶◀▶◀ 이제야 좀 후련하고 위가 조이는 느낌이 사라졌어요.

치료자   자, 그럼 원래의 장면으로 돌아가 봅시다. 지금은 어떤가요?

가브리엘   슬퍼요. 그 아이를 위해 주는 사람은 아무도 없어요.

치료자   (가브리엘의 성인 자아를 불러오는 인지적 개입을 했다.) 어른인
당신이 이해한 것을 어린아이에게 말해줄 수 있겠어요? 자기를 지지해
주는 어른에게서 그 아이가 듣고 싶은 말은 뭘까요?

가브리엘   네. ▶◀▶◀▶◀

치료자   좀 어떤가요?

가브리엘   난 그 아이를 믿는다고 말했어요. 진실을 말했다는 걸 알고
있다고 말이에요. 어른에게 말한 것은 잘한 거라고. 하지만 그 상담 선
생이 학대에 대해 잘 몰랐던 거라고. 결국은 상처를 주게 되어 미안하
고, 아마 상담 선생도 분명 같은 마음일 거라고 말했어요. 어른들은 아

이들에게 상처를 줄 권리가 없으며, 아주 용감했다고 말해주었어요. 나는 아이를 안아주며 사랑한다고 말하고 항상 곁에서 지지해주겠다고 말했어요. ▶◀▶◀▶◀

치료자 지금은 좀 어떤가요?

가브리엘 엄마의 얼굴이 떠올라요.

치료자 그래요. 그럼 당신이 엄마의 얼굴을 볼 때 당신의 몸에서는 어떤 느낌이 듭니까?

가브리엘 화나는 감정과 슬픈 감정이 섞여 있어요. ▶◀▶◀▶◀ 그녀는 나를 도와줄 수가 없어요. 나는 늘 혼자예요.

이 시점에서 가브리엘은 엄마와 관련된 다른 연상의 채널이 열렸고 치료 회기가 끝날 때까지 엄마의 배신에 대한 문제를 다루었다. 가브리엘은 엄마가 자기 대신 아버지를 택했다고 느꼈다. 그녀는 엄마가 일을 하면서 여러 아이들을 돌보느라 힘들었다는 것을 깨달았다. 게다가 엄마는 아빠를 위해 가브리엘을 희생시켰지만 결국 아빠는 엄마를 두고 떠났다는 것을 알았다. 가브리엘은 치료 시간 동안 엄마에게 매우 화가 났지만, 그녀가 더 이상 뭔가를 할 수는 없었다는 것을 깨달았다. 이후의 치료 시간 동안 가브리엘은 전이와 관련된 어린 시절의 문제들을 계속해서 다루어나갔다.

04

보조적 치료 방법

글쓰기, 이미지 유도, 예술 작업, 명상 훈련은 어린 시절 상처받은 성인을 위한 EMDR 치료의 효과를 증진시키는 데 유용한 보조적 치료 수단이다. 이 같은 방법은 내재적 기억으로의 접근과 표현을 가능하게 하는데, 이러한 기억은 뇌의 우반구에 저장되어 있기 때문에 언어적 치료와 같은 좌반구와 관련되는 치료 방법으로는 접근하기 어렵다. 이 방법들의 구체적인 활용과 EMDR 치료와 통합하는 법에 대해 알아보자.

치료자는 내담자에게 다음의 방법들을 알려주어 EMDR 치료 회기 동안이나 회기들 사이에 치료의 보조 도구로 사용할 수 있다. 이 방법들은 많은 효과를 낼 수 있지만 모든 내담자에게 적합한 것은 아니다.

글쓰기

많은 치료자가 글쓰기에 대해 기술했다(Davis, 1990; Taylor, 1991; 베스와데이비스, 2012). 나는 아무에게도 방해받지 않고 자신만의 일기나 글을 쓰는 시간을 가지도록 내담자에게 권유한다. 내담자는 일기에 자신의 생각, 느낌, 통찰, 꿈을 기록할 수 있다. 자신을 위한 글이므로 마음에 떠오르는 어떤 것이든 검열 없이, 심지어 문법에 대한 걱정 없이 기록해야 한다. 글쓰기는 치료 회기들 사이에 일어나는 처리 과정을 돕는다.

한 내담자는 밤마다 초를 켜고 조용한 개인 공간에서 마음을 비우고 내적 경험에 집중해 글을 쓰기 시작했다. 이 같은 과정을 통해 자신의 비합리적인 생각과 감정을 이해하는 데 한층 더 다가설 수 있었다. 글을 통해 전에는 몰랐던 내적인 과정을 이해하게 되었다. 그는 마음속 아이에게 묻고, 글쓰기를 통해 대답을 들었고 시도 쓰기 시작했다. 글쓰기는 치료가 끝난 후에도 그녀에게 가치 있는 자원이 되었다.

많은 내담자들이 집중적인 EMDR 치료의 중간에 치료의 연속으로 볼 수 있는 활동적이고 아주 생생한 꿈을 꾼다. 이런 꿈은 EMDR에서 매우 중요한 타깃이 되므로 꿈을 기록하고 치료 회기에 말할 수 있도록 격려한다.

종종 학대받은 성인들은 그들의 증상과 초기 경험의 연관성을 이해하지 못한다. 플래시백, 악몽, 불안, TV나 영화를 볼 때 유발되는 공포와 같은 불편한 경험들이 현재 생활과 관계없다고 생각한다. 그래서 이런 경험들은 자신의 생활이 통제에서 벗어난 것으로 여겨지게 할 수 있다. 따라서 이런 경험들을 기록해 EMDR 치료에서 타깃으로 삼아 체계적으로 다루어야 한다. 이는 유발 요인과 초기 경험 간의 연관성을 발견하여 증상에 의미를 부여하도록 해준다.

내담자들은 종종 단서를 수집하는 탐정 같다. 생각, 감정, 꿈, 통찰 등을 수집하고, 처리를 위해 치료 회기에 내놓는다. 불편한 증상들은 의미를 갖게 되고, 과거의 문을 열 뿐 아니라 치유에 도움을 준다. 모든 경험들은 EMDR 치료에서 중요한 요소들이다.

글쓰기는 내담자에게 통제권을 갖고 있다는 걸 느끼게 하는 것 이외에도, 치유 과정에 대한 영구적인 기록이 된다. 일반적으로 EMDR 치료 과정에서는 강력하고 빠른 변화가 많이 일어나기 때문에 기록을 되돌아보는 것이 도움이 된다. 변화들을 다시 검토해 보는 것은 때때로 커다란 격려가 된다. 내담자는 치료 기간이 길거나 치료의 강렬함intensity

때문에 치료가 시작될 때 자신이 어떠했는지 기억하지 못할 수도 있다. 한 내담자는 1년 동안 수차례 삶의 많은 분야에서의 문제들을 내놓았었다. 그녀는 수개월 전에 자신이 기록한 것을 검토하면서, 당시 지나고 있는 치료의 어려운 시점에서 용기를 얻었다. 많은 내담자의 경우, 고통스러운 기억이 일단 EMDR을 통해 처리되면 과거에 문제였던 것이 더 이상 문제가 되지 않는다. 때론 기록해놓지 않으면 문제였다는 사실 자체를 잊을 수 있다.

많은 내담자들이 치료가 끝난 후에도 글쓰기를 계속한다. 깊은 곳의 자신과 지속적인 관계를 유지해주기 때문이다.

유도된 이미지

유도된 이미지는 내담자로 하여금 유용하고 의미 있는 이미지에 접근하도록 도와준다. 치료자는 먼저 내담자가 이완하도록 한 후 부드럽고 낮은 목소리로 내담자의 무의식으로부터 원하는 이미지를 불러오게 한다. 감각과 이미지를 자세히 물어봄으로써 시각화를 강화할 수 있다. 내담자는 무엇을 보고, 듣고, 느끼고, 냄새 맡고, 맛보는가? 치료자는 내담자로부터 가능한 한 멀리 떨어져 내담자가 경험하는 내용에 영향력을 미치지 않는 것이 중요하다. 유도된 이미지는 EMDR에서 여러 방법으로 사용할 수 있다.

● **이완과 스트레스 감소** 스트레스 조절 방법은 EMDR 치료 회기를 마칠 때나 치료 회기 중간에 불안과 감정적 어려움을 감소시키는 데 사용할 수 있다. (10장에서 자세히 다룬다.)

● **안전지대 개발** 유도된 이미지는 내담자가 안전지대를 발견하고 이를 발전시켜 나가는 데 도움을 준다. 안전지대는 내담자가 전적으로 안전하고, 보호받는다고 느끼는 실제의 장소 혹은 상상 속의 장소다. (5장에서 자세히 다룬다.)

● **내면 아이inner child 다루기** EMDR 치료 중에는 어린 자아가 활성화되기 때문에, 처리 과정 전에 이미지 작업을 통해 어린 자아를 만나보는 것도 도움이 될 수 있다. 이를 통해 어린아이의 감정 상태와 어린 자아와 성인 자아 간의 관계를 평가할 수 있다. (5장에서 자세히 다룬다.)

● **내적/외적 자원을 찾고 개발시키기** 유도된 이미지를 통해 내담자는 개입할 때나 어려운 회기를 마칠 때 사용할 수 있는 자원을 찾고 개발할 수 있다. 내적 조언자, 동물이나 초자연적 존재 혹은 실생활이나 상상 속에서 보호해주는 존재, 어린 시절이나 현재의 생활 혹은 상상 속에서 사랑해주고 돌봐주는 존재, 지혜로운 존재, 자신의 성인 자아 등이 자원이 될 수 있다. (5장에서 자세히 다룬다.)

● **이미지를 이용한 개입imaginal interweaves** 인지에 이미지가 동반되어 있는 경우가 인지만 있을 때보다 더 강력하고 효과적이다. 수많은 이미지가 개입을 만드는 데 사용된다. 이런 이미지의 사용은 치료자와 내담자가 문제를 해결하도록 이끄는 직관적이고 창조적인 과정이다. 나는 치료 과정이 제대로 진행되지 않고 맴돌게 될 경우에 이미지가 매우 강력하고 유용하다는 것을 발견했다. (9장에서 자세히 다룬다.)

● **미완결 회기의 마무리** 미완결 회기를 종료하는 데 사용하는 많은 이미지 기법들은 최면에 기원을 두고 있으며, 처리되지 않은 주제를 컨테이너container 속에 담는 암시를 포함한다. 이미지는 전에 안전함과 보호감을 느낄 때 사용했던 자원들을 포함할 수 있다. 이미지와 결합된 명상법은 편안함과 안전함을 느끼는 데 도움을 준다. (이 모든 기법들은 10장에서 자세히 다룬다.)

예술 작품을 이용한 EMDR 치료

예술은 EMDR 치료의 모든 시기와 회기 중, 회기 사이에 치료의 연장으로 사용할 수 있다(Cohn, 1993a, b; Parnell & Cohn, 1995; Thompson, Cohn & Parnell, 1996). 내담자는 크레용, 파스텔, 수채화, 핑거 페인팅, 마커 펜, 점토와 콜라주를 포함한 넓은 범위의 소재와 표현 기법을 이용할 수 있다.

치료 초기 단계에 사용하는 예술 활동

예술은 치료 초기 단계에서 내담자가 감정이나 내적 정보를 접하는 것을 돕는다. 창조의 행위는 내담자가 자신과는 관계없다고 생각해 왔던 아이같이 순결한 자아를 재활성화해 아이의 감정을 경험하는 것을 가능하게 한다.

또한 예술 작품은 내담자가 가해자의 보복에 대한 두려움 없이 자신의 비밀을 털어놓게 해주기도 한다. 가해자의 행위를 드러내 말하는 것은 심하게 학대당한 내담자에게 너무 위협적이다. 그러나 예술 작품은 상징적이고 간접적이기 때문에 실제 정보가 꿈처럼 느슨하게 위장된 은유의 형태로 표현되는 것을 가능하게 한다(Cohen & Cox, 1995).

내담자가 만들어낸 예술 작품은 진단을 돕는다. 초기의 그림은 내담자의 상태를 드러냄으로써 문제점 인식을 촉진할 뿐 아니라 자아의 장점, 방어 기제, 퇴행과 발전을 알 수 있게끔 돕는다(Cohn, 1993a, b). 또한 예술 작품을 통해 치료자가 내담자의 고통을 알게 되어 치료적 관계의 발달을 촉진한다. 흔히 예술적인 이미지의 공유는 치료자로 하여금 내담자가 상상하는 것을 정확하게 알 수 있도록 돕는데, 성 학대 생존자는 오랜 시간 자신만의 세상에서 살아왔기 때문에 이 사실은 매우 중요하다. 이는 내담자의 내적인 세계를 공유하는 신뢰와 공감, 함께 작업한다는 느낌을 증진시킨다.

예술은 안전지대를 발달시키는 데 이용되기도 한다. (이는 5장에서 자세히 다룬다.)

치료 중기 단계에 사용하는 예술 활동

예술 작품은 치료 중기에 EMDR 치료 타깃을 설정하는 데 특히 유용하다. 느낌이나 불편한 장면을 그릴 수 있는데, 예술 작품에는 내담자의 내적 경험이 투사된다. 감정, 생각, 이미지가 그림을 통해 구체화되며, 내담자가 그림을 통해 자신을 압도하는 감정과 거리를 유지하면서 감정과 사건을 명확하게 만드는 것에 도움을 준다.

치료자와 내담자는 그림에서 내담자의 내적 경험에 대한 정보를 얻는다(예를 들어 친밀함, 거리감, 유대감, 분열, 유사성, 차이, 에너지 투자, 가족 관계). 일차원적인 언어 처리 과정과 달리 그림은 공간적인 토대를 마련해 준다. 예술의 범주에서 관계는 공간으로 나타난다. 선, 형태, 색상, 질감, 생략, 페이지 구성은 관계를 확대시킨다. 그림은 천 가지의 말만큼이나 가치가 있어 그림을 통해 많은 EMDR 인지가 드러난다.

예술 작품은 치료의 강도를 조절하는 데도 도움을 준다. 이는 느리게 진행되는 언어적 치료와 빠른 진행의 EMDR 치료 사이에서 교량 역할을 한다. 예술 활동은 내담자가 조절할 필요가 있는 치료 회기의 초반이나 치료 회기와 회기 사이에 떠오른 정보를 통합하는 것을 돕는다. 이는 글쓰기와 더불어 치료 과정의 연속성을 제공하며 내담자로 하여금 자율성과 자신감을 느끼게 한다. 자신의 치유 과정을 책임지고, 미래의 처리 과정을 위한 타깃을 내놓을 뿐 아니라, 새로운 통찰력과 인식을 갖게 된다.

내담자들이 만든 예술 작품은 치료 과정에 대한 영구적인 기록이 된다. 언어적 이미지와 달리, 예술 작품은 기억 회상에 의해 변형되지 않는 실제적이고 영구적인 기록이다. 내담자는 자신이 만든 작품이란 사실을 알고 있으며, 치료자는 증인이 된다. 성 학대 생존자들의 경우 방어기제로 종종 해리와 억제를 사용하기 때문에 내담자가 자신의 내적 경험에 대한 명백한 증거를 제시하는 것이 자신의 경험을 믿고 좀 더 넓은 도식으로 통합시키는 것에 도움이 된다.

예술 이미지(이차원 혹은 삼차원적)를 살펴보는 것은 EMDR 치료를 시작하기 전이나 마친 후 어느 때나 가능하며, 쟁점을 살펴보고 과거 치료 회기의 기억을 상기하거나 진행을 검토하는 것을 돕는다. 예술 작품은 내담자들에게 다뤄야 할 실체들을 제공한다. 학대 피해자에게 현재와 연결되어 있는 과거에 대한 안내를 제공하고, 두 현실을 구분하고 통합함으로써 내재적 기억을 외현화하는 것을 돕는다.

그리기는 EMDR 치료 회기를 마치는 데에도 사용된다. 그림을 그리는 신체 행위는 성 학대 생존자로 하여금 몸과 마음이 통합됨을 느낄 수 있도록 돕는다. 내담자는 그림을 그림으로써 학대가 현재 일어나고 있는 상황이 아니라 단지 과거의 일이었음을 인지하고 현재로부터 과거를 분리해서 객관화시킬 수 있다.

치료 말기 단계에 사용하는 예술 활동

일련의 그림을 검토하는 것은 전체 치료 과정의 중요한 쟁점들에 대한 기록을 제공하므로 치료를 종료하는 데 도움이 된다. 치료의 목격자인 치료자와 내담자가 함께 내담자가 피해자에서 성공한 사람으로 변해가는 과정을 검토하면서, 내담자의 자존감이 증가할 수 있다.

명상 훈련

명상 훈련은 고대 불교의 명상에서 기원한다. 서양에도 오래전부터 명상법이 전수되어왔고, 임상 작업에 사용하는 심리학자들이 이에 대해 자세한 기술을 해왔다(Goldstein, 1976; Kabat-Zinn, 1990; Kornfield, 1993; Linehan, 1993a, b; Parnell, 1996a, b; 1997b). 많은 명상 지도자들이 이를 명상관meditation hall으로부터 끌어내 일반인의 생활에 적용하고 있다. 경험 많은 명상 지도자 존 카밧진Jon Kabat-Zinn은 '치유와 마음Healing and the Mind'이라는 빌 모이어Bill Moyer의 프로그램이 있는 매사추세츠 대학의 메디컬 센터에서 통증 감소 프로그램을 개발했고, 통증과 스트레스 경감을 위해 전 세계 병원에서 사용하고 있다(Kabat-Zinn, 1990). 리네한은 명상법이야말로 경계성 내담자가 좀 더 현실에 충실하면서 대처해나가는 것을 도와주고, 변증법적 행동 치료에서 중요한 역할을 한다고 보았다(Linehan, 1993a, b).

명상 훈련은 사람들이 눈앞에서 벌어지는 상황을 있는 그대로 바라보도록 한다. 오래 할 경우 해리를 줄일 수 있으며 좀 더 안정되고 통합되게 한다. 명상 훈련은 자신의 경험을 판단하지 않고 목격자 혹은 관찰자로서의 자아를 발전시킨다. 내담자는 자신에게 일어나는 일에 개인적 동일시와 반응성을 덜 느끼면서 바라볼 수 있다. 이 방법은 일상생활에서 실재하는 것을 인식하는 '주의 깊게 생각하는mindful' 능력을 개발시킨다.

일상생활에서 주목하는 능력은 어린 시절 외상을 입은 사람에게 제대로 발달되어 있지 않다(McFarlane et al., 1993). 그러므로 명상 훈련은 가소성이 있는 뇌plastic brain에 새로운 신경 경로를 개발시키는 데 매우 중요하다. 명상 훈련은 '그대로 바라보기', 즉 현재에 머물면서 호기심을 가지고 균형 있고 비판단적인 태도로 몸과 마음을 열려 있게 한다. 명상 훈련을 하면 자신에 대해 온정적인 자세를 가지며 신체와 마음을 더 이상 적대적으로 느끼지 않는다. 평정심이 증가하면서 좀 더 균형 있는 인생의 경험을 하고 신체와 마음의 즐겁거나 그렇지 않은 상태에 영향을 덜 받으며, 여러 현상들이 일어나고 지나가는 것을 좀 더 열린 관점으로 이해하게 된다.

비파사나 명상과 EMDR 치료는 이중 집중 혹은 인식을 사용한다. 비파사나 명상에서는 심호흡이나 다른 주요 인식 대상에 집중한다. EMDR 치료를 받는 내담자는 치료자의 손가락이나 자극과 함께 이미 지나 신체 감각과 같은 내적 대상 모두에 집중한다. 각각의 경우에서 거리를 유지하고 편견 없이 바라보아야 한다. EMDR을 시행받는 내담자에게 중요한 지시는 '그냥 일어나도록 놔두세요, 어떤 것도 중요하지 않다고 버리지 말고'이다(샤피로, 2011). 내담자는 생각과 감정, 신체 감각의 변화에 주목해야 하며 경험하는 그대로 치료자에게 보고해야 한다. 치료자는 한 세트의 안구 운동을 마친 후 "무엇이 떠오르지요?" 혹은 "무슨 일이 일어났습니까?"라고 묻는다. 내담자는 가장 나중에 발생한 현상에 관해 간단하게 객관적인 보고를 한다. 해석이나 검토 없는 간단한 보고는 비파사나 명상에서 목격자로서의 깨달음을 개발시켜 나가는 것처럼 내담자가 심리적인 내용과 거리 두는 것을 돕는다. 강렬한 제반응을 경험하는 내담자에게 차분하고 온정적이며 위안을 주는 태도로 그들이 경험하는 것은 과거의 경험이고, 오래된 것이며, 기차에서 지나가는 풍경을 보는 것처럼 지금은 안전하다고 말해 준다(샤피로, 2011).

비파사나 명상은 '그대로 바라보기'의 발달을 증진한다. 골드스타인에 의하면(Goldstein, 1976), 그대로 바라보기란 선택이나 비교, 평가, 자신의 투사나 기대 없이 있는 그대로 관찰하는 것, 비선택적이고 방해받지 않는 인식을 개발하는 것을 의미한다. 그대로 바라보기는 좀 더 현재에 충실하고, 어떤 것도 추가하지 않은 채 지금 여기에 대해 열린 자세를 가지게 한다.

명상 훈련은 일상생활의 경험에서 실재와 깨달음의 연속을 개발시킨다. 이는 EMDR 치료법과 함께 보조적인 역할을 할 수 있고(Parnell, 1996a, 1997b), 어린 시절 학대당했고 현재 EMDR 치료를 받는 사람에게 도움이 될 수 있다. 다음과 같은 세 파트로 나누어 학습한다. ─비파사나 명상(좌선 명상), 걷기 명상, 먹기 명상.

비파사나 명상

비파사나 명상은 조용하고 방해받지 않는 장소를 찾는 것으로 시작한다. 휴대전화의 알림은 꺼져 있어야 하며 주변 사람들에게 명상 시간에는 방해받지 않겠다는 사실을 알린다. 매일 일정한 시간에 명상하는 것이 도움이 된다. 하루를 시작하는 아침 시간이나 잠들기 전이 좋다. 성적으로 학대받고 여러 차례 신체와 마음의 상처를 경험한 사람은 5~

10분 정도의 짧은 명상으로 시작해 편안함을 느끼는 정도를 기준으로 시간을 점차 늘려 나간다. 허리를 펴고 쿠션이나 마루에 앉거나 혹은 의자에서 발을 바닥에 내려놓은 자세로 앉는다. 비파사나 명상은 집착하거나, 비난, 동일시하지 않은 상황에서 심호흡, 생각, 감정과 신체 감각을 단순히 관찰하도록 가르친다(Goldstein, 1976). 눈앞에서 일어나는 현상에 거리를 두고 바라보는 감각으로 관찰한다.

명상은 콧구멍이나 배로 하는 심호흡의 느낌에 집중하면서 시작한다. 명상할 때는 숨을 들이쉬고 내쉬는 느낌이나 배가 오르내리는 느낌에 집중한다. 마음이 심호흡에서 멀어지면 그것을 알아차리고 다시 집중하여 호흡으로 돌아온다. 마음속으로 '들이쉬고 내쉬는' 혹은 '올라오고 내려가는'이란 말을 떠올리는 것이 집중에 도움이 된다. 이렇게 심호흡에 집중하는 것이 첫 훈련이다. 그러다가 현실로 천천히 돌아오는 것을 반복해 마음이 좀 더 현재 상태에 머무르도록 훈련한다.

어느 정도 호흡에 집중하는 것을 습득한 다음에는 생각이 떠오를 때 심호흡으로부터 집중을 옮겨, '생각, 생각'이라는 말을 떠올리고, 다시 호흡으로 돌아오는 것을 훈련한다. 이때 생각의 내용을 분석하지 않고 단지 생각이 떠오른다는 사실에만 주목한다. 좀 더 훈련이 되었을 때 감정, 신체 감각과 판단 같은 마음과 신체의 여러 현상에 대해 알아차린다. 이것들이 인지되었을 때 호흡으로 되돌아온다. 예를 들어, 두려움 같은 강렬한 감정이 떠오를 때 이것을 느끼고 '두려움, 두려움'을 떠올린 뒤, 이것이 더 이상 주의를 끌지 못할 때까지 느낌에 머무르고 나서 호흡으로 되돌아온다. '다시는 집중하지 못할 거야'라는 생각이 떠오르면 '판단, 판단'을 떠올리고 호흡으로 돌아온다. 마음이 멀리 나아갔다가 다시 돌아오는 것을 깨닫는 과정을 반복하는 것으로 전체 명상 회기를 보낼 수도 있다. 명상을 반복함으로써 자신의 경험에서 일어나는 것들에 그대로 머무르는 능력을 증가시킬 수 있다.

걷기 명상

걷기 명상은 발을 들어 올리고 움직이고 내려놓는 일련의 과정에서 일어나는 느낌에 집중하며, 10분에서 45분 혹은 좀 더 장시간 동안 느리게 걷는다. 장애물이 없는 길을 걸으면서 순간순간 움직임의 느낌에 집중한다. 길 끝에 다다르면 뒤돌아서 다시 시작한다. 걷기 명상 시간에는 비파사나 명상과 마찬가지로 마음이 떠나가면 '생각, 생각'을 머릿속에 떠올린 후에 서서히 돌아온다. 걸음의 속도는 모든 미세한 느낌에 주목하면서 극도로 느려지거나, 다리의 큰 근육이나 발바닥이 땅에 닿는 느낌에 주목하면서 빨라질 수도 있다. 무엇보다 중요한 것은 현재, '여기 있음'의 연속성을 인지하는 것이다. 이 방법은 학대 피해자가 자신의 몸을 좀 더 많이 인식하게 한다. 매우 고통스럽고 힘들 수 있으나 짧은 시간의 명상을 점차 늘려가면서 마음이 안정되고 신체를 있는 그대로 받아들이는 것을 가능하게 한다.

먹기 명상

우리 대부분은 음식을 먹는 동안 아무것도 인식하지 않는다. 보통 음식을 음미하기 전에 식사를 마친다. 주의 깊게 먹기mindful eating는 건포도를 먹는 경험부터 시작한다. 명상 훈련을 받는 내담자는 건포도를 한 움큼 받아 한 번에 한 개의 건포도를 먹는데 최대한 주목하고 느낀다. 건포도를 집어 올리기 위해 팔을 들어 올리고, 손가락으로 건포도를 느끼고, 입 안에 건포도를 넣고 느끼면서 씹을 때 음미하도록 한다. 이때

씹고, 삼키고, 반복하려는 욕구에 집중한다. 목적은 먹는 과정의 전체 경험에 모든 관심을 쏟는 것이다. 일상적인 행동이 새로운 것으로 경험되기 때문에, 많은 사람들에게 인상적인 경험으로 남는다. 몇 분간 건포도와의 새로운 경험을 여러 차례 반복한 후 이러한 집중을 평소 음식을 먹을 때도 적용해본다. 천천히 생각하면서, 마음이 떠나가는 것과 먹는 경험으로 다시 돌아오는 것에 주목한다.

많은 성 학대 내담자들이 학대와 자신의 신체를 단절함으로써 식이 장애를 경험한다. 먹는 과정을 좀 더 많이 인식하는 것은 과식, 폭식, 구토와 관련된 유발 요인들과 그 연결성을 통찰하는 것을 돕는다. 내담자가 먹는 동안 해리하는 경향이 있는 경우, 치료 회기 중에 이를 주목하여 다룰 수 있다. 문제 있는 식이 행동에 대한 유발 요인도 EMDR 치료의 타깃이 될 수 있다.

성 학대 생존자를 위한 집단 명상

나는 2년 동안 여섯 명의 성 학대 생존자들을 상대로 매주 명상을 실시했다. 모두 해리성 정체성 장애를 가진 아동 학대 생존자들이었으며, 우리는 한 시간 동안 자비 명상lovingkindness meditation, 숨 고르기, 비파사나 명상의 변형된 형태를 수행하면서 각각 내담자들이 명상 시간에 무엇을 떠올렸는지 이야기하는 시간을 가졌다. 2년에 걸쳐 신체의 안정감을 경험하면서 신체 느낌, 신체 기억, 불편한 생각과 이미지에 머무르거나 전환 혹은 해리하고자 하는 욕구가 생기는 것을 알아차리는 일이 좀 더 수월해졌다. 비파사나 명상을 약 30분간 하면서, 몇 분마다 언어적 지도를 하여 내담자들이 해리되려고 할 때마다 호흡이나 신체로 돌아오도록 도왔다. 기본적인 비파사나 명상 이외에도, 내담자들의 요구에 맞춰 변형된 자비 명상을 고안했다(Levin, 1987; Salzberg, 1996; Salzberg & Kabat-Zinn, 1997). 명상 후에는 명상 경험을 확고하게 해주며 집단 유대를 발전시키는 데 도움이 되는 경험을 공유하는 시간을 가졌다.

　　이 명상 그룹은 끔찍하게 학대받았던 여성들에게 안식처가 되었으며, 명상을 하는 동안 자신의 느낌을 표현할 수 있을 정도로 안전감을 느끼게 했다. 만약 좀 더 형식적인 그룹이었다면 자신의 비밀을 밝히는 것에 불편함을 느꼈을 것이다.

　　나는 명상 시간을 그들의 요구와 의견에 따라 조정했다. 예를 들어, 한 여성에게는 명상하는 동안 시간이 얼마나 남았는지를 중간중간 알려주었는데, 왜냐하면 그녀의 어린 자아가 그 순간이 영원히 지속된다고 느꼈기 때문이었다. 시간을 알려줌으로써 그녀는 편안함을 느낄 수 있었다. 일반적으로 앉아 있는 시간은 45분에서 1시간 이상인데, 학대 피해자들의 경우 가만히 앉아 있을 때 떠오르는 감정이 너무 강렬하기 때문에 그 시간을 영원하다고 느낄 수 있다. 명상의 침묵을 점차 더 길게 견뎌내면서, 연장된 시간만큼 스스로 조절하는 힘이 증가함을 느꼈다.

제 2 부   EMDR 치료의
단계와 구성

05

초기 단계: 평가, 준비, 자아 강화

EMDR 치료의 초기 단계에는 중기 단계에서
본격적으로 시행하는 외상 처리를 위한 기초 작업을 닦는다.
내담자에 따라 수 주일에서 수년간 지속될 수도 있다.

치료의 초기에는 강하고 안정적인 치료적 관계를 발전시키는 것이 중요하며, 그러한 치료적 관계 안에서 내담자의 어렵고도 고통스러운 외상 기억의 재처리가 이루어질 수 있도록 한다. 치료자는 내담자의 과거력을 듣고 내담자의 자아 강도와 대처 능력을 평가한다. 이 단계의 주요 과정은 내담자가 가지고 있는 자원을 강화시키고 가벼운 문제들을 처리하는 것이다. 여기서 중요한 점은 EMDR 치료 과정이 다른 치료적 접근과 함께 포괄적인 치료 계획에 통합되어야 한다는 것이다.

어린 시절 오랫동안 성적 학대를 당한 도로시라는 내담자는 EMDR 준비를 하는 데에만 1년 이상이 걸렸다. 성적 학대의 가해자는 나이 많은 삼촌과 정서적으로 불안정한 사촌이었다. 도로시에게 타인을 신뢰하는 일은 매우 어려웠으며, 자신의 감정을 표현할 만큼 나를 신뢰하기까지 몇 달이 걸렸다.

도로시는 중서부의 시골 농장에서 자랐는데 그녀의 가족은 거의 대화가 없었고 감정에 대해서 전혀 소통하지 않았다. 부모는 아이들과 함께 있어도 단지 눈앞에 있는 것이었지, 아이들과 전혀 이야기를 나누지 않았다. 어머니는 냉정하고 무서웠으며 아이들을 원치 않았고, 늘 자신의 운명을 원망했다. 마침내 도로시가 자신이 당한 성적 학대에 대해 나에게 말했을 때, 그녀는 매우 어색해했고 자신이 하찮게 느껴진다고 했다. 그녀는 내가 자신의 말을 믿지 않을까 봐 두려워했을 뿐 아니라, 내가 그녀의 어머니처럼 그 일들을 아무것도 아니라고 여기며 자신을 경멸하고 비난할 것이라고 생각했다. 우리는 EMDR 치료 과정을 시작하기 전 많은 시간을 준비 기간으로 보냈다.

현재 증상 파악

내담자가 자신이 어린 시절 학대받은 것을 기억하고 있고, 그 학대의 경험이 현재의 문제와 연결되어 있다는 것을 이해하고 있어 EMDR을 통해 그 과거의 기억을 처리하고자 한다면, 치료는 체계적으로 진행되기 쉽다. 치료자는 내담자의 과거력을 청취하면서 치료 관계를 형성하고, 내담자의 내적 혹은 외적 자원의 유무를 파악한다. 내담자가 정서적으로 안정된 상태이고, 그의 삶이 위기 상황이 아니라고 판단되면, 다루어 나갈 목표 기억을 설정한 뒤 EMDR을 시작한다.

일부 내담자는 어린 시절 학대받은 것에 대해 기억하고 있지만 치료자를 충분히 신뢰할 때까지는 털어놓지 않는다. 학대받은 경험을 이야기하려면 치료자와의 관계에서 안전감을 느끼는 것이 중요한데, 이전의 치료 경험에서 다른 치료자에게 배신감과 실망감을 느꼈거나 그러한 경험들을 이야기했을 때 수치심과 모욕감을 경험했을 수 있다.

많은 내담자들이 학대와 관련된 명확한 시각 기억이나 이야기 기억이 없는 상태에서 치료자를 찾아온다. 사건과 관련된 분명한 기억은 없지만 그냥 자신에게 어떤 일이 있었던 것 같은 '느낌'이 있으며 학대를 경험했을 때 나타나는 증상들이 있다. 또한 학대의 명확한 기억은 없지만 뭔가에 의해 자극받아 생기는 플래시백이나 악몽이 있는데, 이러한 것들과 어린 시절 학대의 관련은 분명하지 않다.

예를 들어, 어떤 여성의 경우 치과 치료가 두려워 계속 피하기만 하다가 결국 응급으로 치료를 받으면서 심한 공황 발작이 생겼다. 그녀는 어린 시절 학대의 기억은 전혀 없지만 분노, 공황 발작, 무기력감, 그리고 성기 부근의 따끔한 느낌 등의 증상이 있었다. 이러한 증상들을 성적 학대와 연결시키지 못했지만 미칠 것 같은 기분이 든다고 말했다. 결국 그녀는 성적 학대 때문이 아니라 치과 의사에 대한 두려움 때문에 EMDR 치료를 받으러 찾아온 것이었다.

치료자는 내담자의 증상 때문에 성적인 학대를 당했을 것으로 성급하게 가정해서는 안 된다. 하지만 치료의 준비 단계에서 염두에 둘 필요가 있으며, 자세한 병력 청취를 하면서 증상을 촉발시키는 요소들을 잘 찾아보아야 한다.

그동안의 EMDR 경험에서 볼 때, 성적 학대의 별다른 기억은 없고 다른 이유로 치료를 받으러 오지만 치료 과정 중에 성적 학대를 받은 기억이 선명하게 떠오르는 경우가 자주 있다. 또한 공포증도 어린 시절의 학대와 연관되어 있는 경우가 종종 있다. 이렇게 되면 치료 시간의 처리 과정이 매우 강렬해지고 내담자나 치료자 모두 혼란스러워질 수 있다. 내담자가 보이는 제반응이 매우 강렬하고 격해질 수 있으며 새롭게 드러나는 여러 정보들로 방향 감각을 잃을 수도 있다. 따라서 EMDR을 하는 경우, 치료자는 내담자의 어린 시절의 학대 경험을 다룰 수 있도록 치료 계획을 수립하고 새로운 정보들을 통합하기 위해 필요한 시간을 충분히 할애해야 한다.

내담자의 현재 증상을 치료 초기에 정확히 파악하는 것이 중요하다. 가장 문제가 되는 행동, 제한된 사고, 주요 신체 증상은 무엇인가? 촉발 요인은 무엇인가? 무엇 때문에, 언제, 어디서, 얼마나 자주 자극을 받아 괴로운 증상을 경험하게 되는가? 아마도 영화의 한 장면이나 책의 문구, 특정 도시를 운전하는 것이 자극이 될 수도 있을 것이다. 얼마나 오랫동안 이러한 문제들 때문에 고통받고 있는가? 이러한 문제들을 이전에는 스스로 어떻게 극복해보려 했는가? 그러한 방법들 중 무엇이 도움이 되었고 무엇이 도움이 안 되었는가? 현재의 증상이 이전의 상처 경험과 관련 있는 촉발 요인에 의해 나타난다는 것을 내담자가 이해하고 있는가? 이러한 촉발 요인들에는 부모의 죽음이나 내담자의 자녀가 자신이 학대받던 연령이 되는 것도 포함될 수 있다. 내담자가 자신의 문제에 대해 현재 어떻게 대처하고 있는가? 내담자의 증상이나 정서적 불안정이 현재의 삶에 어떻게 영향을 미치는가? 내담자의 증상이 다른 대인 관계나 직업에서의 경력에 문제가 되고 있지는 않은가?

병력 청취와 평가

평가

아동기에 신체적 혹은 성적인 학대를 경험한 이들의 증상과 정도는 실로 다양하다. 심한 경우 심리적으로 매우 혼란스럽고 심각한 성격 장애를 가진 사람도 있고, 약간 제한적인 증상을 보이지만 잘 대처해나가는 손상되지 않은 자아 구조를 가진 사람들도 있다. 일반적으로 증상의 심각성은 학대의 심각도, 빈도, 기간, 그리고 학대를 받았을 때의 연령, 가해자와 피해자의 관계, 학대 경험에 대한 치료, 학대에 대한 가족이나 사회의 반응, 기질, 자아 강도, 일반적인 회복력, 초기 애착의 질, 정신 질환의 가족력과 같은 여러 요인들에 따라 달라진다.

앞에서도 언급했듯이, EMDR 치료 과정을 시작하기 전에 충분한 병력 청취를 하는 것이 중요하다. EMDR 치료 과정 동안 어떤 내용이 나타날지 결코 알지 못하므로(예: 해리 장애), 치료 전에 준비하는 것이 최선이다. 내담자의 과거력에 대한 정보를 모으는 것은 내담자와의 관계를 형성하는 한 부분이므로 내담자가 취조당한다거나 대상화되는 듯한 느낌을 받지 않도록 해야 한다. (가해자에 의해 성적인 대상으로 취급되어 성적 학대를 당한 생존자에게는 잠재적인 자극 요인이 될 수 있다.) 이 단계에서 치료자는 내담자에 대해 알아가고자 시도하고, 동시에 내담자도 치료자에 대해 알아간다.

내담자와 보조를 맞추는 것이 중요하다. 내담자의 과거력에 대한 정보를 모을 때는 내담자가 너무 빨리, 너무 많은 것이 한꺼번에 노출했다는 느낌이 들지 않도록 적절하게 속도를 조절해야 한다. 너무 자극적인 질문은 피하는 것이 좋으며 대신 "어린 시절에서 무엇이 가장 중요하다고 생각하는가?" "그것이 현재 어떻게 영향을 미치고 있는가?"라고 물어보는 것이 좋다. 치료자는 내담자가 말하는 내용 중에서 중요한 사건, 주제, 자신에 대한 제한된 믿음, 세상에 대한 부정적인 믿음이 무엇인지에 귀를 기울인다.

내담자의 출생과 유아기, 아동기의 정보, 그리고 초기 부모와의 관계를 물어보는 것이 좋다. 내담자의 초기 애착 관계가 어떠했는지도 자세히 알아보아야 한다. 애착 관계가 안정적이었나, 불안정했는가? 어머니에게 경계성 인격 장애의 특징이 있었나, 아니면 단순히 불안이 많았나? 애착 관계가 불안정하고 혼란스러운 경우에는 외상 후 스트레스 장애가 발병할 가능성이 높고 또한 안정적인 치료 관계를 형성하는 데 더 많은 시간이 필요하다(Schore, 1994). 따라서 외상 기억의 EMDR 치료를 시작하기 전에 인지적 개입이나 치료 종료에 도움이 될 수 있는 내담자의 자원을 개발하기 위해 많은 시간을 할애해야 한다. 초기 아동기에 방치되었던 내담자는 치료자와 신뢰 관계를 형성하는 것에 많은 어려움을 느낀다. 또한 아동기의 일들 중 잘 생각나지 않는다고 하는 부분이 많은데, 이는 학대의 결과라기보다는 아동기에 방치되었던 결과로 볼 수 있다(Schore, 1994). 누가 일차적인 보호자였는가? 부모의 죽음이나 이혼, 약물 남용, 입원 등의 이유로 애착 관계가 갑작스럽게 단절된 적은 없었는지도 알아보아야 한다.

내담자의 신체적 질병, 사고, 입원이나 의료 시술을 받은 경험까지 포함하는 '현재의 건강 상태와 의학적인 문제의 과거력'을 아는 것도 중요하다. 무슨 일이 있었고, 가족들의 반응은 어떠했는가? 어린 시절 학대받았던 사람들은 여러 가지 신체 증상이 나타날 수 있다. 복용하는 약물이 있는가? 최근에 신체검사를 받은 적이 없다면 한번 받아 보도록 권유할 수도 있다. 아동기에 성적인 학대를 당한 사람들은 힘과 권위에서 우위에 위치에 있는 성인에게 배신당한 것이므로 의사나 치과 의사를 찾아가는 것을 불안 때문에 회피할 수도 있다. 만일 이러한 회피가 다루어지지 않는다면 내담자의 건강에 위험 요인이 될 수도 있다.

병력 청취를 하는 동안 내담자가 치료자와 어떻게 관계를 형성해 나가느냐 하는 것도 중요한 부분이다. 내담자가 편안해보이고 치료자에게 편안하게 말할 수 있는가? 아니면 거리를 두고 불안해하거나 적대감을 보이는가? 성격 장애가 보이는가? 아동기에 성적 학대를 경험한 사람들은 경계성 인격 장애를 보이는 경우가 많은데, 이것은 EMDR 치료에 영향을 미치는 요소 중 하나다. 내담자의 자아 기능은 어떠한가? 불안을 어떻게 다루는가? 내담자의 주요 방어 기제는 무엇인가? 안 좋은 기억을 이야기할 때 해리가 일어나는가? 해리 경험 척도(Dissociative Experience Scale; DES, Bernstein & Putnam, 1986; Carlson & Putnam, 1993), 해리 장애 면담 스케줄(Dissociative Disorders Interview Schedule; DDIS, Ross et al., 1989) 등을 이용해 '해리 장애' 유무를 점검해볼 수 있다. 퍼트넘과 로스(1989)는 해리성 정체성 장애(Dissociative Identity Disorder; DID)에 대해 도움이 될 만한 책을 썼는데, 오랜 기간 치료를 받아도 낫지 않는 내담자의 경우 해리성 정체성 장애의 가능성을 신중히 고려해야 한다. 또한 심리적 외상을 평가하기 위한 해리 경험 척도와 몇 가지 평가 도구를 함께 사용하는 것이 도움이 될 수 있다. 외상 증상 평가 목록Trauma Symptom Inventory은 브리에르의 것(Briere, 1995)을 많이 활용한다. (표 5-1 편의 해리 증상 요약을 보라.)

| 표 5-1 | 해리 장애의 임상적 징후

1. 진전이 거의 없는 다년간의 정신 치료 병력(Kluft, 1985; Putnam et al., 1986)

내담자가 수년에 걸쳐 다양한 진단을 가지고 있다. 다른 진단으로 여러 번 정신과에 입원했다.

2. 이인증 및 비현실감의 증상들(Putnam et al.,1986)

예를 들어 내담자가,

a. 자신을 자신으로 느끼지 않는다. (예, 더 크게 또는 더 작게 느낌)

b. 주변 환경이 이전과 같지 않게 느껴진다고 한다.

c. 거울을 보고 전형적으로 비치는 것과 다른 뭔가를 본다.

d. 몸이 주변이나 위로 '떠 있는' 경험을 한다.

e. 일상의 환경이 꿈 같거나, 안개 속을 걷고 있는 것 같다고 보고한다.

3. 기억의 착오(Putnam et al.,1986)

예를 들어 내담자가,

a. 쇼핑몰에 어떻게 갔는지 기억을 못한다.

b. 집에서 못 보던 물건을 발견하고, 그것을 샀는지 또는 어떻게 얻었는지
   기억을 못한다.

c. 병력을 조리 있게 말하지 못한다.

그러나 이것은 물질 남용, 질병, 우울, 치매에 의해서도 발생할 수 있다. 고도로 조직화된 해리성 정체성 장애 환자는 작화증confabulation으로 망각의 '틈'을 채울 수 있다는 점에 주의해야 한다.

4. 플래시백과 침습적 사고 (Spiegel, 1993)

내담자가 유년기 사건이나 최근 외상에 대한 플래시백이나 침습적 사고를 갖고 있다. 해리성 정체성 장애는 만성적이고, 연속적인 외상 후 스트레스 장애에 기인한 개념으로 생각할 수 있다.

5. 슈나이더의 증상들 (Kluft, 1987; Ross et al., 1990)

슈나이더의 11개의 일급 증상 가운데, 내담자가 여러 개를 시인할 수 있다. 예를 들어, 가장 흔한 증상으로 다음과 같은 것을 보고한다.

a. '생각이 들리는 환청audible thought'이나 '서로 다투는 내용의 환청'을 듣는다. 해리성 정체성 장애 환자는 정신 분열증처럼 외부에서가 아니라 대개 머릿속에서 소리를 듣는다.

b. '만들어진' 느낌을 경험한다. 예를 들어, 논리적으로 설명할 방법이 없는 느낌이 '불시에' 온다.

c. '만들어진' 사고와 행동을 경험한다. 해리성 정체성 장애 환자들은 정신 분열증 환자들보다 더 자주 일급 증상을 보고한다. 정신 분열증 환자들이 대개 무딘 정서를 보이는 데 비해 해리성 정체성 장애 환자는 정상 범위의 정서를 보인다.

6. 신체적 증상들 (Putnam, 1989)

a. 일반 진통제OTC analgesics로 듣지 않는 만성 두통을 호소한다.

b. 의사가 설명할 수 없고 '신체 기억'일 수 있는 신체의 호소와 통증을 보인다.

7. 수면 장애 (Loewenstein, 1991)

내담자는 잦은 악몽과 야경증night terror을 호소할 수 있다. 몽유병은 대개 해리성 장애와 연관 있다는 점에 유의하라.

8. 우울증(Putnam et al., 1986)

해리성 정체성 장애 환자의 일차적인 호소 중 하나가 정동 장애이다. 자살 기도나 자살 사고의 병력이 종종 있다.

모든 새로운 내담자는 해리 경험 척도DES를 완성해야 한다. DES는 20점을 기준 점수로 사용할 것을 추천한다(Ross, 1995). 점수가 20점이 넘고, 또는 위에 언급한 임상 징후에 양성으로 반응하는 내담자의 경우, 치료자는 잠재적인 해리 장애를 의심해야 한다. 〈해리 장애 면담 스케줄〉(Ross, 1989, pp. 383-402)이나 〈해리 장애를 위한 DSM-IV용 구조화된 임상 면담(The Structured Clinical Interview for DSM-IV-Dissociation Revised; SCID-D Revised, Steinberg, 1995 참조)〉을 이용하면 철저한 평가를 할 수 있고 확진을 내리는 데 도움이 된다.

펙(Puk, G, 1999)의 허락을 받아 개재함

성적 행동화sexual acting out, 자해, 약물이나 알코올 남용, 도박, 문란한 성관계와 같은 '자기 파괴적인 행동'을 한 적이 있는가? 특히 약물이나 알코올 남용에 대한 정보는 중요하다. 가족 중에 약물을 사용하는 사람이 있을 경우, 무슨 약물을 어떻게, 얼마만큼 사용하는지, 그리고 그 결과가 어떤지를 알고 있어야 한다. 내담자가 현재 사용하는 약물은 어떤 것인가? 회복되었는가?

'사회적, 성적인 발달' 정보도 중요하다. 친한 친구가 있었는가? 따돌림을 당하거나 혼자였는가? 아동기부터 청소년기까지 친구 관계는 어떠했는가? 가족이 빈번하게 이사를 했는가? 학교생활은 어떠했는가?

종종 심리적 외상을 입은 아이들은 학교에서 적응하기 어려워하고 학습 장애를 보이며 낮은 자존감을 갖는 경우가 많다.

이성 관계는 어떠했는가? 데이트 경험은 어떤가? 친밀한 관계를 경험했는가? 자신의 성적인 발달을 어떻게 느끼는가? 자신의 신체를 어떻게 생각하는가? 모든 성적인 접촉을 회피하거나 청소년기에 성적 학대의 경험이 있는가?

내담자의 현재의 기능, 사회적 지지망, 그리고 직업 유무의 정보도 중요하다. 현재 직장이 있는가? 친한 친구나 가족이 있는가? 아니면 혼자 고립되어 있는가? 다른 사람들과는 어떻게 지내는가? 알코올 중독자 치료 모임(Alcoholics Anonymous; AA), 알코올 가족 모임ALANON, 마약 중독자 치료 모임(Narcotics Anonymous; NA)과 같은 지지 그룹이나 생존자 집단에 가입해 있는가?

학대의 과거력

내담자의 병력 청취 과정에서 학대의 과거력에 대한 정보는 중요한 부분이다. 누가 가해자인가? 언제 학대가 시작되었는가? 당시 몇 살이었는가? 언제 학대가 끝났는가? 학대가 한 번만 있었는가, 아니면 오랜 기간에 걸쳐 일어났는가? 학대가 어느 정도 자주 일어났는가? 학대에 대해 내담자가 누군가에게 이야기했는가? 다른 누가 학대에 대해 알고 있었는가? 내담자가 학대에 대해 이야기했을 때 주변 사람들의 반응은 어떠했는가? 무시했는가, 벌을 주었는가, 비난했는가, 도움을 주었는가, 믿지 않았는가? 어떤 종류의 학대가 일어났는가? 심각성은? 위협이 있었는가? 신체적인 폭력이 있었는가? 내담자가 학대를 항상 기억하고 있는가, 아니면 때때로 기억나는 것인가? 학대로 인해 자신과 세상에 대해 어떤 믿음을 갖게 되었는가? 학대자로부터의 관심을 즐겼거나 성적인 흥분을 경험한 것에 자신을 나쁘다고 생각하는가? 자신 혹은 다른 사람을 지키지 못한 것에 수치심을 느끼거나 혹은 무가치하다고 느껴지는 않는가? 어린 시절이나 청소년기에 다른 사람을 학대한 적은 없는가? 성인이 되어 다른 사람을 학대하는 행동을 하지는 않았는가?

이러한 질문을 하는 동안에도 내담자가 치료자에게 자신을 드러내는 것을 편안해하고 안전감을 충분히 느낄 수 있도록 해야 하며 심문하듯 해서는 안 된다. 촉발 요인, 꿈, 신체 기억, 그리고 플래시백 이미지들의 정보들은 EMDR 치료의 잠재적인 타깃이 될 수 있다는 점을 언급해주어야 한다. 앞에서도 말했듯이, 성적 학대를 경험한 많은 사람들은 분명한 시각 기억을 가지고 있지는 않으나 학대가 있었음을 암시하는 증상들을 보이는 경우가 많다.

내담자 자원의 파악

내담자가 갖고 있는 과거와 현재의 자원을 파악하는 것은 매우 중요하다. 여러 가지 긍정적인 기억들, 신뢰, 자존심, 안전감, 평온함, 지지, 양육, 성취, 조언을 받은 경험, 긍정적인 역할 모델, 사회적인 승인의 경험들이 자원이 될 수 있으며 EMDR 치료 과정에서 활용할 수 있다.

내담자의 삶에서 내담자를 사랑해주고 보호해주고 돌봐준 친척, 친구, 친구의 부모, 선생님, 상담자, 성직자 같은 사람이 있었는지 알아본다. 어떤 내담자는 가족 중에서는 친한 사람을 이야기하기 어렵다고 하면서, 자신을 늘 지켜봐주고 자신의 특별함을 인정해준 선생님이 있었다고 말하기도 했다.

또한 내담자가 당시 살아남기 위해 무엇을 했는지, 대응하기 위해 무엇을 했는지, 지금은 어려운 상황을 어떻게 대처하는지, 힘들 때 어떤 특별한 장소 혹은 자연 속에서 산책을 했는지, 아니면 상상 속의 친구나 천사가 있었는지도 알아본다. 이런 것들은 EMDR에서 안전지대로 사용할 수 있다.

영성

내담자가 가지고 있는 영적 자원들은 어떤 것들이 있는지 아는 것도 도움이 된다. 어린 시절엔 어떤 종교를 믿었는가? 그리고 지금의 영적인 믿음은 무엇인가? 평화롭고 평온한 느낌을 갖도록 해주는 것은 무엇인가? 위로가 되는 종교적인 인물이 있는가? 신을 믿는가? 신의 존재를 나타내는 이미지가 있는가? 어떤 이미지가 영적인 느낌을 불러일으키는가? 영적인 경험을 해본 적이 있는가? 경외와 아름다움의 경험은 영감 혹은 보다 더 넓은 지각을 불러일으키기도 한다.

강력하고 안전한 치료적 관계의 형성

어린 시절 학대를 경험한 사람들은 EMDR의 초기 단계에서 자아를 강화시키는 것이 중요한데, 이는 외상 기억을 처리하는 EMDR 중기 단계에도 매우 중요한 부분이다. 자아를 강화시키는 것은 결국 외상을 처리할 때 일어나는 강한 정서적 혼란을 내담자가 견딜 수 있게 하는 치료적 관계의 발달과도 연결될 수 있다. 자아의 강화는 강력한 전류가 흘러도 전선이 견딜 수 있도록 전선을 두껍고 튼튼하게 하는 것과 유사하다. 만일 전선이 강하지 않으면 에너지의 흐름을 방해하는 저항이 일어날 것이다. EMDR 치료 중 어린 시절의 학대 기억을 처리하는 과정에서 강렬한 제반응이 자주 일어나기 때문에 치료 전에 충분히 자아의 힘을 강화시키는 것이 필수다. 자아 강화를 통해 내담자의 자기 조절 능력을 증가시키고, 보다 명료하게 생각하고, 강렬한 감정을 경험하고 처리할 수 있는 능력을 증가시킨다.

자원 개발은 내담자의 긍정적 자원을 개발하는 치료적 방법이다. 최면 치료자는 오래전부터 자원 개발을 활용하여 다양하고 효과적인 기법들을 발달시켰다(Philips & Frederick, 1995). 밀턴 에릭슨은 개인의 무의식에는 문제를 해결하는 데 필요한 모든 자원이 들어 있으며, 내담자가 내면의 자원을 이끌어낼 수 있도록 돕는 것이 치료자의 과제라고 말했다(Erickson & Rossi, 1976).

내담자의 자원 개발은 몇 주, 몇 달 혹은 몇 년이 걸릴 수도 있다. 어린 시절에 심하게 학대를 받아 만성적으로 우울한 내담자의 경우 외상의 처리 과정보다 자원 개발이 치료에서 더 중요할 수 있다(Wildwind, 1993).

치료적 관계

어린 시절 학대를 경험한 내담자에게 안전감은 매우 중요하다. 신뢰감이 깨져 있고 신체적, 정서적으로 고통을 당했기 때문에 심리적 외상을 다루기 전에 치료자와의 관계에서 안전감을 경험해야 한다. 이러한 관계 형성은 몇 주, 몇 달 혹은 몇 년이 걸릴 수도 있다. EMDR 치료에서 외상 사건을 재처리하는 동안 내담자는 치료자에게 자신의 경험을 솔직하게 말할 수 있을 정도로 충분히 치료자를 신뢰하고 편안해해야 한다. 내담자가 모든 것을 세세히 이야기해야 하는 것은 아니지만 치료자가 이해할 수 있도록 충분히 말할 필요는 있다.

치료자를 신뢰할 수 있는 내담자의 능력은 외상 기억을 처리하는 과정에서 매우 중요한데, 아동기에 경험한 외상의 재처리 과정에서 내담자는 자신의 어린 자아에 접근할 때 성인 자아와의 연결감을 상실할 수도 있기 때문이다. 다른 치료에서와 같이 플래시백과 전이 현상이 일어날 수 있는데, 이는 내담자가 치료 중 치료자를 과거 기억 속의 가해자로 지각하는 것이다(Loewenstein, 1993). 다음의 극적인 예는 이러한 현상을 설명해준다.

멜라니는 세 살 때 두 명의 아주머니에게 침대에 묶여 괴롭힘을 당한 끔찍한 경험을 재처리하고 있었다. 그녀는 갑자기 겁에 질린 눈으로 나를 마치 그녀에게 상처를 준 사람처럼 바라보았다. 그녀는 의자에서 일어나 치료실 벽 가까이의 모퉁이로 가서 웅크리고 앉아 불신과 공포의 눈으로 나를 계속 바라보았다. 그녀의 어린 자아는 내가 누구인지를 잊어버리고 마치 가해자인 것처럼 바라보았다. 그녀의 성인 자아는 완전히 현실감을 상실한 것처럼 보였다. 이때 치료자는 성인 자아의 역할을 하면서 내담자가 끔찍한 기억에서 벗어날 수 있도록 안내해야 한다. 그래서 나는 일어나 침착하고 차분한 목소리로 내가 누구인지, 우리가 함께 무엇을 하고 있는지 그녀에게 이야기했다. 반복해서 "난 당신 과거의 상처를 치료하기 위해 여기 있고, 지금 당신이 두려워하는 것은 전부 과거의 경험 때문입니다"라고 이야기해 내담자의 성인 자아가 되돌아오도록 했다.

잠시 후에야 그녀는 안정을 찾기 시작했다. 그러고는 다시 의자로 돌아와 안구 운동을 시작했다. 멜라니는 나를 믿었기 때문에 그녀가 새롭게 본 아주 생생하게 느껴지는 끔찍한 장면을 이야기했고, 그것의 처리를 끝마칠 수 있었다. 치료 시간을 마치고 그녀는 편안해졌으며, 우리의 치료적 관계는 더 강화되었다.

치료적 관계와 치료자는 내담자의 중요한 자원이 된다. 내담자는 치료자를 자신이 고통스러울 때 보호해주고 지지해주는 자원으로, 긍정적인 자아 대상으로 받아들인다. 어떤 내담자들은 치료자의 목소리를 긍정적 자원으로 표현하기도 한다.

치료적 관계와 치료자는 또한 내담자의 중요한 자원이 되어 EMDR 과정 중 방해물에 막혔을 때 중요한 역할을 하기도 한다. 예를 들면 치료 과정에서 내담자가 힘든 상황 속에 빠져 맴돌고 있는 경우, 치료자는 그 상황 속으로 들어가 내담자를 구하기도 하고 안정감을 느끼도록 도울 수 있다. 치료적 관계가 내담자의 외상을 처리하는 과정에서 핵심 자원이 된다는 것은 아무리 강조해도 지나치지 않을 것이다.

치료의 안전에 대한 확인과 다짐

강력한 치료적 관계를 발전시켜 나가는 것과 함께 중요한 것은 안전한 상태로 치료가 지속될 수 있는지 여부를 확인하는 것이다. 내담자는 치료에 방해가 될 수 있는 문제나 행동들을 치료자에게 이야기해야 하며, 이러한 문제들은 EMDR을 시작하기 전에 충분히 다루어져야 한다.

예를 들면 약물이나 알코올 남용, 섭식 장애, 자살 행동, 자해 행동, 성적 행동화 등이 있을 때에는 부가적인 치료가 필요할 수 있으며 먼저 이러한 것들을 잘 처리하여 내담자가 안정이 되도록 해야 한다. 정신과 약물 치료가 필요할 수도 있다. 내담자의 생활이 충분히 안정되고 주위로부터 충분한 지지를 받을 수 있으며, 직장이나 집을 잃을 위기 상황 등이 없는지 먼저 확인해야 한다.

대처 기술의 개발

치료자는 초기 단계 동안 내담자가 다양한 대처 기술을 개발할 수 있도록 한다.

이완/스트레스 감소 기법은 성적으로 학대를 당한 내담자에게 매우 중요하다. 일상의 많은 부분에 스트레스 촉발 요인이 있기 때문이다. 예로 이완 기법, 스트레스 감소 기법, 유도 이미지 기법 등이 있다. 라이트 스트림 기법light stream visualization technique(샤피로, 2011)도 아주 유용하며 이완을 돕는 다양한 녹음 테이프들을 판매하고 있다. 또는 치료자가 내담자에게 만들어줄 수도 있다. 내담자는 치료 중간중간 힘들 때마다 스스로 대처하는 법을 알고 있어야 하며, 이완하는 것을 배우고 자신의 신체를 조절할 수 있다는 새로운 느낌을 경험하는 것이 중요하다.

그라운딩 기술도 매우 중요한데 특히 성적 학대를 경험한 내담자에게 가르쳐주어야 한다. 내담자는 스트레스를 받거나 고통스러운 자극을 받을 때 해리 현상이 자주 일어나며 자신의 신체 느낌을 자각하지 못할 수 있다. 따라서 자신의 신체를 느끼고, 신체 감각을 인식할 수 있도록 돕는 여러 가지 방법들이 내담자에게 유용하다. 그 밖에 규칙적인 운동, 산책, 요가, 특히 천천히 움직이는 명상 요가도 도움이 되며, 4장에서 소개한 명상 훈련도 좋다.

내적, 외적 자원의 개발과 주입

어린 시절 학대받거나 방치되었던 내담자는 EMDR의 성공적인 처리를 위해 필요한 내적 자원이 결여되어 있는 경우가 많으며, 자신의 긍정적인 내적 자원과의 연결이 잘 이루어지지 않는다. 일부 내담자는 치료 시간에 경험한 긍정적인 경험과 감정이 제대로 유지되지 않아 다음 치료까지 약 일주일의 시간 동안 주관적인 고통 점수SUDS가 올라가기도 한다. 내담자에게 저장되어 있는 부정적인 삶의 경험들은 긍정적인 경험, 자신감, 유연성과 같은 내적 자원들을 압도한다. 종종 이런 내담자의 경우 강력한 부정적 기억의 신경 네트워크에 갇혀 벗어날 수 없다. 긍정적인 자원과의 연결이 일어나지 않고 기억의 처리가 맴돌고 잘 진행되지 않는다. 특히 어린 시절 부모에게 보살핌을 받지 못하고 심하게 방치되었던 사람들은 보호받고 돌봄을 받았던 자아 상태나 기억에 접근하는 것이 매우 어렵다. 따라서 준비 단계에서 충분한 시간을 들여 긍정적인 내적 자원을 개발하고 주입하는 것이 치료의 성공률을 높인다.

EMDR은 긍정적인 내적 자원을 강화하는 데도 유용하다. 안구 운동이나 그 밖의 양측성 자극은 긍정적인 느낌이나 경험의 강화에 효과가 있다(샤피로, 2011). 앞에서도 말했듯이 어린 시절의 외상은 신경 연결의 감소를 일으키는데, 그 결과 내담자들은 외상 후 스트레스 장애에 취약해지고, 부정적인 자극에 예민해지며 일상에서 긍정적인 감정을 경험하는 데 어려움을 겪는다. 이러한 사람들은 자신의 경험을 부정적으로 해석하는 경향이 있다. 일상에서 부정적인 것들만 받아들인다기보다는 긍정적인 것을 지각하지 못하는 것이다(McFarlane et al., 1993).

EMDR로 긍정적인 자원을 개발하고 주입하는 것은 뇌 회로의 변화를 돕는다. 어린 시절 학대를 경험한 성인은 부정적인 경험을 하는 뇌 회로만 밝게 조명을 받고 긍정적인 경험을 하는 뇌 회로는 어둠 속에 숨겨져 있는 것과 같다. EMDR을 통해 긍정적인 자원을 개발하고 주입한다는 말은 이 어두운 회로에 빛을 주어 밝히고 서로 떨어져 있는 기억 네트워크 사이에 새로운 연결을 만드는 것을 의미한다.

수행 증진을 위해 EMDR로 자원을 개발하고 주입하는 것은 포스터와 렌들에 의해 개발되고 발전되어 왔다(Foster & Lendl, 1996). 폽키는 이것을 EMDR을 활용한 중독 치료에 응용했고(Popky, 1997), 와일드윈드, 파넬과 리즈 등은 아동기 외상 치료에 적용했다(Wildwind, 1993; Parnell, 1995-1998, 1997a, 1998a, b; Parnell & Cohn, 1995; Thompson, Cohn & Parnell, 1996; Leeds, 1997, 1998; Leeds & Korn, 1998; Leeds & Shapiro, in press). 여러 가지 자원의 개발과 주입 방법이 있는데, 대부분 유도 이미지 기법을 사용한다. 치료자의 임상적인 판단과 내담자와의 조화를 맞추어 적절한 것을 선택하여 활용하면 된다.

치료자는 치료 초기에 내담자가 필요한 자원을 확인하고, 치료 과정 동안 이를 주입하는 데 충분한 시간을 할애한다. 자원을 주입할 때 긍정적인 자원과 양측성 자극을 함께 주면 긍정적인 기억이 더욱 강화된다. 이론에 따르면, EMDR은 시스템 내에서 역기능적인 것을 처리해 주고, 순기능적인 것이 의식에서 표면화되도록 이끌어준다. 긍정적이고 적응적인 기억의 이미지, 신체 감각, 감정, 소리, 그 밖의 다른 감각에 집중하면서 양측성 자극을 주면 이러한 긍정적인 기억이 더욱 강화된다. 이때 주의할 점은 양측성 자극을 짧게 주는 것이다. 양측성 자극이 길어지면 부정적인 기억의 회로가 쉽게 열리기 때문이다. 짧게 양측성 자극을 주고(10~14회), 내담자에게 "지금 무엇이 떠올랐나요?"라고 묻는다. 반응이 긍정적이면 몇 번의 짧은 양측성 자극을 더 준다.

자원의 개발과 주입에 대해 몇 가지 제안을 하고자 한다. 개인적인 견해를 말하자면 EMDR의 사용은 하나의 과학이나 기술이 아니라, 예술이다. 치료자는 내담자의 상태나 요구에 맞게 적절한 방법을 선택하는 것이 중요하며, 치료자의 상상력과 창의력은 복잡한 문제를 가진 내담자를 치료하는 데 도움이 된다.

안전지대의 확립

외상의 재처리 과정을 시작하기 전에 내담자가 상상 속에서 언제든 갈 수 있고 충분히 안전감을 느끼고 보호받는 느낌을 경험하는 안전지대를 확립해야 한다. 안전지대부터 회기를 시작할 수도 있고 처리 과정 중 힘들어졌을 때 혹은 미완결 회기로 끝마칠 때 내담자가 가서 쉴 수 있는 장소로 이용할 수도 있다. 매우 불안정한 내담자의 경우 EMDR 치료의 시작과 끝을 안전지대로 할 수도 있다. 내담자는 다른 상황에 있더라도 자신이 같은 사람이라는 감각을 증가시킬 수 있고, 회기 사이에 집에서도 안전지대로 인해 안전감을 유지할 수 있다. 집에서 잠들기 전에 스스로 안전지대에 가는 연습을 할 수도 있다. 안전지대는 안전함과 지지를 더 보태 주기 위해 내담자의 지지자들이 모이는 장소가 될 수도 있다. (이 장 후반부에서 좀 더 자세히 설명한다.)

치료자는 각 내담자마다의 독특한 욕구에 맞는 안전지대 지침을 적용해야 한다. 성취하고자 하는 중요한 것이 무엇인가? 불안하게 만드는 위험 요소에서 벗어날 수 있는 평화롭고 고요한 장소를 원하는가? 자신의 내적 자원에 다가갈 수 있는 장소를 원하는가? 안전지대는 내담자가 실제 알고 있는 곳일 수도 있고, 상상한 곳일 수도 있다. 그런가 하면 지구 위를 떠다니는 하얗고 부드러운 구름 위 같은 상징적인 곳일 수도 있다. 내담자와 치료자가 함께 안전함과 편안함을 느끼며, 창조적이 되고 에너지가 충만해지는 그런 곳을 만드는 것이다. 이것은 특히 우울증이 있는 내담자에게 도움이 된다. 상상 속으로 안전지대를 보호하는 보호막을 칠 수도 있다.

과거의 아픔과 연관 있는 장소는 안전지대에서 제외하는 것이 좋다. 안전지대를 찾지 못할 때에는 치료자와의 관계나 치료자의 상담실을 안전지대로 사용할 수도 있다. 너무 불안하여 안전지대를 상상할 수 없다고 할 때에는 '편안한 장소'로 대신할 수 있다.

그림이나 조각 혹은 글쓰기를 통해 안전지대를 만드는 것도 효과적이다. 일기를 활용할 수도 있다. 한 내담자는 가해자가 너무나 강력하기 때문에 안전지대 만들기를 어려워했다. 우리는 내담자가 안전감을 얻기 위해 필요한 것이 무엇인지 함께 찾았는데, 그녀는 깊고 든든한 뿌리가 있으며 가지는 하늘 높이 뻗어 있는 거대한 삼나무를 생각해냈다. 이 장소가 보다 안전해지도록 하기 위해 강력한 보호대를 나무 주위에 설치해놓은 것을 상상하도록 했다.

안전지대에서 내담자가 안전감을 느낀다고 하면 치료자는 양측성 자극을 주어 이를 주입한다. 이때 양측성 자극은 안전한 느낌과 이미지들을 주입하고 강화한다. 그러나 몇몇 내담자의 경우 양측성 자극을 주면 안전지대의 느낌과 이미지가 주입되기보다 부정적인 기억이 열리는데, 이때는 우선 양측성 자극을 멈추고 내담자가 경험한 것을 이야기 나눈다. 치료자와 내담자는 단순히 이미지만을 사용하여 다른 안전지대를 만들어 둘 필요도 있다. 이 과정에서는 치료자의 임상적인 판단이 중요하며 각 내담자에게 적절한 것을 적용하여 활용한다.

안전지대 작업을 하기 전에, 먼저 치료자는 이완 연습을 통해 내담자가 충분히 이완 상태가 되도록 도와주어야 하며, 내담자는 자신만의 편안한 방법으로 이완 연습을 한다. 이완 연습에 필요한 시간은 내담자의 정서적, 신체적 상태에 따라 달라진다. 다음은 많이 이용되는 이완 기법들이다.

유도 이완 기법을 통한 안전지대 경험

내담자에게 편안히 앉아 손을 무릎 위에 가볍게 올려놓도록 한다. 눈을 감고 깊이 심호흡을 하게 한다. 열 개의 계단을 따라 천천히 아래로 내려가보라고 한다. 그리고 열 계단 아래에 도착했을 때, 가장 밑에는 세상에서 가장 안전하고 보호받는 느낌을 주는 안전한 장소를 발견할 것이라고 말한다. 한 계단, 한 계단 내려갈 때마다 점점 더 편안함을 느끼고 모든 긴장이 사라지게 된다. 치료자는 한 계단씩 불러주면서 내담자가 보다 이완되고 긴장이 풀어질 수 있도록 암시를 준다. 계단 끝에 도착했을 때 내담자에게 가장 안전하고 보호받는 듯한 기분을 갖게 하는 안전한 장소를 찾아가라고 한다. 그곳은 실제의 장소일 수도 있고 상상의 장소일 수도 있다. 그곳에서 보고, 듣고, 느끼고, 냄새 맡고, 맛보는 것들에 집중하도록 함으로써 내담자가 경험하는 안전한 느낌을 강화시킨다. 다시 한 번 이곳에서 내담자가 충분히 이완되고 안전감을 느낄 수 있도록 한다. 필요한 경우 보다 더 안전감을 느끼도록 상상 속에서 안전지대를 둘러싼 보호막을 설치할 수 있다.

안전지대 대본°

다음은 내담자가 편안해진 뒤에 안전지대를 발전시킬 수 있도록 도움을 주는 대본이다.

"눈을 감고 당신 내면에 아름답고 평화로운 장소를 지금 상상해

○ 마틴 로스먼Martin L. Rossman과 데이비드 브레슬러David Bresler가 개발한 Interactive Guided Imagery™ techniques(from the Academy for Guided Imagery, POB 2070, Mill Valley, CA 94942)을 수정한 것이다.

보세요. 이곳은 당신이 이전에 가보았던 곳일 수도 있고, 아니면 당신이 상상으로 만들어낸 곳일 수도 있습니다. 그냥 어떤 장소에 대한 이미지가 떠오르도록 두세요. 아름답고, 평온하고, 평화롭고 고요한 곳이라면 어떤 장소든 상관없습니다. 이곳을 당신을 위한 특별한 내면의 공간이라고 생각하세요. 당신이 특별히 더 편안하게 느낄 수 있는 어떤 곳, 당신에게 안전감과 안정감을 느끼게 해주는 당신 주변의 한 공간, 아마도 당신은 살아오면서 이러한 공간을 가지고 있었을 것입니다. 당신을 평온하게 만들어주고 깊은 생각에 빠지게 해주는 어떤 곳, 당신의 마음을 치유해주었던 특별한 어떤 곳을 가지고 있었을 것입니다. 그곳은 당신이 영화에서 봤거나, 어딘가에서 읽었던⋯⋯ 아니면 그냥 꿈에서 보았던 공간일 수도 있습니다. 그곳은 실제의 공간일 수도 있고, 당신이 그냥 알고 있는 공간일 수도 있으며, 상상 속의 공간일 수도 있습니다.

그럼 이번에는 당신이 떠올린 그 평온한 상상의 공간을 마치 당신이 지금 그곳에 있는 것처럼 탐험하고 경험해보세요. 그곳에서 당신이 본 것, 당신이 듣고 있는 소리, 그리고 당신이 느끼는 냄새에도 주목하세요. 특히 그곳에서 느끼는 기분에 집중하면서, 아름다움과 평화로운 느낌, 안전하고 편안한 느낌에 푹 잠겨 보세요.

자, 다음에는 이 특별한 내적 공간을 탐험하면서 특별히 더 좋은 한 지점, 특별히 더 고요하고 집중이 잘될 뿐 아니라 당신이 안전하고 안심할 수 있는 한 지점을 찾아보세요. 자, 그 지점에서 당신은 더욱더 편안해집니다. 이곳이 바로 당신의 안전지대입니다. 이곳은 당신에게 힘을 주는 장소입니다. 이곳은 당신이 평화로움과 안전함의 깊은 느낌을 느낄 수 있는 장소입니다. 이제 그냥 이 장소 안에 있는 것들을 충분히 느끼고 경험하세요.”

잠시 기다린다. 내담자가 깊게 이완된 상태를 유지할 수 있도록 계속해서 당신의 목소리는 평상시보다 낮게 유지한다.

"눈을 감은 채, 그 공간을 묘사해보세요."

이 시점에서 내담자의 손이나 무릎을 두드리기 시작한다. 반드시 먼저 허락을 받아야 한다. 이미지 작업을 시작하기 전에 먼저 내담자에게 이러한 절차를 설명한다. 갑작스러운 접촉으로 놀라게 하는 것은 학대받은 내담자를 매우 힘들게 할 수 있다. 반응을 보면서, 몇 가지 질문을 던져 이미지가 강해지도록 돕는다.

"그곳은 어느 계절인가요? 시간은 어떻게 되나요? 무슨 냄새가 나나요? 무슨 소리가 들리나요? 당신은 어디에 있지요? 당신은 어떤 옷을 입고 있나요? 당신은 안전지대에서 어떤 경험을 하고 있습니까?

편안함을 느끼고 그곳에서 느낀 것을 충분히 인식하고, 원하면 언제든 이곳으로 돌아올 수 있다고 스스로에게 말해보세요. 이곳은 당신만의 특별한 장소입니다. 당신이 선택하면 언제든 올 수 있는 안전하고 편안하고 평화로운 장소입니다. 자, 준비가 되었으면, 천천히 눈을 뜨면서 다시 현재의 의식 상태로 돌아오세요."

내담자가 안전지대를 만들지 못할 때

아동기에 매우 심각한 외상을 경험한 내담자는 안전지대를 잘 형성하지 못한다. 이런 시도가 오히려 부정적인 장면이나 끔찍한 이미지와 연결되고 불안정하게 된다. 그러한 경우 다음과 같이 제시한다.

① 내담자에게 안전감을 주는 물건을 치료 시간에 가져오도록 한다. 곰인형, 담요, 안전한 사람과 연관 있는 물건 등이 될 수 있다. 예를 들면, 한 남성 내담자는 할머니와 관계가 좋았는데, 어릴 적 할머니가 피우던 파이프를 가져왔다. 치료 중간중간에도 가지고 다니면서 안전감과 편안함을 느끼고자 할 때는 이 이미지를 떠올렸다.

② 안정감, 회복, 승리 등의 이미지나 은유를 떠올려보라고 한다 (Korn, 1997). 예를 들면, 한 내담자는 커다란 산의 이미지를 떠올렸는데, 그때의 신체 느낌에 집중하라고 하면서 양측성 자극을 주었다. 만약 안정감, 회복, 승리와 같은 느낌이 강화되면, '나는 안전하다'라는 긍정적인 인지를 이 이미지와 느낌에 첨가한다. 그리고 내담자가 자신의 손바닥을 손가락으로 누르게 하면서 양측성 자극을 준다. 나중에 내담자가 스스로 손바닥을 손가락으로 누르면 지금의 느낌과 이미지를 다시 쉽게 느낄 수 있다고 암시한다. 이런 식으로 내담자가 보다 자신의 삶과 정서를 조절하고 안전감을 느낄 수 있도록 강화한다.

③ 긍정적이고 갈등이 없는 이미지를 개발하고 주입한다(Phillips, 1997a, b). 앞에서도 말했듯이 초기 학대를 받은 내담자는 위험한 자극만 집중하여 받아들이도록 신경계가 발달했기 때문에 일상의 평범하고 긍정적인 경험을 알아채지 못하고 세상을 위험한 곳으로 지각한다 (McFarlane et al., 1993). 이러한 경우 명상을 통해 일상의 긍정적이고 편안한 이미지에 주목할 수 있도록 돕는다. 이 작업은 초기 학대를 받은 내담자의 뇌에 새로운 신경 회로를 발달시키고 자아를 강화시키는 역할을 한다.

긍정적이고 갈등이 없는 이미지는 샤워를 하는 순간이나, 개를 데리고 산책할 때, 음식을 준비할 때와 같은 내담자의 일상생활에서의 실제 경험이어야 한다. 이미지에 대한 감각을 자세히 묘사하게 하면서 안구 운동이나 다른 양측성 자극을 주어 강화한다. 이처럼 갈등 없는 이미지는 전체감이 생겨나도록 하며 자신의 삶이 아주 끔찍한 것만은 아니라는 느낌을 강화한다. 또한 자기 안정과 감정 조절을 도와준다.

| 표 5-2 | 긍정적이고 갈등이 없는 이미지 개발을 위한 프로토콜

1. 다음과 같은 질문으로 내담자가 갈등이 없는 이미지를 찾을 수 있도록 돕는다. "당신은 살아오면서 스스로를 온전하다고 느낀 적이 있습니까? 무엇을 할 때 자유롭다는 느낌을 경험합니까? 당신이 지금 해결하고자 하는 그 어려움이 전혀 없을 때는 언제입니까?"

2. 갈등이 없는 편안함을 대표하는 이미지, 그리고 충분히 긍정적인 느낌을 불러일으키는 이미지를 택해 양측성 자극을 주면서 그 이미지를 주입한다.

3. 내담자는 이러한 이미지를 일정하게 긍정적으로 유지할 수 있어야 하며, 실제로 양측성 자극을 통해 그 이미지가 강화되어야 한다. 만일 이런 과정이 일어나지 않는다면, 2번 단계로 다시 돌아간다.

4. 이미지와 함께 떠오르는 긍정적 인지를 찾아내기 위해 귀 기울인다.

5. 내담자가 치료 시간 중간에 증상과 연관된 고통스러운 감정을 조절할 때 이 기술을 사용할 수 있도록 연습한다. 예를 들어 잠들기 전이나 연설하기 전에 이러한 이미지를 떠올리는 연습을 해보게 한다.

6. 표준적인 EMDR 프로토콜을 통해 부정적인 기억들을 처리할 때 갈등이 없는 이미지를 인지적 개입으로 활용한다. (이에 대해서 9장에서 다시 설명한다.)

필립스(Phillips,1997 a, b, in press)로부터 허가를 받아 수록함

자아 강화를 위한 긍정적인 내적 자원 이미지

어린 자아와 성인 자아의 관계를 평가하고 발전시키기

3장에서 설명했듯이, 어린 시절 성적 학대를 받은 내담자는 EMDR 치료 중에 종종 갑작스럽게 어린 자아에 접근하여 아이의 관점에서 정보 처리를 하기 시작한다. 이때 정보 처리 과정이 차단되거나 맴도는 경우가 많은데, 이런 경우 치료자의 인지적 개입이 도움이 될 수 있다. 따라서 EMDR을 시행하기 전에 미리 어린 자아와 성인 자아의 관계를 평가하는 것이 유용하다. 때때로 어린 자아가 성인 자아를 신뢰하지 않고 좋아하지 않거나, 성인 자아가 어린 자아를 신뢰하지 않거나 좋아하지 않는다. 이것은 매우 중요한 정보인데, EMDR에서 외상을 다루어 나갈 때 성인 자아가 어린 자아의 안전한 보호자로서의 자원이 되지 못하기 때문이다. 치료자가 이 점을 미리 알고 있는 것은 도움이 된다. 어린 자아와 성인 자아의 관계가 긍정적이고, 강력하고, 애정 어린 관계일 때는 인지적 개입으로 아주 유용하게 활용할 수 있으며, 결과적으로 치유에 매우 큰 힘이 된다.

다음은 성인 자아와 어린 자아의 관계를 어떻게 평가하는지에 대한 기술이다.

치료자는 먼저 내담자가 안전지대로 가도록 안내한다. 안전지대가 확립된 후에 그곳으로 어린 자아를 초대한다. 그들의 관계를 평가하기 위해 성인과 어린 자아 사이의 대화를 들어본다. 대개 내담자의 눈을 감게 하고 치료자는 성인 자아와 어린 자아 양쪽에 모두 질문한다. 예를 들어, 어린 자아에게는 몇 살인지, 지금 느낌이 어떤지, 무엇을 필요로 하는지, 그리고 어른을 어떻게 느껴지는지, 삶에서 무슨 일이 일어났는지 등을 물어본다. 내담자는 "나는 세 살이고 너무 두렵다. 아빠가 집 안 어딘가에 있고 엄마는 없다"고 답할 수도 있다. 질문에 대한 답은 또 다른 질문을 이끌고, 치료자는 이를 통해 정보를 모은다. 또 치료자는 성인 자아에게 그녀의 의견이나 어린 자아에 대한 느낌을 묻는 질문을 던질 수도 있다. 예를 들면 "저 어린아이가 어떻게 느껴지나요?" "당신은 저 아이가 필요로 하는 것을 해줄 수 있나요?" 등을 물어볼 수 있다. 치료자는 어린 자아가 좋아하는 것, 최근의 정서 상태, 그리고 성인 자아와의 관계의 질을 알아보아야 한다. 만약 둘 사이에 문제가 있다면(예를 들어 어린 자아는 성인 자아에게 배신감을 느낄 수도 있다), 치료자는 그러한 상황을 치료할 수 있는 방법을 찾아야 한다. 이는 마치 내담자의 내면에서 가족 치료를 하는 것과 같다. 한 시간이나 그 이상의 시간을 할애하여 어린 자아와 성인 자아 사이의 과거로부터의 상처를 치유하고 둘 사이가 서로 믿고 돌봄을 주고받는 관계로 형성될 수 있도록 해야 한다.

서로를 돌봐줄 수 있는 관계가 형성되면, 그다음에는 내담자에게 자신의 어린 자아를 무릎에 앉혀 안아주고 함께 놀아주면서 돌보아주라고 말한다. 그리고 그 느낌을 양측성 자극으로 주입한다. 일단 관계가 확립되고 나면 성인 자아는 치료 과정이 차단되었을 때 어린 자아의 중요한 자원이 될 수 있으며, 치료 시간을 마무리할 때 안전감을 느끼도록 하는 데 도움이 될 수 있다.

유도된 이미지, 꿈, 또는 상상에 나타나는 상징이나 이미지

일부 내담자의 경우 긍정적인 상징이나 이미지들을 자원으로 활용한다. 이러한 이미지들은 EMDR 치료 과정이나 치료 시간 사이사이에 꾸는 꿈이나 백일몽 등에서 나타난다. 12장에서 소개할 크리스티나는 성적 학대의 기억을 EMDR로 다루는 과정에서 나타난 내적 샤먼 inner shaman 으로부터 내적인 지지와 안내를 받기 시작했다. 다른 내담자는 안정적인 자원으로 내면의 안내자를 활용하기도 하고, 또 EMDR 치료 동안 나타난 영적인 어머니 spirit mother 를 자원으로 활용하기도 한다.

내적 조언자

내적 조언자란, 균형 잡힌 시각을 갖도록 하는 각 개인의 내적인 지혜에 해당하는 자아의 한 측면이다(Rossman, 1987). 치료자는 내담자에게 안전지대로 가서 그가 필요로 하는 방향으로 안내해줄 수 있는 지혜로운 내적 조언자를 만나보라고 말해준다. 내적 조언자가 나타나면, 내담자에게 그가 어떤 모습인지 물어보기도 하고, 그가 지금 어떤 조언을 줄 수 있는지 물어보기도 한다. 치료자는 내적 조언자의 느낌을 양측성 자극을 통해 주입해줄 수도 있다. 치료자는 내담자에게 내적 조언자는 당신이 필요로 할 때 활용할 수 있고 언제든지 원할 때 부를 수 있다는 것을 말해준다. 내적 조언자는 EMDR 치료 과정 동안과 회기 사이에 매우 유용하며 기억의 처리가 막혀 있거나 잘 진행되지 않을 때 활용할 수 있다. 내담자는 내적 조언자를 개발함으로써 자신의 내적 자원과의 강한 연결감을 이끌어 내게 된다. 내적 조언자는 유도 이미지 동안에도 자연스럽게 나타나며, 요정, 지혜의 여신, 할머니, 나무, 폭포, 꼬마 요정 등 다양한 형태를 취할 수 있다. 내담자는 자신에게 떠오르는 것이 온정적이라면, 판단하지 않고 내적 조언자의 충고를 수용하는 것이 중요하다.

내적 조언자 대본°

내적 조언자의 가장 결정적이고 중요한 부분은 내담자에게 힘을 불어넣어 준다는 것이다. 내적 조언자는 지지와 편안함의 근원이 된다. 학대받은 내담자의 경우, 내적 조언자를 찾아갈 때 주로 안전지대를 먼저 찾아간다. 대본은 다음과 같다.

"당신만의 안전지대에서 충분히 긴장이 풀어지면, 이제 당신의 내적 조언자를 이 특별한 공간에 오도록 불러보세요. 당신이 잘 알고 있는 현명하고, 친절하고, 애정 있는 내적 조언자의 모습을 떠올려보세요. 자연스럽게 떠오르는 대로 그냥 받아들이시면 됩니다. 여러 가지 다양한 형태로 나타날 수 있습니다. 남자일 수도 있고 여자일 수도 있고, 동물일 수도 있고, 친구일 수도 있고, 혹은 당신이 알고 있는 누군가일 수도 있고, 영화나 책에서 본 캐릭터일 수도 있습니다.

당신의 조언자는 현명하고, 친절하고, 애정이 넘치고, 인정이 많아 보이는 모습으로 나타날 것입니다. 그 모습을 한 조언자를 그대로 받아들이세요. 당신은 조언자가 당신을 돌보아주고 있다는 느낌을 받을 수 있고, 또한 그의 지혜를 느낄 수도 있습니다. 그를 당신이 있는 편안한 그곳으로 초대하세요. 그리고 그의 이름을 물어보세요. 그를 조언자로 받아들이세요.

계속 눈을 감은 채, 당신에게 나타난 당신의 내적 조언자를 제게 설명해주시고, 그의 이름을 말해주세요."

○ 마틴 로스먼Martin L. Rossman과 데이비드 브레슬러David Bresler가 개발한 Interactive Guided Imagery™ techniques(from the Academy for Guided Imagery, POB 2070, Mill Valley, CA 94942)을 수정한 것이다.

이 시점에서 내담자의 손이나 무릎을 두드리기 시작한다. 먼저 내담자의 허락을 얻어야 함을 명심한다. 갑작스러운 접촉은 성적 학대를 받은 내담자를 매우 힘들게 할 수 있으므로, 이미지 작업을 시작하기 전에 이 과정을 미리 설명한다.

"자, 이제 준비가 되었으면 조언자에게 당신의 문제를 말해보세요. 지금 상황에서 당신이 해결하고 싶은 어떤 질문이든 좋으니 한번 물어보세요. 자, 그리고 그(조언자의 이름/조언자)의 응답에 주의를 기울여 들어보세요. 당신과 그(조언자의 이름/조언자)가 함께 이야기하는 모습이 떠오를 수도 있고, 혹은 어떤 다른 방법으로 그가 전하는 메시지를 직접적으로 느낄 수도 있습니다. 어떤 방법이든 좋습니다. 그냥 자연스럽게 내적 조언자와 대화해보시기 바랍니다. 만약 조언의 의미가 불확실하거나, 혹은 궁금한 점이 생겨 질문하고 싶다면, 이 시간에 충분히 모든 것을 배우고 이해했다고 느껴질 때까지 계속해서 그에게 질문도 하고 대화도 해보세요."

한참 후에, 내담자에게 어떤 일이 일어났는지 물어본다. 그리고 계속해서 두드린다.

"당신의 조언자가 말해준 것을 떠올리면서, 당신이 그 조언을 받아들인다면 당신의 삶이 어떻게 될 것인지 한번 상상해보세요. 만일 당신이 더 많은 질문을 가지고 있다면 계속해서 대화하세요."

만일 내담자가 계속해서 조언자와 대화를 한다면, 잠시 쉬었다가 다시 무슨 일이 일어났는지 물어본다. 그리고 계속해서 두드린다.

"그의 조언이 옳다고 느껴지면, 먼저 당신의 조언자에게 만나줘서 감사하다고 말하세요. 그리고 당신이 그를 가장 쉽고 확실하게 다시 만날 수 있는 방법을 물어보세요. 당신이 어떤 조언이나 지지를 받고 싶은 기분이 들면 언제든 그를 만날 수 있다는 사실을 잊지 마세요. 그리고 어떤 방법이든 적당하다고 느껴지는 방식으로 작별 인사를 하고, 당신은 천천히 방으로 돌아옵니다."

돌보아주는 인물

학대받은 내담자의 경우 내적 자원으로 활용하기 위해 돌봐준 인물들을 알아두는 것이 도움이 된다. 이런 대상들은 현재나 과거의 실제 인물이거나 상상의 인물일 수도 있고, 내적 조언자나 동물일 수도 있다. 치료자는 병력 청취를 할 때 과거에 내담자를 사랑해주고 돌보아준 안전한 인물들이 있었는지 찾아본다. 부모, 양부모, 조부모, 아저씨, 아줌마, 선생님, 의사, 상담가, 친구의 부모, 성직자, 혹은 애완동물 등이 그러한 역할을 하는 자원이 될 수 있다. 혹은 현재의 배우자, 친구, 애인 등이 중요한 자원이 될 수도 있다. 이렇게 돌보아주는 인물에 대한 기억이나 이미지를 양측성 자극을 통해 강화시킬 수 있다.

보호자

보호해주는 대상은 사람이나 동물, 실제의 것이거나 상상 속의 것일 수 있으며, 과거나 현재 삶의 어떤 대상이 될 수 있다. 내담자의 성인 자아가 어린 자아의 보호자가 될 수도 있다. 예를 들어, 어린 시절 자신을 보호해준 사람이 아무도 없었지만 현재는 사랑하는 남편이 자신을 보호해준다고 느끼는 내담자의 경우 EMDR 과정 동안 어린 자아가 가해자로부터 고통받을 때 필요하다면 상상 속에서 남편을 불러올 수도 있다. 이러한 보호해주는 대상들과의 긍정적인 상호 작용의 기억들을 양측성 자극으로 강화시킬 수 있다.

동물

동물도 중요한 자원이 될 수 있다. 현재나 과거의 애완동물일 수도 있고 강하고 힘 있다고 느껴지는 동물 이미지(예를 들어 늑대, 곰, 사자, 표범, 코요테, 독수리)일 수도 있다. 종종 어린 시절에 길렀던 개가 내담자의 유일한 친구가 되는 경우도 있다. 치료자는 이러한 자원들을 찾아내고 주입해 EMDR 치료의 시작과 마무리에 활용할 수 있다. 또한 내담자가 매우 강렬한 감정에 압도되었거나 처리가 진행되지 않을 때 인지적 개입의 일부분으로 활용할 수 있다.

서른네 살의 여성 멜라니는 어린 시절 세 살 때부터 아홉 살까지 심하게 성적으로 학대를 당했다. 우리는 함께 1년에 걸쳐 성적인 학대와 고문을 받았던 기억을 처리해나갔다. 이 과정에서 내담자는 갑자기 사자 꿈을 꾸었는데, 낮에도 사자의 이미지가 떠오르기도 했다. 우리는 함께 꿈을 탐색해가면서 그 사자가 중요한 보호자임을 알게 되었다. EMDR 처리 과정에서 강렬한 감정에 압도되거나 차단이 일어났을 때, 내담자는 가해자로부터 어린 자신을 보호하기 위해 사자를 불러냈다. 가해자로부터 그녀를 구해내는 상상을 했을 때 고통 수준은 10점에서 0점으로 급격히 떨어졌다. 사자는 강한 힘으로 어린 소녀를 보살펴주었고 사자의 부드러우면서도 든든한 등은 안전감과 편안함을 느끼게 해주었다.

멜라니는 그 이미지를 떠올리고 안구 운동을 하면서 자신에게 "나는 지금 안전해"라고 말했다. 그녀는 밤에 잠을 잘 때에도 사자를 부르면 깊은 잠을 잘 수 있게 되었다.

유도 이미지의 사용과 자원의 개발 사례

이 사례에서 유도 이미지는 내담자의 성인 자아와 어린 자아의 관계를 평가하고 내담자의 안전지대에서 돌보아주고 보호해주는 자원들을 개발하기 위해 사용되었다. 조는 두 살 무렵부터 시작되어 몇 년 동안 부모로부터 신체적, 성적으로 심한 학대를 받았다. 치료를 받으러 왔을 때 그는 여자 친구로부터 배신당하고 헤어지고 난 뒤 극도로 불안정하고 약해 보였다. EMDR을 시작하기 전에 내적, 외적 자원을 개발할 필요가 있어, 어린 자아와 성인 자아의 관계를 평가했다. 다음은 내가 조의 어린 자아와 나눈 대화의 일부분인데, 먼저 그를 안전지대로 안내한 후에 성인 자아 조의 주변에 있는 보호막을 상상하고 어린 자아 조 곁에 있는 다른 누군가를 상상하도록 했다.

치료자   너는 몇 살이니?

조   네 살이요. 아니면 아마 두 살쯤이요.

치료자   어린 조에게 필요한 게 무엇인 것 같니?

조   사랑을 원해요. 조 곁에서 그를 사랑해주고 좋아해줄 사람이 필요해요. 그는 먹을 것이 필요해요. 조는 가끔 배가 고파요.

치료자 그의 기분은 어떤 것 같니?

조 기분이 좋지 않아요. (조는 처음으로 어린아이의 관점에서 말했다. 그리고 감정적인 고통이 증가했다.) 나는 그들이 때리고 소리를 질러 너무나 지쳐 있어요. 내 은밀한 곳을 그냥 둬. 누군가 내 그곳을 건드렸어요. 나는 지나친 자극을 받았고, 혼란스러웠어요.

치료자 너는 누구와 친했니? (나는 다른 자원들에 대해 묻고 있다.)

조 할머니요. 할머니는 내가 먹고 싶을 때 먹게 해주고 나에게 어떤 계획이나 일정을 강요하지 않았어요. 나는 할머니와 있으면 편안했어요. 할머니는 나에게 어떠한 일도 일어나지 않도록 해주었어요. 할머니는 절대적인 힘이 있었어요.

치료자 너는 어른 조에 대해서는 어떻게 생각하니? (나는 어른 조가 어린 조의 자원이 될 수 있는지 알아보기 위해 어린 자아와 성인 자아의 관계에 대한 정보를 모으고 있다.)

조 나는 어른 조를 좋아해요.

치료자 그의 어떤 점을 좋아하니?

조 그는 크고, 강하고, 나와 친구들을 보호해줘요. 그는 어떻게 해야 하는지를 알고 있어요. 대체로 사람들에게 친절하고 호의적이며 기본적으로 정직해요. 그는 전사이기보다는 시인에 가깝고 내면에는 행복감이 있어요. 그는 마음이 넓고, 세상을 사랑하며, 모험심이 있고…… 새로운 것을 추구해요. (어린 조의 반응을 보면 분명히 성인 자아와 연결할 수 있다. 하지만 먼저 어른 조가 어린 조와 연결될 수 있는지 파악해야 한다.)

치료자　어른 조는 어린 조를 어떻게 느낍니까?

조　어른 조는 어린 조를 좋아해요. 그는 귀엽고 행복하고 기운찬 소년이에요. 주변의 일들에 대해서 재잘거리며 말하고 이해하려고 해요. 그는 보살핌을 받고 사랑스러운 소년이에요. 그는 독립적이려고 애써요. 그는 본래 차분해요. 그는 변화하기를 바라요. 하지만 그의 부모는 조를 희망이 없는 아이라고 생각해요. (이 시점에서 성인 자아와 어린 자아의 좋은 관계를 확인한 후에 이러한 안전감과 어른 조가 어린 조를 보호해주는 대상이 될 수 있다는 느낌을 강화시켜주고자 했다. 어른 조의 공간으로부터 분리하여 보호 지역 안에 있는 어린 조에게 말을 했다.)

치료자　어른 조의 원 안으로 들어가서 그의 무릎에 앉으렴. 그리고 너를 감싸고 있는 그의 팔의 느낌과 보호해주는 느낌, 안정감을 느껴보렴.

조　(몇 분 후에 조가 다음과 같이 말했다.) 우리의 원 주변에는 치타나 표범만큼이나 큰 거대한 고양이가 있어요. 허리가 대략 6피트 정도 돼요. 어떤 것도 우리에게 해를 끼치지 못하게 해요. 마치 가족과 같아요. 그 원은 거대한 고양이로 이루어져 있고, 아무 일도 일어나지 않게 해줘요. 아주 강력하게 보호해줘요. 또 원 안에는 나를 길러주고 보호해주는 할머니가 있어요. 그 원 안에는 사랑과 보호가 있어요. 외부의 고양이가 우리를 보호해줘요.

이러한 내면의 대화로 성인 자아와 어린 자아의 긍정적인 관계를 알 수 있었다. 또한 조가 할머니를 자신을 길러주고 보호해주는 대상으로 생각하고 있는 것과, 조를 보호해주는 내면의 커다란 고양이도 알게 되었다. 조의 내면의 자원들을 알게 됨으로써 나 자신도 고무되었다. 오랜 기간의 학대에도 불구하고 조는 이미지를 통해 자신을 사랑하고 키워 나갈 수 있었고 필요로 할 때 도움을 청하기 위해 다른 자원들을 활용할 수 있었다. 조와 나는 함께 작업하면서 이러한 자원들을 활용했다. 치료를 시작할 때, 인지적 개입을 할 때, 처리 과정 동안 너무 강렬한 감정을 느껴 잠깐 쉬기를 원할 때, 안전지대를 강화하고자 할 때, 또 치료 시간을 마칠 때도 이용했다. 그는 이미지를 활용하는 것을 매우 편안해 했는데, 이것은 안전감과 보살핌을 받는 느낌을 불러일으켜 주었다.

영적 자원

영적 자원을 활용하는 것도 많은 도움이 된다. 예수님, 성모 마리아, 관세음보살, 부처, 천사, 영혼의 안내자, 자연의 이미지 등이 있다. 이 대상들은 초인간적이고 초자연적인 힘을 불어넣어 준다. 치료자는 내담자에게 영적 대상들은 찾거나 내담자의 경험을 충분히 불러일으키기 위해 보다 세세한 감각이 있는지 물어본다. 내담자가 마음속에 영적 대상의 이미지와 느낌을 유지하고 있는 동안 치료자는 자원을 주입하기 위해 양측성 자극을 시행한다.

몰리는 관세음보살에 강한 친근함을 느꼈다. 그녀는 연민과 강함을 느끼고자 할 때 관세음보살의 이미지를 불러왔다. 그녀가 마음속에서 이미지와 느낌을 떠올릴 때 나는 그녀의 무릎을 두드려주었다. EMDR 치료 과정 중, 학대받은 기억에 압도되고 당시의 통증까지 느끼게 되었을 때 일단 과정을 멈추고 내담자에게 잠시 영적 자원을 떠올리고 그들의 품 안에 있는 것을 상상해보라고 했다. 이때 내담자가 편안함과 안정감을 느낄 수 있도록 양측성 자극을 주어 주입시켜 주었다. 내담자가 편안함을 느끼고 다시 힘을 얻으면 다시 상처 기억으로 돌아가 처리를 시작했다. 이처럼 상처 기억에서 편안함과 안전감으로의 이동 경험은 치료 과정 동안 내담자로 하여금 안전감과 통제감을 느낄 수 있도록 하는 데 도움이 된다.

명상이나 기도, 혹은 산의 정상에 올라가 앉아 있을 때, 운동할 때의 절정 등과 같은 영적이고 고귀한 경험도 자원으로 활용할 수 있다.

내적인 힘

내적인 힘이란 치료자를 찾아와 힘들고 고통스러울 수 있는 치유의 과정을 시도해보려는 자아의 능력을 말한다. 이들은 견디기 어려운 상황들에 대처해온 사람들이다. 필립스와 프레더릭은 강력한 자아 강화 전략으로 내적인 힘의 개발에 초점을 두었다(Philips & Frederick, 1995). 다음은 내적인 힘의 개발을 돕는 대본이다.

내적인 힘을 만나는 대본°

○   필립스와 프레더릭이 쓴《분리된 자아의 치유Healing the divided self》(1995, p88, New York; originally from McNeal and Frederick, 1993, pp.172-173)에서 허락을 받아 수정하였다.

"자, 이제부터 나는 당신 내면의 어떤 장소, 당신의 가장 중심이라고 느껴지는 곳으로 당신을 초대하고자 합니다. 그곳은 매우 고요하고, 평화로운 곳입니다. 당신이 그곳에 있을 때, 당신은 자신의 일부, 즉 당신의 내적인 힘이라고 할 수 있는 일부분을 찾을 수 있을 것입니다.

이것은 당신이 태어나던 순간부터 항상 지니고 있던 당신의 한 부분입니다. 때때로 당신이 그것을 느끼기 어려울 때도 있었겠지만, 그것은 지금 당신과 함께 있습니다. 그것은 당신이 살아가도록 해주고, 당신이 장애물에 직면했을 때 극복하게 해준 당신의 일부입니다. 어쩌면 당신은 지금 잠깐이라도 그 부분과 만나는 시간을 갖길 원할지도 모르겠습니다. 당신이 그 내적인 힘을 만났을 때 어떤 이미지, 어떤 느낌, 어떤 생각, 그리고 어떤 신체 감각이 연관되어 떠오르는지 한번 주의를 기울여보세요. 당신에게 느껴지는 이미지나 생각, 기분, 혹은 신체 감각과 그밖에 무엇이라도 당신의 내면에서 선명해지고, 그 경험으로 인해 당신이 완전해진다는 느낌을 갖게 되면 제게 알려주세요."

내담자가 '예'라고 말하면, 양측성 자극, 두드리기 혹은 청각적 자극을 시작한다. 치료자와의 접촉이 불편하다면 내담자는 스스로 자신의 무릎을 두드릴 수 있다. 계속해서 두드린다.

"앞으로 당신이 이러한 내적인 힘과 만나고 싶을 때마다 지금의 이미지, 생각, 기분, 신체 감각을 불러옴으로써 다시 만날 수 있습니다."

계속해서 두드린다.

"당신의 이러한 일부분과 만나게 되면 당신은 더욱더 자신감을 가질 수 있을 것입니다. 당신이 원하는 방향으로 나아가기 위해 목표를 설정하고, 그것들을 성취하는 데 필요한 모든 자원을 이미 당신 내면에 갖고 있다는 것을 알게 되면 당신은 더욱더 자신감이 생길 것입니다. 당신은 침착해지고 낙관적으로 미래를 기대하게 될 것입니다."

이 시점에서 내담자가 치료자와 함께 나누었던 특정한 목표에 대해 언급할 수도 있다.

"그리고 며칠이 지나고 몇 주가 지나면, 당신은 자신의 삶에 대해 더 침착해지고 더 낙관적이 되어 있음을 발견할 것입니다. 당신은 하루 중 어떤 시간이든 간단히 눈을 잠시 감거나, 손을 이마 위에 올리거나, 당신의 내적인 힘의 이미지를 불러일으키거나, 혹은 당신이 원하는 모든 자원을 이미 당신이 갖고 있다는 것을 떠올림으로써 당신의 내적인 힘과 쉽게 만나는 것이 가능하다는 걸 알게 될 것입니다.

당신의 내적인 힘과 만나기 위해 이러한 방법을 자주 사용하면 할수록 당신은 내면의 자아, 당신의 직관, 당신의 기분을 더 신뢰하게 되고, 당신은 스스로의 안내자로서 그것들을 더 많이 사용할 수 있게 될 것입니다."

내담자가 치료 시간 사이에 내적인 힘의 개발을 보다 적극적으로 해나가도록 치료자의 목소리를 녹음해줄 수도 있다.

지혜로운 존재의 이미지

지혜로운 사람의 이미지나 느낌도 자원이 될 수 있다. 그리스의 여신, 인도의 주술사 같은 지혜롭고 힘 있는 존재가 예인데, 이 이미지들은 내담자의 꿈이나 상상 속에서 나올 수도 있고 EMDR 치료 과정에서도 나타날 수 있다.

책, 이야기, 영화, TV 속의 인물이나 역사적 인물, 또는 만화 주인공

역사 속의 실존 인물 혹은 책, 만화, TV 속의 주인공도 긍정적 자원이 될 수 있다. 만일 내담자가 특정 인물을 통해 영감을 얻고 힘을 얻는다면 그 대상이 허구일지라도 주요 자원이 된다.

아프리카계 미국인인 한 내담자는 자신의 자원으로 프레더릭 더글러스Frederick Douglass를 떠올렸다. 더글러스는 노예로 태어나 심한 학대를 받았지만 속박에서 벗어나고자 하는 강한 내적 신념을 가지고 있었으며 결국 노예 폐지론자가 되었고 훌륭한 리더 역할을 했다. 그의 자서전《프레더릭 더글러스의 삶과 시대The Life and Time of Frederick Douglass》의 "노예 학대자에 대한 저항Resisting the Slave Breaker"이라는 부분이 내담자에게 큰 영향을 미쳤는데, 노예 학대자에 의해 다시는 쓰러지지 않겠다는 더글러스의 강한 내적 신념에 대한 이야기로, 그의 정신을 황폐하게 만드는 오랜 투쟁 속에서 마침내 승리를 거두는 내용이다. 우리는 함께 더글러스를 떠올리고 내적 자원과 역할 모델로 활용했다.

일부 내담자는 내적인 힘이나 용기를 얻기 위해 원더우먼이나 슈퍼맨과 같은 상상 속의 영웅을 떠올리거나, 루스벨트, 마틴 루터 킹, 간디와 같은 역사적인 인물을 떠올리기도 한다.

여성에게 데이트 신청을 할 용기가 부족했던 한 남성 내담자는 자신이 필요로 하는 용기를 대표하는 이미지를 떠올리도록 했더니 험프리 보가트를 떠올렸다. 보가트가 여성에게 다가가는 방법이 부럽고 배우고 싶었기 때문이었다. 자원 주입을 하는 동안 그는 보가트가 자신감에 찬 목소리로 자신에게 "그녀에게 데이트 신청을 하는 거야"라고 말하는 것을 상상했다. 그 이미지를 가지고 양측성 자극을 준 후에 그의 자신감과 용기가 증가했다.

긍정적인 기억

사랑받고 보살핌을 받은 기억들, 자신이 유능하다고 느끼고 스스로 뭔가를 조절할 수 있다고 생각했던 기억들, 혹은 안전하고 편안했던 기억들도 자원이 될 수 있다. 여기에는 부모, 형제자매, 할머니, 할아버지, 친척들로부터 받은 사랑과 선생님, 성직자, 친구, 연인, 배우자로부터의 지지받은 기억들을 포함한다. 예를 들어 내담자가 학창 시절 자신의 이야기를 잘 들어주고 자신을 보호해주었던 선생님이 있다면, 그 기억을 떠올리고 그때의 감정, 신체의 느낌, 그리고 가능한 한 여러 가지 감각을 동원하여 생생하게 느껴 보도록 한 다음 양측성 자극을 준다. 긍정적인 기억에 대한 이러한 과정은 아무도 보호해주지 않고 자신의 이야기를 들어주지 않았던 부정적인 기억의 고리를 끊고 누군가 자신의 이야기를 들어주었던 때로 새로운 연결이 이루어지도록 한다. 그럼으로써 내담자는 자신과 삶에 대해 잘못된 가정을 해왔다는 것을 알게 되고, 긍정적인 삶의 경험들을 EMDR로 처리하면서 부정적인 자아 개념이 조금씩 완화되고 긍정적이고 적응적인 부분이 강화된다.

샐리는 어린 시절 신체적이고 성적인 학대의 경험이 있고 어릴 때 엄마를 잃은 상처가 있어 오랫동안 우울증으로 고통을 받았다. 우리는

EMDR 치료 과정에서 엄마와의 긍정적인 기억에 초점을 두었다. 샐리의 상처 중 한 부분은 엄마와의 기억이 잘 나지 않는 것이었는데, 그녀 자신을 안정시키고 편안하게 하는 데 어려움을 주었다. 엄마가 자신을 무릎에 앉히고 안아주었던 신체 기억에 집중하게 하면서(그녀는 엄마에 대한 시각 기억을 떠올리지 못했다) 양측성 자극을 주자 그녀는 엄마로부터 사랑받은 여러 가지 좋은 기억들을 떠올릴 수 있었다. 자원 주입 이전에 그녀는 자신이 사랑스럽지 않고 사랑받은 적이 없다고 믿었다. 그녀를 사랑해준 엄마에 대한 긍정적인 기억을 강화시키고 나서야 그녀는 엄마가 자신을 사랑했음을 느끼고 비로소 자신을 사랑스럽다고 생각하게 되었다. 후에 외상 기억을 처리하는 동안 인지적 개입으로 엄마와의 긍정적인 기억들을 사용했으며 치료를 마칠 때도 이를 활용했다.

긍정적인 경험이나 좋은 결과를 얻은 기억도 타깃으로 잡을 수 있다. 어떤 남성의 경우 어린 시절 정서적인 무관심과 학대의 끔찍한 기억을 다루었는데, 그는 만성적인 우울감과 낮은 자존감으로 고통을 받았다. 그의 어린 시절은 매우 황폐했고 성 학대도 있었다. 우리는 그의 어린 시절의 긍정적인 기억들에 초점을 두고 EMDR 과정을 시작했다. 점차 그의 우울함과 삶에 대한 비관적인 태도가 변해 밝아졌으며 희망적으로 변하기 시작했다.

음악

어떤 음악은 용기, 강함, 평화, 아름다움 혹은 즐거움과 같은 느낌을 불러일으킬 수 있다. 내담자에게 영감을 느낄 수 있는 음악을 들려주면서 양측성 자극을 주어 긍정적인 느낌을 강화하고 주입한다. 치료자가 내담자에게 도움이 될 만한 음악을 선정해줄 수도 있다. 때로는 내담자에게 자신의 어린 자아를 토닥여주는 자장가를 불러보게 하면서 양측성 자극을 줄 수도 있다.

움직임

운동도 중요한 자원이 될 수 있다. 자신이 좋아하는 운동을 하거나 달리기, 아니면 태극권 같은 것을 하면서 스스로 건강하고 강해지는 것을 느꼈을 때를 떠올려보라고 한다. 치료 시간 동안 자신의 몸을 움직여 보도록 하면서 양측성 자극을 주어 움직임을 주입해줄 수도 있다. 어떤 내담자는 자신이 서 있을 때 건장하고 신체적으로 안정감을 느낀다고 하여 선 채로 뒤에서 등을 두드리며 이러한 느낌을 주입해주었다. 어떤 내담자는 손, 팔과 자신의 몸을 좀 더 충분히 움직이기를 원해 양측성 청각 자극을 들려주며 움직임을 주입했다.

자연 이미지

자연이 긍정적인 이미지를 제공하기도 한다. 맑은 호수는 평화로움과 고요함을 전해주며, 높은 산은 인내력과 힘을, 넓은 대양은 여유 있는 마음을 느끼게 한다. 한들한들 흔들리는 수양버들은 안식처의 느낌을 주는 이미지가 되기도 한다. 어떤 내담자는 휴식처로 뜨거운 태양을 피하게 해주는 수양버들의 이미지를 떠올렸다.

자원 주입

표준 프로토콜

리즈는 일상생활에서의 고통이나 적응적인 행동을 방해하는 부정적인 믿음, 비적응적인 도식에 초점을 두어 필요한 자원을 확인하고 주입하는 프로토콜을 개발했다(Leeds, 1997, 1998; Leeds & Korn, 1998; Leeds & Shapiro, in press). 다음은 그의 프로토콜을 변형한 것이다 좀 더 완전한 프로토콜은 리즈와 샤피로의 책을 참고하면 된다.

① 치료자는 내담자에게 최근의 어려운 상황, 적응적인 행동을 방해하는 부정적인 믿음, 일상에서의 어려움에 초점을 맞추어 보라고 하여 필요로 하는 자원이 무엇인지 먼저 알아본다. 예를 들면, 한 여성의 경우 직장에서 자신감이 없고 무기력하게 느껴진다고 했다.

② 다음으로 치료자는 그 상황, 믿음, 문제 등을 보다 더 잘 처리하기 위해 어떤 특성이 필요한지 물어본다. 위의 여성의 경우, 자신감과 힘이 필요하다고 말했다. 내담자에게 지금까지의 경험 중에서 자신감과 힘이 있다고 느껴졌을 때가 언제였는지 물어본다. 만약 내담자가 생각나지 않는다고 하면, 이러한 문제를 해결할 수 있는 누군가를 생각해보라고 한다. 내담자가 개인적으로 알고 지내는 사람일 수도 있고, 영화나 TV, 책에서 본 사람이거나, 혹은 역사적인 인물이거나 종교적인 인물일 수도 있다. 누구라도 괜찮다. 또한 이러한 자원을 상징하는 대체물이어도 좋다. 위의 여성의 경우, 강한 자신감과 힘을 갖고 있는 사람의 예로 시인이자 인권운동가인 마야 안젤루를 떠올렸다.

③ 내담자가 선택한 이미지나 기억, 즉 그가 보고 듣고 느끼고 냄

새 맡고 맛을 본 것을 자세히 묘사해보도록 한다. 또한 어떤 감정을 느꼈고, 신체에서 무엇을 느꼈는지도 알아본다. 위의 여성의 경우 마야 안젤루를 생각하면 신체에서 활력을 느낄 수 있다고 했다. 그녀는 마야가 어려운 상황에 처했음에도 불구하고 대중 앞에서 얼마나 차분하게 발언했는지 생생하게 묘사하기 시작했다.

④ 내담자에게 강화하기를 원하는 자원을 떠올리는 단어나 문장을 말해보라고 한다. 위의 여성의 경우 '마야'를 단어로 선택했다. 긍정적 자원의 주입은 내담자에 따라 할 수도 있고 안 할 수도 있다. 어떤 내담자는 양측성 자극을 주었을 때, 오히려 부정적이게 되거나 혹은 상처가 되는 기억의 처리가 일어나기도 하고, 어떤 내담자는 양측성 자극과 함께 자원이 강화되는 느낌을 받기도 한다.

⑤ 긍정적 자원의 주입은 상처가 되는 기억을 처리하는 표준 프로토콜과 같은 방식으로 이루어진다. 내담자에게 이미지, 느낌, 떠오르는 단어나 문장에 집중하도록 하면서 치료자는 짧은 양측성 자극을 10~14회 준다. 그리고 내담자의 변화를 관찰한다. 만약 내담자가 괴로워하는 것같아 보이면 바로 멈추고 다른 자원을 택할 것을 고려해본다. 그렇지 않다면 양측성 자극을 준 뒤에 내담자에게 "무엇이 느껴졌습니까?"라고 물어본다. 만약 내담자가 긍정적인 느낌이 점점 강해진다고 하면 양측성 자극을 두세 세트 더 시행한다. 자원이 강화되었다고 느껴지면 양측성 자극을 멈춘다. 위의 여성의 경우, 마야가 힘든 상황을 어떻게 자신있게 처리했는지에 집중하도록 하면서 안구 운동을 했다. 내담자는 점점 활력을 느끼면서 과거에 자신이 강하고 능력 있다고 느껴졌던 때를 기억해냈다.

⑥ 내담자가 개발하고 강화하기를 원하는 다른 여러 가지 특성도

위와 같은 절차를 반복해서 강화할 수 있다. 또한 미래에 어려운 상황에 처했을 때 자원을 이용하여 대처하는 것을 상상하도록 하고 위의 절차를 반복할 수도 있다. 자원 주입 후에 내담자는 자신이 어려운 상황을 잘 다루어 나가고 힘이 생기는 것을 느끼게 된다. 위의 내담자의 경우 안구 운동을 한 후 직장을 떠올리면서 새롭게 힘이 생기는 느낌을 경험했다.

자원 주입 사례

이 사례는 자원 주입이 유익하게 작용하는 것을 보여준다.

마르그리트는 총명하고 유능한 중년 여성으로 새로운 일자리를 찾고 있었다. 한번은 그녀가 정기적인 치료 회기에 왔는데 극도로 불안해보였다. 그녀는 취직을 고려하고 있는 회사의 CEO에게 그날 오후에 걸어야 하는 전화를 두려워했다. 이전에는 연락이 이메일과 편지로 이루어졌었다.

그녀는 그 사람이 자신에게 소리를 지를 것만 같아 두려워했다. 자신의 두려움이 비이성적이라는 것을 알면서도 어떻게 할 수가 없었다. 그녀에게 같은 경험을 한 적이 있었냐고 물었더니, 이전의 남자 상사가 그녀와 동료들에게 소리 지른 것을 떠올렸다. 그녀는 항상 남자 상사가 그녀에게 소리를 지를까 봐 두려워서 그를 즐겁게 해주려고 애썼다. 그 이야기를 하면서 그녀의 목과 어깨는 긴장되고, 두통을 느꼈다.

치료자는 그녀에게 자신이 힘 있고 유능하다고 느꼈던 때를 떠올려 보라고 말했다. 그녀는 충분히 자기 확신을 느꼈던 어느 장면을 떠올렸고, CEO와 일을 해나가면서 적절히 대처했던 자신을 떠올렸다. 이런 이미지들을 떠올렸을 때 그녀의 신체 감각과 '나는 지적이고 유능하며 직장에서 괜찮은 사람이다'라는 긍정적인 인지에 초점을 두었다. 그녀에게 세 세트의 짧은 안구 운동을 하고 자신이 원할 때 그녀와 함께 있을 수 있는 자신을 지지해주는 세 명의 사람을 떠올려보도록 했다. 아울러 그녀가 CEO에게 전화하는 것을 마음속으로 생생하게 그려 보도록 했다. 그리고 두 번의 짧은 세트를 했다. 그녀는 전화를 하는 것에 매우 긍정적인 느낌을 가지고 상담실을 나갔다!

전화를 하고 나서, 그녀는 성공적으로 전화를 한 것과 EMDR이 얼마나 강력했는지에 대해 놀랐다. 그녀는 그날 아침의 치료 회기 후에 어떤 두려움도 경험하지 않았다. 단지 약간 흥분했을 뿐이다. 그녀는 "저는 전화를 쉽게 통과했어요. 그건 정말 쉬웠고, 내가 그것을 했다는 게 믿어지지 않아요"라고 말했다.

대처 기술 개발과 유능감의 강화

콘은 치료 초반에 유능감을 개발하고 자아의 힘을 증진시키기 위해 EMDR을 사용할 것을 권유했다(Korn, 1997). 내담자가 말하는 긍정적인 사고와 이미지들을 양측성 자극을 주면서 주입할 수 있다. 내담자에게 문제 유발 요인을 처리하고, 힘든 것을 잘 견디고 보다 더 자신감이 있던 때를 떠올리라고 한 뒤, 어떤 긍정적인 생각이 떠오르는지, 신체에서 어떻게 느껴지는지 집중해보라고 한다. 긍정적인 이미지와 신체 감각, 감정, 그리고 긍정적인 사고에 집중하게 하면서 양측성 자극을 준다.

폽키는 내담자에게 바람직한 목표 상황, 혹은 미래의 모습을 상상하라고 한 다음, 양측성 자극을 주어 그것을 강화하는 것을 제안했다(Popky, 1997).

표준 EMDR 과정과 마찬가지로 치료의 초기 단계 동안, 치료자는 내담자에게 EMDR의 절차를 비롯하여, 무엇을 얻을 수 있는지, 치료적 근거는 어떤 것인지, 언제 EMDR을 외상 기억을 재처리하는 데 사용하기 시작할 것인지 알려준다. 그리고 치료자와 내담자가 함께 재처리 작업을 시작하기에 가장 좋은 때를 결정한다.

중기 단계: 외상 기억의 재처리 과정

치료의 중기 단계는 강렬하고 고통스러운 기억을 타깃으로 삼고 재처리한다.
내담자와 치료자가 외상 기억의 재처리를 시작할 준비가 충분히 되었다고 느낄
때 시작한다. 이 장에서는 치료의 중기 단계를 개괄적으로 소개하고 세부적인
내용은 8장~10장에서 다룰 것이다.

치료는 직선적으로 진행하는 것이 아니라 단계별로 진행하며, 각
내담자마다 개별적으로 다룬다. 외상을 재경험하고 통합하는 과정이 뒤
따르기 때문이다. 때때로 치료의 단계는 두 발짝 앞으로 나아가고 한 발
짝 물러서는 것처럼 느껴지기도 한다.

이 단계에서 내담자는 하나의 외상 사건을 처리하거나 또는 강렬
하게 느껴진 특별한 주제와 관련된 기억의 세트를 처리하는데, 이것은
내담자의 대인 관계와 직장 생활에 영향을 미칠 수 있다. 내담자는 자신
의 외상이 삶의 의미를 허비하게 했다는 생각으로 한동안 고통스러워할
수 있다. 그러나 기억이 말끔히 처리되고 새로운 정보를 통합하게 되면
훨씬 기분이 좋아지고 일상을 더 잘 보내게 된다. 때론 치료 과정에서
새로운 기억들이 드러나고, 이러한 기억들을 재처리하여 말끔해질 때까
지 고통스러운 느낌을 더 경험할 수도 있다. 내담자는 자신이 이런 문제
들을 다룰 것이라는 것을 가족들에게 알릴 필요가 있다. 3장에서 설명했

던 것처럼, EMDR은 심각하게 학대를 경험한 내담자의 치료가 단기에 끝나거나 빨리 낫도록 하는 치료가 아니다. 내담자는 한동안 삶을 격렬하고 혼란스럽게 할 수도 있는 장기간의 치료에 어느 정도의 준비가 되어야 한다.

따라서 EMDR 치료 시간을 예약할 때, 내담자는 자신의 상처를 드러내고 그 상처가 아직 덜 아물고, 취약한 상태에 놓이게 된다는 것을 고려해야 한다. 치료 시간 이후에 내담자를 보살피는 의미에서 필요할 때는 치료자에게 개별적인 연락을 할 수 있다고 알려주어야 한다. 치료를 마치고 내담자를 데려갈 사람과 함께 오는 것도 좋고, 치료 후에 책임과 부담이 너무 많은 일은 하지 않도록 한다. 또한 치료자나 내담자 모두 멀리 여행을 가기 전엔 치료 시간을 잡지 않는 것이 좋다.

학대 피해자의 주요 주제: 안전, 책임, 선택

대부분의 학대 피해자가 보이는 비슷한 신념들에는 세 가지의 주요한 주제가 있다. 그것은 바로 안전, 책임 그리고 선택이다. 이는 어린 시절 성적 학대를 경험한 성인들을 치료하는 동안 반복해서 나타나는데, 주의를 기울이고 적절히 개입하는 것이 중요하다. 안전, 책임 그리고 선택의 주제는 치료의 모든 단계에서 드러날 수 있으며 전이와 치료적 관계에 영향을 미치고 EMDR의 치료 과정에서 중요한 주제가 된다. 주제와 연관된 신념들은 치료 과정을 차단하기도 하고 맴돌게 할 수도 있다. (9장에서 차단된 치료 과정을 해결하기 위해 개입을 어떻게 활용하는지 소개한다.)

치료 계획

EMDR은 내담자의 욕구와 현재의 문제에 따라 다양하게 사용할 수 있다. 치료 계획은 치료자와 내담자가 협의하면서 함께 세워 나가고, 치료가 진행되면서 조율해나간다. 내담자는 EMDR 치료를 받고자 하는 바람을 가지고 찾아오며 고통스러운 기억들을 심도 깊게 다루길 원한다. 내담자는 병력 청취나 치료적 관계의 발전을 위한 상담으로 '시간 낭비'하는 것을 원하지 않는다. 나는 내담자로부터 이런 식의 심리적 압력을 받아 왔으며 때때로 임상적인 판단과는 다르게 내담자에게 맞추어 주는 경우도 있었는데, 나중에 전이가 매우 강해지고 외상 처리를 해나갈 만큼 충분한 관계가 형성되지 않아 문제가 생겼었다. 치료적 관계의 중요성을 무시하는 경계성 인격 장애나 자기애성 인격 장애가 있는 내담자의 경우 특히 더 그렇다. 치료자가 EMDR 처리를 시작하기 전에 충분한 병력 청취를 하는 것과 내담자와 충분한 관계를 형성하는 것은 매우 중요하다. 비록 내담자가 준비되었다고 느낄지라도, 치료자 또한 준비되어야 한다. 관계가 중요하다는 것을 기억하라. 치료자로서 당신은 내담자의 필요에 잘 맞추어 나가고자 하고, 내담자에 대해 훌륭한 직관적인 판단을 하며, 내담자의 자아 구조와 주요 신념들을 깊이 이해하고자 해야 한다.

치료 중기 단계에서 어느 것에 초점을 두어 계획을 세울지에 대해서는 여러 가지 방법들이 있다. 어떤 내담자는 현재 문제, 즉 파트너와의 혐오스러운 성관계, 낮은 자존감 또는 공포나 두려움, 섭식 장애, 그리고 어린 시절의 학대와 연관된 내담자 자신에 대한 제한된 믿음들과 같은 현재 문제에 초점을 맞추길 원한다. 이런 경우, 문제와 연관되어 있는 기억에 초점을 두어 치료 계획을 세운다.

예를 들어, 캐롤은 남편을 사랑하지만 남편과의 성관계에 강한 혐오감을 느꼈다. 그녀는 성적 혐오감이 어린 시절 자신을 돌보던 보모의 남편으로부터 성적 학대를 받았던 것과 연관 있다고 믿었다. 그래서 성적 학대를 받은 기억을 타깃으로 했다. 몇 번의 치료 회기는 그녀를 오랜 시간 동안 보모와 그녀의 남편과 있도록 내버려 둔 엄마로부터 버려졌고 배신당했다는 느낌을 처리하는 시간으로 사용되었다. 이러한 처리 결과를 때때로 확인하면서 남편과의 성관계를 어떻게 느끼는지를 물었다. 남편과의 관계에서 그녀가 원하는 것을 말하기가 어렵다는 문제의 다른 측면들이 확인되어 이를 타깃으로 처리했다. 이 치료의 초점은 과거에 대한 재처리 과정을 통해 그녀의 결혼 생활을 개선하는 것이다. 그녀가 만족스러워할 정도로 마무리되었을 때, 만일 다시 찾아오고픈 욕구가 생기면 언제든 치료실을 방문할 수 있다는 것을 상기해주며 치료를 종료했다.

피트는 치료 경험이 전혀 없는 중서부에 거주하는 중년 남성인데, 대인 관계의 문제를 치료받길 원했다. 그는 어린 시절 할아버지로부터 성희롱을 당했다고 생각했다. 현재 알코올 중독 문제가 있으며, 그 때문에 다른 곳에서 치료를 받았고 알코올 중독자 치료 모임에도 참여하고 있었다. 그의 현재 문제는 강박적 노출증이었다. 성적 흥분이 되면 발각될 위험을 무릅쓰고 공공장소에서 자위행위를 했다. 오랫동안 행해진 문제 행동은 점점 더 절제할 수 없게 되었고, 발각될 위험이 컸다.

약 석 달 동안 9회의 치료를 받았는데, 그동안 면담 치료, 내면 아이에 대한 치료, 그리고 EMDR을 했다. 주로 대인 관계의 문제와 두려움, 그리고 공포에 초점을 두었다. 90분 동안 진행되는 EMDR을 4회기

받았는데, 그중 한 회기만 노출 행위에 초점을 두고 진행했다.

EMDR의 타깃은 할아버지가 행했던 성적 행동에 대한 막연한 기억이었다. 처리가 일어나는 동안, 그에게 있었던 일들이 조각조각 드러났고, 그 기억을 전체 기억이라고 생각했다. 이러한 조각들은 서로 연결되었고, 그가 이해할 수 있도록 이어져 이야기가 되었다. 그는 비정상적인 자신의 성적 행동이 할아버지로부터 받았던 성희롱의 재현이었음을 깨달았다. 회기 마지막에 이르러 그는 강렬하게 '아하!' 하는 느낌을 받았고 뭔가 가벼워지고 명쾌해지는 느낌을 경험했다.

후속 회기에서 피트는 강박적 노출의 욕구가 사라졌다고 했다. 이후 EMDR 치료를 끝냈고, 회복 치료는 계속되었다. 2년 후 전화가 걸려왔는데, EMDR이 많은 것을 도와주었지만, 중요한 '퍼즐 조각'이 빠져있고, 그것이 계속된다고 했다. 그는 모든 것이 더 명쾌해지길 바랐기 때문에 더 치료받을 필요가 있다고 느꼈다. 하지만 그것이 주된 문제는 아니었고, 그는 현재 강박적 노출 행동을 조절할 수 있다고 느꼈다.

때로 내담자는 혼란스러운 기억과 플래시백, 오랫동안 괴롭혀 온 것들까지 모두 처리하길 원한다. 이런 기억들을 내담자가 이해할 수 있도록 다음과 같은 방식으로 체계적으로 조직화해서 이야기해줄 수 있다. 치료는 고통스러운 기억들을 정리하는clearing 것에 초점을 둔다. 기억들은 몇 가지 다른 방식으로 조직화되는데, '가해자(아버지, 어머니, 형제자매, 이웃 등)', '학대 장소(사건이 일어난 침실, 욕실, 지하실 등)', '당시의 나이(취학 전의 학대 기억, 잠재된 기억, 십 대의 학대 기억 등)', '심리적 도식(버려짐에 대한 두려움, 부정적 신체 이미지 등)', '외상의 종류(삽입, 구강성교, 성희롱 등)', '이슈들' 또는 '신체적 고통'으로 나뉘어 조직화된다.

예를 들어 한 내담자는 그녀의 오빠가 행했던 학대의 모든 기억이 정리되길 원할지도 모른다. EMDR 치료 과정에서 가장 나쁜 기억, 가장 처음에 일어났던 기억, 혹은 가장 대표적인 기억을 첫 목표로 설정하고 작업할 수 있다. 내담자가 자유로운 느낌을 경험하거나 기억에 대한 감정적 고통이 줄어들 때까지 각각의 EMDR 회기에서 기억들을 타깃으로 처리한다. 문제가 완화되면, 내담자는 치료를 종료하길 원할 수도 있고, 치료를 잠시 쉬거나 혹은 다른 문제나 기억들을 처리하길 바랄 수도 있다.

학대 피해자들의 EMDR 치료는 대부분 단순하지 않고 또한 체계적으로도 진행되기도 어렵다. 일반적으로 치료는 기억의 한 세트나 현재의 문제에서 시작한다. 그러나 특정 기억에 초점을 둔 한 번의 EMDR 회기 후에, 새로운 문제나 기억 또는 치료 과정 동안 드러난 사건이 아닌 새로운 정보가 회기 사이에 다른 기억이나 플래시백, 꿈 또는 신체 감각의 형태로 나타날 수 있다. 내담자와 치료자에게 새로운 기억이 강력하다고 느껴질 때 다음 회기 때의 타깃으로 선택한다. 내담자와 치료자는 원래의 주제로부터 점차 확대해 새로운 것을 처리할지, 아니면 계속해서 원래의 주제를 모두 다루고 난 뒤에 다른 주제로 옮겨 갈지를 대화를 통해 결정하는 것이 좋다. 결국 치료 계획은 치료가 진행되면서 수정되어 새롭게 적용된다. 치료는 치료자와 내담자가 함께 작업하면서 만들어내는 창조적인 과정이고, 협의하고 토의하는 것은 치유 작업을 하는 데 있어 최고의 방법이다.

때때로 내담자가 강렬한 어린 시절 기억에서 초점을 돌려 조금 더 다루기 편안한 문제를 새롭게 제시하는 경우가 있다. 이는 내담자가 스스로 치료 속도를 조절하기 위해 하는 행동일 수도 있고, 일종의 저항일 수도 있다. 여기서도 중요한 것은 치료자와 내담자가 함께 상의하여 최선의 치료 과정을 찾아가는 것이다.

제반응 다루기

어린 시절 계속해서 학대를 당해 왔던 내담자는 과거의 외상 기억을 처리하는 동안 매우 강렬한 감정적 반응을 보인다. 이런 제반응을 다루는 방법으로 샤피로의 연구(2011)와 내 임상적 경험들로부터 익힌 여러 방법들을 소개한다.

제반응은 흔히 일어나는 현상이긴 하지만 내담자의 치료에 반드시 필요한 반응은 아니다. 어떤 치료자와 내담자들은 처리 과정 동안 강한 감정적 방출이 일어나지 않으면 EMDR 처리가 잘되지 않았다고 잘못 생각하는 경우가 있다. 그러나 처리 과정에는 옳고 그른 방법이란 없다. 처리 과정은 각각 다르게 나타난다. 어떤 사람은 과거 기억을 다른 이들보다 더 미묘하게 처리하는 경우도 있고, 어떤 내담자는 소름 끼칠 정도의 비명을 지르거나 통제 불가능할 정도로 우는 등 엄청난 감정적 방출을 보이며 처리한다. 따라서 치료자는 다양한 반응에 준비해야 한다. EMDR은 내담자의 고통을 유발하는 것이 아니라, 내담자의 시스템으로부터 고통을 방출시키는 것이라는 말을 치료자가 기억하고 있으면 많은 도움이 된다(샤피로, 2011). 대개 제반응은 정보가 처리되고 있을 때 나타난다. 내담자가 제반응을 겪어냈을 때, 그들은 과거의 고통스러운 정보들로부터 자신의 몸과 정신이 깨끗해지는 느낌을 받는다.

제반응은 수분 동안 나타날 수도 있고 마치 파동과 같이 나타날 수도 있다. 감정은 점점 고조되었다가 감소하기도 한다. 때때로 내담자는 치료가 성공적으로 끝난 뒤에 연관되어 있는 다른 기억의 고리로 한 차례 파동을 경험하기도 한다. 이런 경우에 치료자는 내담자가 그 처리를 완결하거나 휴식하길 원할 때까지 양측성 자극을 계속 준다. 내담자는 한 회기 동안 여러 번의 제반응을 나타낼 수도 있다. 치료자는 제반응을 보이는 내담자를 잘 관찰하면서 내담자가 깊이 숨을 쉬거나, 울음을 멈추거나, 자신의 손을 비트는 것을 멈추거나, 좀 더 이완될 때까지 양측성 자극을 계속해서 준다.

제반응이 일어나는 동안 치료자는 부드럽게 내담자의 눈이 치료자의 손을 따라올 수 있도록 북돋아 준다(라이트 바가 있다면 사용해도 좋다). 만일 내담자가 너무 많이 울어서 안구 운동을 하기 힘든 상황이라면, 내담자의 허락 하에 손이나 무릎을 두드리는 방법을 사용해도 좋다. 이 경우 치료자가 내담자에게 미리 허락을 받아 내담자가 준비할 시간을 주는 것이 중요하다.

내담자에게 강한 제반응을 경험하더라도 고통이 사라질 때까지 계속해서 안구 운동을 해야 한다고 미리 교육하는 것도 중요하다. 안구 운동을 계속해서 하는 것은 자동차가 어두운 터널을 지날 때 가속 페달을 밟는 것과 같다. 일반적으로 사람들은 터널 밖으로 나올 때까지 가속 페달에서 발을 떼지 않는다. 가속 페달을 밟지 않으면 터널에서 빠져나오는 데 시간이 걸린다. 치료자는 EMDR을 시작할 때 내담자가 원하면 언제든지 멈출 수 있다고 알려준다. 치료자와 내담자는 멈춤 신호를 정해두어 내담자가 처리 과정에 대해 조절감을 갖도록 해준다. 치료자는 안구 운동을 하는 내담자에게 "계속 그렇게 가세요. 차창 밖 풍경처럼 다 지나간 일입니다"라고 부드럽게 격려한다. 또한 치료자는 내담자가 고통스러운 과거를 다루지만, 안전한 현재에 있다는 것을 알려줌으로써 내담자의 이중 인식을 강화해준다.

치료자는 내담자가 제반응을 보이는 동안 '현재' 내담자에게 정서적인 안정감과 안전감을 주는 사람이 되어야 한다. 치료자는 내담자의 제반응에 당황하지 않으면서 정서적인 지지를 제공할 수 있는 적절한 거리를 유지하면서 온정적인 태도를 취하는 자세를 유지하는 것이 중요하다(샤피로, 2011). 치료자의 이러한 태도는 물속에 빠져 있는 내담자를 건져내기 위해 던져진 구명줄과도 같다. "그것은 다 지나간 일입니다", "나는 현재 당신과 함께 있습니다"와 같이 치료자가 가끔씩 던지는 부드러운 암시들은 어린 시절 외상 기억에 몰두해 힘들어하는 내담자를 안심시켜준다.

치료자는 내담자의 격렬한 감정에 당황해서는 안 되며, 다루기 어렵다는 메시지를 전달하지 않도록 해야 한다. 그런 느낌을 줄 경우, '나는 나쁜 사람이고, 미쳤어'라고 믿고 있는 내담자에게 더 큰 수치심을 안겨줄 수 있기 때문이다. 또한 그것은 내담자를 섬뜩하게 하거나 공포에 떨게 할 수도 있고, 내담자의 '뭔가 잘못되었어'라는 생각을 더욱 각인시킬 수도 있다. 치료자는 내담자 스스로 감정을 충분히 느낄 수 있도록 하고, 감정들을 통해 움직여 나가기 전까지 성급하게 제반응을 멈추려 하거나 개입을 시도하려 해서도 안 된다. 경험이 많지 않은 EMDR 치료자들은 내담자가 양측성 자극과 함께 스스로 외상을 처리해 나갈 수 있는 능력이 있다는 것을 이해하지 못하거나 신뢰하지 못하기 때문에, 성급하게 개입하는 실수를 자주 범한다. 나는 EMDR 치료자들이 내담자로서 EMDR을 경험해볼 것을 강력하게 제안한다. EMDR 과정에서 자신의 문제를 치료하며 끝까지 제반응을 경험하면 어떤 감정이 느껴지는지 알 수 있기 때문이다. 강렬한 감정을 표출하는 내담자는 치료자를 놀라게 할 수 있지만 치료자의 두려움 때문에 내담자의 제반응이 중간에 멈춰지는 것은 내담자에게 가장 안 좋다. 비록 겉으로 명백하게 드러나지 않을지라도 여러 가지 정보들이 이동하고 처리가 되고 있음을 내담자는 느낄 수 있을 것이다. 치료자의 역전이는 EMDR 치료에 대한 신뢰와 내담자의 치유를 방해할 수 있다.

어떤 내담자는 제반응 동안 큰 소리를 내는데 방음 장치가 없는 상담실에서 문제가 될 수 있고, 주변 사람들에게 불안과 공포를 느끼게 할 수도 있다. 어떤 비명 소리는 마치 누군가가 살해당했다고 느낄 수도 있는 소리다. 이러한 강한 반응들은 예상치 않게 나타나는데, 이는 내담자와 치료자를 놀라게 하기도 한다. 만일 내담자가 자주 강한 제반응을 보인다면, 건물 안의 다른 사람들에게 불안을 주지 않을 시간에 치료를 하거나, 주변 사람들에게 미리 알리는 등 사전 준비를 해야 한다.

내담자의 제반응에 대비하는 여러 가지 방법들이 있다. 내담자가 과거의 심리적 외상을 처리하는 동안 지금은 안전하다고 느끼는 것이 매우 중요하다. 어떤 내담자는 기계의 불빛을 따라가면서 처리하는 것보다, 치료자가 옆에 앉아 자신의 손을 잡고 처리하는 것을 더 편안하게 생각한다. 어떤 내담자는 자신의 배우자, 친한 친구 또는 협력 치료자 concurrent therapist와 함께 처리하길 원하기도 한다. 이처럼 현시점에서의 보살핌을 주는 인물들은 학대 생존자들에게 과거의 외상을 처리하는 데 지지와 용기를 줄 수 있다. 이렇게 지지해주는 사람들은 외상을 처리하는 회기에 대해 적절한 준비가 되어야 하고, 치료자는 지지자들이 방해하지 않고 상처받지 않는다는 편안함을 느껴야 한다. 어떤 내담자는 안전함을 상징하는 물건, 즉 박제 동물, 담요 또는 사랑하는 사람과 함께 찍은 사진 등을 가지고 치료에 임하길 원하기도 한다.

어떤 내담자는 치료자 앞에서 강렬한 감정을 표현하는 것을 어려워하기도 하고 감정의 방출을 억압하기도 한다. 그들은 감정 표현을 조절감의 상실과 연관시킨다. 만일 자신이 감정을 통제하지 못하면 완전히 나락으로 떨어지거나 미쳐 버릴지도 모른다고 믿고 있을지도 모른다. 또한 취약해지고 퇴행할 때 치료자를 신뢰하는 것이 어려울 수도 있다. 자신의 감정, 감정의 표현, 자신의 감정들이 드러나게 내버려두는 것에 대한 내담자의 믿음을 다루는 것이 중요하다. 이런 자신의 감정에 대한 생각들 중 일부는 어린 시절 감정을 표현했을 때 겪었던 처벌 경험이 뿌리가 될 수도 있다. 아마도 아버지는 아들에게 엄격하게 회초리질을 하면서 "네가 울었기 때문에 널 때린 거야"라고 화를 내며 말했을지도 모른다. 반면 감정을 통제해야만 자신의 긍지와 통제력을 지키는 것이라는 믿음을 갖고 있는 이들도 있다. '남 앞에서 절대 우는 모습을 보이지 않을 거야'와 같은 신념과 경험들은 EMDR 치료 회기에서 중요한 타깃이 될 수 있다.

다음은 내담자의 혼란스러운 이미지들을 조정함으로써 고통의 수준을 완화하는 여러 가지 방법들이다(샤피로, 2011). 치료자가 내담자에게 활용하도록 제안할 수 있다.

- 기억을 사진으로 바꾼다.
- 기억을 흑백 비디오테이프로 바꾼다.
- 성인 자아의 손을 붙잡고 있는 어린 자아를 떠올린다.
- 보살펴주거나 보호해주는 사람이 어린 자아를 안아주고 있는 것을 떠올린다.
- 상상 속에서 가해자를 내담자로부터 어느 정도 떨어진 위치에

있게 한 뒤에, 둘 사이에 보호 유리벽이 있다고 생각해본다.

• 내담자와 외상 사건 사이에 보호 유리벽이 있다고 상상해본다.

EMDR 치료 동안 내담자가 겪는 다양한 경험

해리

어린 시절 심하게 학대를 받아온 내담자는 EMDR 치료 과정 동안에 해리를 보이기도 한다. 압도적인 심리적 외상에 대한 정상 반응은 다양한 형태로 나타날 수 있다. 내담자는 자신이 신체로부터 이탈되는 것같이 느낄 수도 있고, 끔찍한 외상 경험을 처리하는 중간에는 아무런 감정이 안 느껴진다고 호소할 수도 있으며, 자신이 신체 위에 붕 떠 있는 것처럼 느껴진다고 호소하기도 하고, 멍하거나 어지러운 느낌이 들거나, 졸리거나 마비가 온다고 호소할 수도 있다. 또한 갑자기 완전히 다른 목소리로 말하기도 하고, 자신이 지금 치료실에서 무엇을 하고 있었는지 잊기까지 한다! 이러한 해리 현상은 외상 사건 당시에 해리된 것의 기억일 수도 있고, 강렬한 감정에 대한 방어로 실제 치료 회기 중에 해리가 일어난 것일 수도 있다. 또는 내담자가 해리 장애를 갖고 있을 수도 있다.

해리가 의심되면 치료자는 먼저 양측성 자극을 멈추고 내담자에게 지금 무엇이 일어나는지 물어본다. 만일 현재 나타난 해리 반응이 과거에 일어난 해리의 기억이라면, EMDR로 계속 처리해나간다. 이럴 경우, 내담자에게 신체 감각에 집중하라고 하면서 현재의 안전한 상황과 과거의 기억, 양쪽에 이중 인식을 계속 유지하게 한다. 내담자가 현재 앉아 있는 의자의 팔걸이를 인식하게 할 수도 있고, 바닥에 닿은 발의 느낌을 느껴보라고 할 수도 있다. 어떤 내담자에게는 신체 감각을 잘 인식하기 위해 안구 운동의 리듬에 맞춰 의자의 팔걸이를 두드리라고 한다 (샤피로, 2011). 만일 내담자가 눈을 감고 있고 치료자가 두드리기나 청각 자극을 사용한다면, 눈을 뜨게 하고 "저를 똑바로 보세요"라고 말한다. 이러한 방법은 내담자를 현재로 다시 돌아오게 하고, 내담자와 치료자의 연결을 상기시킨다.

양측성 자극을 주면서 신체에 머무르게 하는 방법으로 내담자에게 치료자의 양손을 번갈아 가며 두드리라고 할 수도 있다. 또는 치료자가 내담자의 양쪽 손을 번갈아 가며 쥐었다 풀었다 함으로써, 내담자가 처리 과정 진행을 계속하면서 신체 인식으로 돌아오게 할 수도 있다. 치료자가 내담자의 손을 두드리는 것으로 시작해, 내담자가 해리되려고 하면 내담자의 손을 쥐었다 푸는 것으로 바꾸기도 한다. 이후 처리 과정의 한 시점에서, 내담자가 더 신체와 통합되면embodied, 양측성 자극을 계속하면서 내담자가 치료자의 손을 쥐었다 푸는 것으로 바꾸어 진행한다. 어떤 내담자는 빠르게 신체 인식을 회복하는 방법으로 얼음을 가져온 경우도 있었다. 해리가 일어나기 시작할 때 얼음 조각을 꺼내 만지면서 자신의 신체와 자신이 치료실에 존재함을 느꼈다.

내담자가 해리를 겪는다면 치료자는 처리 과정 동안 내담자가 경험하는 것을 말하도록 격려해야 한다. 안전감과 연결감을 증가시킬 수 있으며, 학대 피해자들이 학대를 받는 동안과 그 이후에 느껴 왔던 고립감을 줄일 수 있다. 또한 내담자가 자기 이야기를 하는 동안 제공하는 정보들은 처리 과정이 진행되지 않고 고착되었을 때 적절한 개입을 하는 데 유용하게 사용할 수 있다. 결국, 처리 과정 동안 말하는 것은 내담자가 현재 순간에 있음을 더 잘 인식하게 도와준다. 치료자는 내담자가 치료실에 있으며 이곳은 안전하다는 것을 상기시킬 수 있다.

치료자는 내담자를 관찰하다가 해리가 일어나기 시작하는 순간을 알아채야 한다. 그때 치료자는 부드럽게 "눈을 계속 움직이세요. 당신은 지금 이곳에 나와 함께 있습니다. 당신은 지금 안전하고 나와 함께하고 있습니다. 당신 신체의 느낌을 느껴보세요. 네, 좋습니다, 좋습니다"라고 말하며 상기시킨다. 치료자의 목소리는 내담자가 처리 과정 동안에 연결과 존재감을 유지하는 데 도움이 될 수 있다. 내담자에게 길을 잃은 것이 아니라는 안도감을 전달한다. "바로 그겁니다", "좋습니다", "그건 지나간 과거의 일입니다", "제가 지금 당신과 함께 있습니다"라는 말들은 내담자를 안정시키고 치료자가 지금 함께하고 있음을 알려준다.

만약 그 사건이 너무 고통스러워서 내담자가 해리를 보이고 있다면, 내담자와 치료자는 일단 기억의 처리를 잠시 중단하고 안전지대로 가서 휴식을 취하거나, 잠시 동안 정리한 후 신체, 안전, 이중 인식에 집중하면서 EMDR 치료 과정으로 돌아온다. 치료자와 내담자는 무엇에 의해 해리가 일어났는지 이야기를 나누면서 유발 인자에 대한 소중한 정보를 수집할 수 있다. 만약 내담자가 계속해서 처리 과정을 진행하기 원한다면, 위에서 말한 여러 가지 기법들을 이용해 EMDR로 처리하는 동안 내담자가 신체에 집중하고 지금 현재 치료실에 있음을 인식하게 한다.

만약 내담자가 전에 진단되지 않았던 해리 장애를 갖고 있다고 의심되면, 치료 회기를 마치고 내담자를 안정시킨 후, 이러한 장애를 좀 더 전문적으로 보는 치료자에게 협진을 의뢰하거나 내담자를 보낼 수 있다. 해리 장애 내담자와의 작업은 특별한 훈련과 전문 지식이 필요한데, 이 책에서는 다루지 않는다.

졸음 현상

EMDR 처리 과정 중에 내담자가 졸려 할 때는 많은 의미가 있다. 치료자는 무엇이 졸음을 불러왔는지 내담자와 이야기하며 알아봐야 한다. 내담자가 수면 부족일 경우, 처리 작업이 내담자를 이완시키고 졸리게 할 수 있다. 또는 안구 운동으로 내담자의 눈이 피로할 수도 있다. 이 경우에 내담자가 EMDR 회기를 일찍 마치거나, 두드리기나 청각 자극으로 바꾸기를 원할 수 있다.

감정적으로 힘든 정보를 처리하는 것의 저항으로 졸려 할 수도 있다. 이럴 경우에 내담자가 피하고 싶어 하는 것이 무엇인지 얘기해보고, 저항 그 자체를 EMDR의 타깃으로 처리할 수 있다. "저항이 당신의 신체 어디에서 느껴지나요?" "자신에 대한 어떤 믿음이 저항과 연관되어 있나요?" "저항과 연관된 기억이나 이미지가 있습니까?"라고 묻는다.

앞서 말했듯이 해리 현상으로 졸음이 올 수도 있다. 이브는 오빠의 학대 기억을 처리할 때 즉시 눈을 감고 꾸벅꾸벅 졸았다. 그녀가 눈을 감으려고 하자마자 나는 "깨어 있어야 합니다. 눈을 계속 뜨세요. 그건 다 지난 일입니다"라고 말하며 상기시켰고, 그녀는 눈을 뜨고 기억을 끝까지 처리할 수 있었다. 처리 과정 동안, 이브는 불쾌함을 피하기 위해 잠을 이용해왔음을 기억했다. 그녀에게 침대는 안전지대이자 피난처였고, 그녀는 자신의 삶에서 완전히 깨어 있지 못했다. 잠으로 도피하는 습관이 오래된 패턴으로 반복되었음을 알게 되었고, 상대적으로 행복한 현재의 삶에서는 더 이상 그럴 필요가 없다는 것을 깨달았다.

외상 당시의 의식 상태에 대한 기억으로 인해 EMDR 치료 과정 동안 졸릴 수도 있다. 어린 시절 성적 학대를 받은 많은 내담자들이 침대에서 잠을 자다가 추행을 당한 경우가 많다. 그들은 EMDR 치료 과정 동안에 완전히 깨어 있다고 느끼지 못하고, 학대의 기억은 학대 당시 그들의 상태와 일치하는 '꿈과 비슷한 양상'으로 느껴질 수 있다. 어떤 내담자는 술이나 약물에 취한 상태에서 학대받은 기억이 재현되어 졸려 하기도 한다. 한 내담자는 심한 졸음을 느꼈고, 졸면서 치료 과정 중에 술 냄새를 느꼈다. 기억이 전개되면서, 내담자는 가해자가 학대 전에 강제로 술을 마시게 한 것을 기억했다. 다른 내담자는 약물에 취했을 때 강간당한 것을 기억했다. 이런 경우, 치료자는 내담자를 깨어 있게 하고 그 기억의 EMDR 처리를 끝까지 계속해야 한다. 일반적으로 기억이 처리되면, 몇 분 전까지만 해도 눈 뜨고 있기 힘들어했던 내담자는 정상적인 깨어 있는 의식 상태로 돌아온다.

어떤 내담자는 안구 운동에 의해 최면 상태에 들어가 졸려 하기도 한다. 한 여성 내담자는 끔찍한 강간을 아무 감정 없이 EMDR로 처리하고 있었다. 안구 운동의 첫 세트 후에 SUDS가 0점으로 아무 고통이 없다고 했다. 처리된 것을 확인하기 위해 강간 장면의 원래 이미지를 다시 떠올리게 하자, SUDS가 10점이라고 보고했다. 그녀는 과거에 최면 치료자에게서 그녀가 최면에 걸리는 경향이 높다고 들었다고 말했다. 안구 운동의 다음 세트를 위해 그녀에게 자신의 경험을 이야기하며 설명하게 했다. 그녀는 말하면서 자신의 감정을 인식하게 되었고, 이를 EMDR로 처리할 수 있었다. 회기를 마칠 무렵, 원래의 이미지로 돌아왔을 때 SUDS는 0점으로 낮아져 있었다.

마비

때로는 내담자들이 EMDR 치료 과정 동안 마비된 것처럼 무감각하다는 느낌을 호소하기도 한다. 반드시 해리가 일어난 것이라고 할 수 없고, 처리 과정이 제대로 일어나지 않았다는 것도 아니다. 졸음과 같이 EMDR 치료 과정 중에 자극받아 떠오른 기억일 수 있다. 치료자는 마비된 느낌을 다른 신체 감각이나 신체 경험처럼 다루면 된다. "마비된 느낌이 당신의 신체 어디에서 느껴집니까?"라고 물은 뒤, "0점에서 10점 중 어느 정도로 마비된 느낌입니까?"라고 물어봄으로써 SUDS를 확인한다. 내담자에게 마비된 느낌이 드는 신체 부위에 주의를 집중하라고 하며 안구 운동을 시작한다. 내 경험에 의하면, 마비된 느낌은 보통 양측성 자극과 함께 변하며 연관된 기억들이나 연상들이 나타난다. 만약 마비된 느낌이 변하지 않는다면, 치료자는 내담자에게 자신에 대해 어떤 믿음을 갖고 있는지 물어볼 수 있다. 이런 경우 '뭔가 안전하지 않다'는 믿음이 처리를 방해하고 있을 수 있다. 이러한 믿음들을 모두 내담자와 함께 찾을 수 있고 EMDR의 타깃으로 삼을 수 있다. 치료자는 "마비된 느낌과 연관되어 어떤 이미지가 떠오릅니까?"라고 물어볼 수 있다. 예를 들어 질리언은 거대한 솜뭉치의 이미지를 보고했고, 마비된 느낌과 함께 타깃으로 처리하였다. 치료실에 있는 미술용품을 사용하여 느낌을 그릴 수도 있다. 그 이미지나 그림, 마비의 감각, 그와 관련된 어떤 믿음들을 양측성 자극을 주면서 처리할 수 있다.

신체 기억만을 가진 내담자

많은 내담자들이 일어난 사건의 시각 기억이나 서술 기억 없이 신체 기억만을 갖고 치료를 받으러 온다. 예를 들면 어린 시절 성 학대를 받았으나 사건에 대한 시각 기억이 없는 여성은 자신이 남성을 무서워하고, 누군가와 친밀해지는 것을 피하고, 다른 사람을 신뢰하지 못하고, 성적으로 억압되어 있으며, 남편이 애정의 표현이나 성적인 방식으로 접촉하면 분노와 공포에 가득 찬 소리를 지르는 증상이 있었지만 그 이유를 몰랐다. 그녀의 '신체'는 기억하지만 학대 사건의 시각 기억과 의식적으로 연결되지 않았다. 그녀 자신에게나 다른 사람들에게 그녀의 반응은 '비정상'으로 보였다. 이러한 내담자의 경우, 신체 기억을 EMDR로 처리하면 분리되어 있던 시각 기억의 문이 열리고 이질적인 정보의 통합이 일어난다. EMDR은 마치 분리된 기억 구획으로 격리시켰던 정보의 장벽을 녹이는 것처럼 보인다. 결과적으로 내담자는 따로따로 경험하면 의미가 없었던 이미지와 신체 감각, 행동들의 통합을 경험한다. 내담자는 흔히 이 경험들을 "마치 퍼즐 조각이 제자리를 찾아가는 것 같다"고 설명한다.

그러나 많은 내담자들의 경우, 신체 기억을 처리해도 연관된 시각 기억이 전혀 떠오르지 않기도 한다. 그들은 여러 신체 감각들을 경험하지만, 아무것도 볼 수 없다. 이 현상에는 여러 가지 이유가 있다. 일부 내담자의 경우 신체 기억이 시각적이고 서술적인 기억과 완전히 분리되어 각각 다른 구역에 저장되어 있기 때문으로 보인다. 전체 기억들과 기억 파편들이 모두 신체—마음에서 분리된 '구역들'에 갇혀 있어 이미지들은 한 구역에 저장되고, 신체 기억은 다른 구역에 존재한다. 일부의 경우 시각 기억이 결코 신체 기억과 연결되지 않는다. 연결이 망가졌기 때문일 수도 있고, 혹은 서로 다른 구역들을 연결하는 신경 회로가 EMDR의 처리 과정 동안에도 자극받지 않아서일 수도 있다. 내 경험에 의하면, 시각 기억이 없어도 내담자는 EMDR 치료의 도움을 받을 수 있다. 다음은 그러한 경우의 한 예다.

11장에서 기술할 안야는 배우자와의 관계에 어려움이 있었고, 이것이 어린 시절에 자신에게 일어났다고 느껴지는 어떤 외상과 관련되어 있다고 생각해 치료를 받으러 왔다. 수년간의 치료에도 불구하고, 자신이 성적 학대를 당했다는 어떤 시각적이거나 서술적인 기억이 없었으나 학대의 증상들과 뭔가가 일어났었다는 느낌을 계속 가졌다. 우리는 그녀의 신체 감각과 관련된 믿음을 타깃으로 다루었고, 매우 강한 신체 처리 과정이 일어났다. 한 EMDR 회기 동안 그녀의 신체는 경련을 일으키며 고통스러워 몸부림쳤다. 그러나 강렬한 신체 반응에도 불구하고, 어떤 시각 기억도 나타나지 않았다. 내가 자신에게 무엇이 일어나고 있다고 믿는지를 물었을 때, 그녀는 산고와 출산의 경험을 재처리하고 있는 것 같다고 대답했다. 그녀는 자신에게 일어난 것 같은 이것을 기억할 수도 없고, 막연한 꿈같은 이미지 외에 어떤 분명한 이미지들도 없었다. 나는 그녀가 안정 상태에 이르고 평온해보일 때까지 안구 운동을 지속하면서 강렬한 신체적 제반응을 계속 진행하도록 했다. 그녀는 그 회기 동안 수 분간 지속되는 여러 차례의 강렬한 신체적 제반응을 했고, 각 제반응 후에 안도감을 경험했다. 회기를 마칠 무렵에는 평온함을 느꼈고 신체의 고통이 없어졌다. 다음 회기에서 그녀는 증상의 호전과 이전에 가졌던 자신에 대한 부정적 믿음의 변화를 보고했다. 이 회기들은 전형적으로 과거 기억의 분명한 지각sense 없이 강렬한 신체 처리 과정이 일어난 경우다. 수개월의 작업 후, 그녀의 증상들과 배우자와의 관계는 유의미하게 호전되었고 그녀는 치료를 마치기로 결정했다.

한 여성은 EMDR 치료 과정 동안 공황 상태에서 울기 시작했는데, 의자에서 바닥으로 미끄러져 넘어졌다. 그 후 그녀는 오르가슴을 자극하는 발작적인 경련에 사로잡혔다. 나는 그녀 가까이 바닥으로 내려가서, 신체 반응이 가라앉을 때까지 치료자의 손가락을 따라 안구 운동을 계속하도록 부드럽게 격려했다. 나와 내담자는 그 경험으로 기진맥

진해졌다. 그 다음 주에 그녀의 증상은 호전되었다.

많은 내담자가 학대를 당하는 동안 볼 수 없었던 여러 가지 이유들로 학대의 시각 기억이 없다. 눈을 감았거나 어둠 속에서 학대가 일어났을 수도 있다. 많은 아이들이 밤에 침대에서 성희롱을 당한다. 한 내담자는 가해자가 그녀 머리 위에 무언가를 덮어서 시각 기억이 없었다. 내담자는 흔히 시각 기억이 나타나지 않기 때문에 EMDR을 제대로 하지 못하거나 효과가 없을까 봐 걱정한다. 따라서 치료자는 그것은 전혀 문제가 되지 않으며, 떠오르는 것을 계속 처리하도록 격려하면서 내담자를 안심시켜야 한다.

기억의 연쇄적 처리

어린 시절 다발성 외상을 경험한 내담자는 한 가지 기억을 완전히 처리하기 힘들어하는 경우가 흔한데, 이는 기억이 다른 기억에 연결되기 시작하고, 그 후 또 다른 기억이 계속 연결되어, 이중 어떤 기억들도 회기 내에 해결하지 못하기 때문이다. 연관된 기억들은 마치 긴 체인처럼 연결되어 있다. 내담자는 치료 과정 동안 자물쇠가 풀린 기억들에 압도당할 수도 있고, 많은 문들이 동시에 열려 기억의 옷장 속에서 갑자기 끔찍한 해골들이 튀어나오는 것처럼 느낄 수도 있다. 이를 예방하는 여러 제안들이 있다.

회기를 시작할 때, 치료자는 내담자가 안전지대로 가도록 유도된 이미지를 사용한다. 내담자가 그곳에서 여러 보호자들로부터 둘러싸여 있을 때, 치료자는 내담자가 다루기 원하는 기억을 떠올리고 영화나 비디오 장면이라고 상상하게 한다. 한 번에 한 기억만 다루자고 말하고, 만약 내담자가 휴식을 원한다면 언제든 그럴 수 있고 안전지대로 돌아올 수 있다고 알려준다. 멈추는 신호를 정해놓는다. 내담자가 준비되었을 때, 기억을 떠올리고 EMDR 치료 과정을 시작한다. 이 방법은 기억을 연쇄적으로 처리하는 경향이 있는 내담자에게 매우 유용하다. 스스로 조절할 수 있으며 한 번에 하나씩만 다룰 것이라는 것을 알고 있다는 사실이 내담자를 안심시켜준다. 안전지대에 머물면서 기억을 화면에 투사하거나, 자신이 필요하면 언제든 안전지대로 돌아올 수 있다는 것을 알면서 처리 과정을 시행한다.

다른 방법은 기억이 계속 연쇄적으로 일어날 때 내담자에게 원래의 타깃 기억으로 돌아가서 그것을 확인하게 하는 것이다. 이런 방식으로 내담자가 원래의 타깃 기억에서 멀어지지 않게 한다. 기본 방침은 '의심되면, 원래의 장면으로 돌아가 체크하라'이다. 예를 들어 내담자가 세 살 때 침실에서 아버지에게 학대당한 기억을 다루다가 수차례의 양측성 자극 세트 이후에는 대여섯 살 때 가족 농장에서의 기억을 처리하기 시작한다고 가정해보자. 내담자에게 "우리가 시작했던 장면으로 돌아가 보세요. 그 장면을 떠올릴 때 '지금' 어떤 것이 떠오릅니까?"라고 묻는다. 만약 내담자가 "지금 매우 화가 나지만, 두렵지는 않아요"라고 말한다면, 치료자는 "계속 갑니다"라고 하면서 다시 양측성 자극을 시작한다. 내담자는 다른 고통스런 기억들로 연속해서 연결될 때 타깃 기억으로 돌아오는 것을 꺼리지는 않는다. 이런 치료자의 제시를 통해 내담자는 처리 과정을 방해받는 것이 아니라, 오히려 처리 과정에 주의를 기울이면서 너무 먼 곳을 헤매거나 너무 많은 기억의 옷장을 열지 않도록 도와주는 치료자를 더 신뢰하게 된다. 치료자는 열린 기억들을 기록해서 앞으로 다룰 잠재적인 타깃으로 사용한다.

치료의 속도

EMDR은 내담자의 필요에 따라 매 회기에 사용할 수도 있고 통합적인 면담 회기 중간중간에 사용할 수도 있다. 나는 내담자의 필요에 따라 다양한 스케줄로 내담자를 만났다. 예로, 한 여성은 매주 2회씩 한 번은 90분의 EMDR 회기를 하고, 3일 후 50분의 면담 회기를 하면서 2년 동안 치료했다. 그 후에는 회기의 빈도를 줄여 매주 1회씩 90분의 EMDR 회기와 50분의 면담 회기를 격주로 번갈아 가면서 했다. 마지막으로 치료를 종료할 때까지 50분의 면담 회기를 2주 간격으로 하였다. 어떤 내담자는 매 회기를 90분의 EMDR로 작업하는 반면, 어떤 내담자는 수 주간의 집중적인 EMDR 작업 후에 몇 차례의 짧은 통합 면담 회기를 하기도 한다.

EMDR에서 내담자는 자신이 감당할 수 있는 속도로 기억을 처리하는 것을 배움으로써 더 이상 압도되거나 희생된다고 느끼지 않아야 한다. 많은 성 학대 내담자들은 원하는 것을 요청하는 데 어려움을 느끼고 자신의 필요를 인식할 만큼 자신과 접촉하지 못하기 때문에 문제가 된다. 일부 내담자는 EMDR이 즉각적으로 수년간의 학대를 지워 줄 것이라 믿고 매 회기에 EMDR 처리 과정을 요구하기도 하므로, 치료자는 속도를 적절히 조절하는 데 주의를 기울여야 한다. 내담자는 매주 1회나 2회씩 EMDR 회기를 하기 원하면서 치료를 받으러 올 수도 있다. 많은 성 학대 내담자들에게 이것은 금기 사항이다.

강렬한 학대 기억의 EMDR 치료 과정 후에 내담자는 작업 동안에 떠올랐던 정보를 통합하고 싶어 할 수도 있다. 회기를 마칠 때, 내담자가 다음 회기 때 필요하다고 느끼는 것을 토론하는 것도 도움이 된다. 일부 내담자는 다음 주에 90분의 EMDR 회기를 원한다고 생각하고서도, 돌아왔을 때는 마음을 바꿔 치료자의 안내에 따라 자신이 어떻게 느끼는지 접근하기도 한다. EMDR 치료 과정을 연기하는 것을 반드시 저항으로 해석할 필요는 없다. 작업이 너무 강렬한 경우, 회기를 연기하는 것도 필요하다. 이렇게 함으로써 떠오른 정보를 통합하고 더 처리하기 전에 충분한 안정을 느낄 수 있다.

4장에서 언급했듯이, 예술 작업은 치료 속도를 조절하는 데 유용하다. 내담자가 떠오른 정보를 통합하도록 돕고 처리 과정에서 조절감을 갖도록 해준다. 예술 작업은 회기 내에서나 회기 사이에 시행할 수 있다.

07

말기 단계: 창조성, 영성, 통합

치료의 말기 단계는 대부분의 외상 기억이 EMDR로 처리되고, 플래시백과 악몽이 멈추며, 내담자가 자신의 고통스러운 과거로부터 자유롭다고 느끼게 된 후에 시작한다. 이 시기 동안 치료자와 내담자는 그동안 이루어진 작업을 재검토한다. 변화를 기뻐하고 축하하며, 남아 있는 작업들을 찾아보고, 정체성 탐구와 발달을 다루며, 미래에 초점을 맞추고 새로운 삶의 경험들과 함께 일어날 수 있는 발달상의 결함들을 채운다.

내담자는 EMDR 치료의 말기에 전형적으로 창조성과 영성이 열리는 경험을 한다. 과거 외상의 짐으로부터 자유로워지면서, 이전엔 결코 경험하지 못했던 삶을 경험한다. 창조적 표현, 탐구, 자기 발달의 잠재적이고 무한한 가능성으로 충만해진다. 한 내담자는 이렇게 말했다. "이제 나는 삶을 갖게 되었어요. EMDR 전에는 난 단지 존재하기만 했을 뿐, 습관적으로 매우 고립되고, 외롭고, 고통스럽고, 기쁨이 없는 일상을 겪어왔어요. 그러나 이제 나는 살아 있고, 자유롭고, 독립적이고, 행복해요!"

치료 말기의 기간은 내담자의 욕구와 상황에 따라 몇 회기에서 수개월까지 지속할 수 있다. 정해진 방식은 없다. 이상적으로 EMDR 치료 과정 동안 이루어진 작업을 완성하고 통합하는 시간이지만, 다양한 이유들(재정적인 이유를 포함해서)로 모든 내담자가 말기 단계에 많은 시간 보내기를 희망하지는 않는다. 경험상, 말기에 이르면 많은 내담자가 모든 외상을 처리했고 더 이상 작업할 것이 없다고 느끼는 지점에 도달한다. 작업이 충분하다고 느끼며 나아가 자신의 능력을 시험해보길 원한다.

치료자에게는 갑작스럽게 느껴질 수도 있다. 한 예로, EMDR 치료 전에 장기간의 면담 치료를 수년간 해온 크리스티나는 '힘든 일'이라고 느꼈던 것을 몇 개월 동안에 처리했고 잠시 동안 치료를 받지 않고 지내기를 원했다. 그녀는 단 몇 회기 만에 치료를 종료했는데, 언제든 다시 돌아올 수 있다는 이야기를 듣고 치료를 마쳤다. 그녀는 여전히 작업해야 할 것이 있음을 알았지만 치료를 떠날 때 어떤 압박도 느끼지 않았다.

어떤 내담자는 특정 문제나 기억을 작업하기 위해 EMDR 치료를 하러 오고, 목표 도달 후에 처리한 것을 시험하기 위해 쉬고 싶어 한다. 다른 내담자는 치료적 작업이 층layers별로 일어난다고 기술한다. 한 층에서 할 수 있는 모든 것을 다루고, 만약 다른 층의 기억이나 증상들이 나타나 필요해지면 나중에 돌아온다. 또 다른 극단의 예로, 다수의 가해자에게 어린 시절 수년에 걸쳐 심하게 학대받았던 멜라니와 같은 경우도 있다. EMDR 치료는 3년간 지속되었는데, 치료 말기 단계에 1년이 필요했다. 이후 자극을 받거나 곤경에 빠졌다고 느낄 때 '조정tune-ups'을 위해 여러 차례 치료를 받으러 돌아왔다.

나는 누구인가?

일단 외상 기억의 압력이 처리되고 내담자가 현재를 충분히 살 수 있도록 외상 기억의 방해를 더 이상 받지 않게 되면, 내담자는 자발적으로 더 넓은 존재에 관한 질문들, 예를 들어 '이제 과거로부터의 제한적인 믿음과 무서운 이미지들로부터 자유로운데, 나는 누구인가?'와 같은 질문을 하기 시작한다. 생존자나 피해자의 정체성은 사라진다. 한 내담자는 "학대는 과거에 일어났고 다른 많은 일들도 있었죠. 이것들 중 어느 것도 내가 아니에요"라고 말했다. 이때는 정체성 탐구와 발달의 시간이다.《외상의 전환: EMDR》에서 언급한 멜라니는 이렇게 표현했다.

"회복 기간 동안에 나는 '내가 누구인가?'를 질문하기 시작했죠. 이것은 얼마 동안 아주 놀라웠어요. 왜냐하면 이런 질문은 나에게 새로웠기 때문이죠. 다른 질문들이 계속되었어요. 나 자신에게 나는 누구인가? 내 가족에게는? 자연에는? 내가 사는 세상에는? 삶에서 나는 무엇을 하고 있나? 어디로 향하나? 사는 목적이 무엇인가?

나는 지혜와 통찰의 작은 폭발들을 경험했죠. 나는 내 질문들에 대한 대답들을 발견하는 것이 내면의 여행, 내 전체 탐구quest to wholeness의 시작이라는 것을 깨달았어요. 또한 어떤 여행이든 내가 겁내는 시간들이 있겠지만, 순수한 기쁨과 평화의 시간도 있다는 것과 이제 나는 두려움이 나를 지배하고 움직이지 못하게 놔두지 않을 것이라는 것을 깨달았어요." (Parnell, 1997a, p271)

어떤 내담자는 EMDR로 자신의 분노를 충분히 표현하고 처리한 후에 새로운 방식으로 힘을 얻었다고 느끼는데, 행동의 변화로도 나타난다. 새로운 직업, 새로운 관계, 새로운 교육의 기회, 새로운 창조적 모험을 찾는다. 처음으로 무언가를 즐기며 할 수 있다고 느낀다. 아이로서 할 수 없었던 것들을 할 수 있게 된다. 자신의 어린 자아가 새로운 자유를 즐기게 되었다고 느낀 한 여성 내담자는 "나는 지금 내가 원하는 건 무엇이든 할 수 있어요. 나에겐 이제 선택권이 있어요"라고 말했다.

치료자는 내담자가 자신에 대한 열의와 세상을 발견하는 기쁨을 공유하면서 회기를 더 진행시켜 나갈 수 있다. 많은 경우 치료자는 세상에 대한 아이의 놀라운 관점을 바라보는 부모와도 같다. 이것은 아이의 자존감과 자기 존중감을 증가시킨다. 따라서 나쁜 시간뿐만 아니라 좋은 시간도, 실패뿐만 아니라 성공도 함께 나눌 수 있는 것이 좋다.

이 시기 동안 치료자는 내담자가 친밀감 같은 타인과의 건강한 관계에 대한 주제들을 다루어 나가도록 격려할 수 있다. 이는 내담자가 세상에 적극적으로 관여하고 친구들을 만드는 데 필요하다. 내담자가 세상으로 나아가 자신의 변화를 시험해보는 것도 중요하다. 이때 사회화 기술을 배우는 것이 필요할 수 있다. 어떻게 사람들에게 말할 것인가? 어떻게 친구를 사귈 것인가? 특정한 두려움이나 곤란한 상황, 타인과의 연결을 방해하는 것과 관련된 오랜 기억들을 EMDR로 처리할 수 있다.

많은 내담자들이 그들의 성sexuality을 회복해야 한다. 성적인 문제들이 EMDR 처리의 목표가 될 수 있다. 상대방과 안전하고 친밀하며 즐겁게 관계 맺는 방식을 찾아가도록 섬세하게 작업할 수 있는 성 치료자들이 크게 도움이 된다. 성교육도 필요하다. 성적 외상으로 인해 결코 배우지 못했던 기본적인 성교육은 자신의 신체 반응에 혼란스러워하는 내담자를 도울 수 있다(Maltz, 1991).

직업이나 교육, 대인 관계의 영역에서 EMDR 목표를 설정하고 그것에 초점을 둘 수 있다. 내담자들은 새로운 계획들을 시작하고 치료자의 지지를 받으며 합리적인 위험을 감수할 수 있다. 내담자는 새로운 삶의 경험들과 기술을 모으면서, 위험을 무릅쓰고 과감하게 세상으로 나아간다. 자신과의 연결로부터 나오는 더욱 강력하고 안전한, 새로운 긍정적인 정체성이 발달한다. 멜라니는 이 연결과 자기 확신을 다음과 같이 기술했다.

"나는 나 자신과 세상이 연결된 것을 느껴요. 나는 모든 수준에서 나 자신과 하나예요. 신체적으로, 정서적으로, 영적으로, 직관적으로. 나의 직관과 접하고, 내가 하는 일이 옳으며 진실이라는 것을 알면서, 그 직관이 내 결정을 안내하도록 둘 수 있어요. 나는 지혜가 떠오르는 것을 끈기 있게 기다릴 수 있기 때문에 침착해요. 그리고 해답이 올 것이라는 것을 알기 때문에 스트레스를 거의 받지 않아요.

세상과의 새로운 연결에 나도 놀라워요. 나는 모든 감각으로 세상을 발견하고 있어요. 너무 신나요! 새의 노랫소리와 아이들의 웃음소리를 들어요. 출근할 때, 남들은 놓치는 아름다운 무지개를 봐요. 나는 일부러 빗속에 서서 빗방울이 내 몸에 닿는 것을 느껴요.

EMDR 작업 전의 내 삶은 방향을 잃었던 반면에 이제 나는 끊임없이 앞으로 향해 가요. 나는 내가 오늘 한 행동이나 결정들이 내 미래를 만든다는 것을 알기에 내일을 걱정하지 않아요. 나는 진실로 내 길에 다가오는 어떤 것도 다룰 수 있다고 믿어요. 내가 새로 발견한 신뢰로 좋은 것과 나쁜 것, 행복과 고통, 쉬운 시기와 어려운 시기들을 다룰 수 있다고 확신해요." (Parnell, 1997a, pp.272~273)

많은 내담자들이 자신을 더 깊이 탐구하려는 욕구로 영적인 질문들을 갖게 된다. 그들은 참 자아와의 깊은 연결과 세상의 신뢰를 경험한다. 한 여성은 EMDR 치료 후에 자신이 투시 지각력이 있다는 것을 알았다. 그녀는 타인들이 느끼는 것을 자신의 신체에서 지각할 수 있는 직관적 재능을 가졌다. 그녀는 공식적인 직관 훈련을 통해 이 재능을 탐구하고 발달시켜 나갔고, 삶의 목적과 의미를 깊이 깨달을 수 있었다. 그녀는 이전과 전혀 다른 완전히 새로운 직업을 구상했다. 그녀에게 맞는다고 느꼈던 치유 작업과 관련된 것이었고, 그녀에게 잘 어울렸다. 또 다른 여성은 여성의 영성과 명상에 매우 흥미를 느끼게 되었다. 특히 여신에게 매우 강한 애착을 느꼈다. 그녀는 유동적이고 표현적인 춤과 예술에 몰두했는데, 이는 삶에 많은 기쁨을 주었으며 여성성과 관능미의 표현에서 새로운 자유를 발견하게 해주었다.

말기 단계에서의 EMDR 사용

현재 유발 인자를 목표로 다룸

때때로 내담자는 타인과 외부 상황들로 인한 삶의 혼란을 보고한다. 상사가 옆에 있으면 불편함을 느껴 일할 때 불안해지는 것과 같은 단순한 것일 수 있다. EMDR을 수치심, 두려움, 분노, 불안의 잔여들을 처리하기 위해 사용한다. 남아 있는 감정을 유발하는 상황은 초기 관련 사건에서 유래할 수 있다. 초기 사건을 타깃으로 설정해 처리하고 나면 현재 상황과 연결된 과거의 것이 없어지고 현재 상황 또한 없어진다. 만약 내담자가 과거 사건을 현재 유발 인자와 연결시키기 어려워한다면, 치료자는 현재 상황에서 시작해 처리할 수 있다. 가령 금주해온 내담자가 자극을 받아 음주 욕구를 느낄 때, 치료자는 음주 유발 상황과 음주 충동을 목표로 EMDR을 할 수 있다. 이 시기 동안 더 고통스러운 것이 나타날 수도 있지만, 대개 낮은 SUDS 점수 수준의 기억들이 일어난다.

발달상의 결함을 채움

어린 시절 신체적 학대와 성적 학대로 고통을 받았던 성인은 사회적, 심리적, 교육적 발달의 여러 영역에서 결함을 보일 가능성이 높다. 성적 문제, 타인을 신뢰하거나 친구 사귀기의 어려움, 역기능적인 대인 관계, 취업의 어려움 등으로 나타날 수 있다. 이 시기에 치료자는 내담자가 이러한 결함들을 채우는 것을 돕기 위한 교육과 안내를 제공한다. 특정 관심 집단, 자기주장 훈련, 사회화 기술 발달을 위한(성 학대에 초점을 둔 것이 아닌) 성인 정신 치료 집단, 지역 사회 대학에서의 수업, 자원 봉사 등은 내담자가 사회로 들어갈 때 도움이 될 수 있다. 내담자의 사회적 기술을 발달시키기 위해 교육과 역할극이 필요할 수도 있다. 긍정적 이미지와 인지를 주입하면서, 사회 생활의 어려움들을 타깃으로 EMDR을 시행할 수 있다.

또한 내담자는 어떻게 노는지 배울 수 있도록 격려와 지지가 필요하다. 치료자는 내담자가 만약 기회가 있었다면 간절히 하고 싶었던 것들을 하도록 지지한다. 심지어 어린 자아에게 '네가 하고 싶은 게 뭐니?'라고 물어보고 대답을 듣도록 격려할 수 있다. 예술 수업, 연극 수업, 춤, 래프팅, 하이킹, 창조적 글쓰기, 사진 촬영 등이 있다.

점차 건강해지고 자신과 외부 세상을 더 알고 싶어 하고, 삶의 적극적 참여자로 즐기게 되면서 내담자들은 그들이 어린 시절에 결코 갖지 못했던 것들을 고통스럽게 인식한다. 아이의 잃어버린 순결은 결코 대체될 수 없기 때문에(심지어 EMDR로도) 이는 가슴에 사무치는 일이다. 어른과 함께 있을 때 안전함을 느끼고, 자신의 신체와 건강한 관계를 발달시키고, 친밀한 관계의 기초를 세우는 것과 같은 어린 시절에 결코 갖지 못했던 면들이 있음을 알게 된다. EMDR은 상실한 순결을 복원할 수는 없지만 자신의 가치와 삶의 의미를 증가시킬 수 있다. 치료자는 이 슬픈 느낌들을 참고 견딜 수 있어야 한다. 어린 시절 학대로 인해 내담자가 경험하지 못했던 것들이 살아가면서 떠오를 수 있기 때문이다. 이는 EMDR로 다 없앨 수 있는 것이 아니다.

세상으로 나아가는 데 관련된 두려움 처리

세상을 향해 한 발 더 나아가는 데 초점을 두고 치료를 진행하는 동안 실패나 성공의 두려움, 새 직업, 연애, 관계에 대한 걱정, 제한된 믿음이나 가상의 불편한 상황 등과 같은 여러 가지 두려움이 드러날 수도 있는데, 이 역시 EMDR로 처리할 수 있다. 예를 들어 내담자가 새 직업을 갖기 위해 면접에 갈 예정인데 매우 불안하고 불안정함을 느낀다면, 그 상황을 목표로 하여 처리할 수 있으며, 더 안전을 느끼고, 준비가 되었다고 느끼도록 도와줄 긍정적인 인지와 이미지를 주입할 수 있다. 원인을 모르는 두려움도 처리할 수 있다. 한 내담자는 두려움을 느끼는 검은 공간을 안도감을 느낄 때까지 처리하였다. 이렇듯 어떤 숱한 어려움도 그것이 일어나기 전에 미리 처리해서 내담자에게 힘을 불어넣어 줄 수 있다.

다린의 사례

다린은 우울과 불안 때문에 수개월간 일을 하지 못했다. 성적 학대를 수개월간 EMDR 치료한 후, 그녀는 일하기 위해 돌아갈 준비가 되었다고 느꼈다. 보험 회사에서 직업을 구했으나 수행 능력에 불안을 느꼈다. 우리는 일하는 것에 대한 두려움을 타깃으로 삼았다.

목표 이미지	그녀가 일할 새 사무실
부정적 인지	변화는 스트레스가 많고, 나는 적응할 수 없다.
긍정적 인지	나는 변화할 수 있고, 그것은 나에게 유익할 것이다.
SUDS	8점
신체 감각 위치	위와 가슴에서 불안과 두려움을 느낌

다린　　▶◀▶◀▶◀ 나는 전화 받는 데 지쳤어요. 왜 그런지 몰라요. 나는 때때로 마음이 완전히 백지예요. 사람들이 나를 멍청하다고 생각할 거예요. 나는 이곳이 새로워요. ▶◀▶◀▶◀ (다린은 지난 직장에서 사장이 항상 늦고, 그녀는 잔뜩 긴장해서 전화를 받는 일이 스트레스였다. 그녀는 새 직장에는 도와줄 더 많은 동료들이 있으며 그 일 자체가 스트레스가 아니라는 것을 스스로 떠올렸다.)

다린　　그렇게 큰 스트레스는 아닐 거예요. ▶◀▶◀▶◀ 나는 여기서 더 많은 지지를 받고 만약 캐런이 날 도와줄 수 없다면 존에게 물어볼 수 있어요. 내 공간이 있고 혼자 있을 수 있다는 것이 좋아요. (그녀는 그때 긍정적인 인지와 함께, 강한 깨달음이 있었다.) 나는 이것을 다룰 수 있고 좋아해요. ▶◀▶◀▶◀ 많이 편안해졌어요. 그곳에 많은 지지가 있다는 것을 몰랐군요. 우리는 각자 자신의 컴퓨터와 공간이 있어요. 내가 원하는 대로 배치할 수 있어요. (그녀는 그녀에게 중요한 주위 환경을 조절할 수 있다고 느꼈다.) ▶◀▶◀▶◀ 내 공간이 있다는 생각이 나를 안전하게 느끼게 해요.

치료자   지금은 어떻게 느끼죠?

다린   모든 것이 좋아요.

치료자   불편한 것이 조금이라도 있나요? (나는 유발 인자나 불안이 남아있는지 확인하길 원했다.)

다린   나는 그 서류로 가득한 방을 좋아하지 않아요. 너무 작아요. (그녀는 초조해지기 시작했다.)

치료자   당신이 거기에 있는 것을 더 낫게 느끼도록 도와주는 게 뭘까요?

다린   문이 있어서 나갈 수 있어요. 그리고 창문이 있어 밖을 볼 수 있어요. 사람들이 위협적이지 않아요. (그녀는 자신이 작고, 덫에 걸리고, 위험했던 과거 상황과 지금이 다르다는 것을 깨달았다.)

치료자   당신이 지금 깨달은 모든 것들과 함께 서류가 쌓인 그 방을 떠올리세요. 창문, 문, 위협적이지 않은 사람들.

다린   ▶◀▶◀▶◀ 아버지가 나를 학대하기 전에 옷장에 갇혀 꼼짝 못하던 때가 갑자기 떠올랐어요. '나는 이제 커요. 나는 조절할 수 있어요.'

치료자   그걸 생각하세요. ▶◀▶◀▶◀ (긍정적 인지 주입.)

다린   (긍정적 인지와 이미지가 증가한다.) 나는 내 공간이 있어요. 문이 있어요. 많은 햇살과 신선한 공기, 이전엔 받지 못했던 많은 지지들. 나는 크고 조절할 수 있어요. 이제 나는 조금 이완할 수 있어요.

치료자   원래의 장면으로 돌아가 보죠. 0점에서 10점 중 지금 얼마나 고통스럽죠?

다린   5점이요.

치료자   무엇이 0점이 되지 못하게 방해하나요? (내심 놀랐다. 나는 더 낮을 거라고 생각했다.)

다린   ▶◀▶◀▶◀ 나는 그들이 나를 원하는지 알기 위해 2주간 평가받고 있어요. 그것 때문에 불안해요. (그녀는 회사의 정규 직원이 되기 전에 임시 채용 기간을 거쳐야 했다.)

치료자   다음 2주간 당신이 평가받는다고 느끼는 것으로 계속하죠.

다린   ▶◀▶◀▶◀ 나는 완벽하게 할 만한 자격이 있고 그 일에 적합해요. MS 워드를 알고 다른 컴퓨터 시스템도 배울 수 있어요. 나는 그것을 배우는 것에 대해 걱정하지 않아요. 나는 그걸 좋아해요. ▶◀▶◀▶◀ 나는 더 편안하고 인내심이 있어요. 이제 더 분명해요. 나는 그 일에 대해 온전한 새로운 사람이에요.

긍정적인 미래 템플릿 주입

EMDR로 긍정적 미래 템플릿을 주입할 수 있다(샤피로, 2011). 콘은 내담자에게 필요한 교육부터 제공하면서 시작한다고 기술했다(Korn, 1997). 예를 들어 치료자는 내담자에게 어떻게 '아니요'라고 말하는지와, 누군가가 경계를 넘어와 불편하게 느낄 때 적절한 경계를 설정하는 것을 가르칠 수 있다. 이것은 자기주장 훈련의 일종이다. 치료자와 내담자는 배운 행동들을 숙달하기 위해 상호 작용 역할극을 할 수도 있다. 또한 치료자는 내담자가 자기 효능감을 증가시키는 긍정적 인지에 따라 최상의 행동 반응을 상상하도록 요청할 수 있다. 양측성 자극은 이 긍정적 템플릿을 주입하기 위해 사용한다. 예를 들어 내담자는 불편을 느끼는 성관계를 강요받는 데이트 상황을 상상할 수 있다. 그녀는 '싫어'라고 말할 뿐 아니라, 그를 떠나 자신에게 '나는 나를 돌볼 수 있어'라고 말하는 것을 상상한다. 그녀가 마음에 이미지, 긍정적 믿음, 힘을 주는 느낌을 강하게 가질 때, 이것을 양측성 자극과 함께 주입한다. EMDR은 긍정적 자원, 힘, 새로운 기술을 강화시키는 데 사용할 수 있다.

치료 재검토

이 시기에는 그동안 이루어진 작업을 재검토하고 처리되지 않은 장애 영역들이 있는지 찾아본다. 숲의 큰 불을 막 끈 후, 새로 타올라 또다시 손상을 줄 수 있는 불씨가 있는지 찾아보는 것과 같다. 재검토는 내담자의 일기와 예술 작품, 치료자의 기록을 다시 보면서 한다. 과거 회기 동안 작업한 오랜 기억들을 가져와서 감정적으로 힘든 부분이 남아있나 확인한다. 어떠한 영역도 목표로 설정해 재처리할 수 있다. 치료자는 이때 나타나는 제한된 믿음과 목표에도 주의해야 한다. 재검토를 통해 내담자는 스스로가 얼마나 멀리 왔고, 얼마나 많이 변했는지 되돌아볼 수 있으며, 이 과정은 내담자에게 동기를 부여하고, 힘을 얻을 수 있도록 도와준다.

조정

때때로 말기 단계 동안이나 치료를 종료한 후에, 내담자는 무언가 (이정표나 발달 단계와 관련되어 재발하는 문제들을 포함하여)에 의해 자극될 수 있다. 결혼, 이혼, 가족의 출생과 사망, 가해자의 사망, 또는 가해자를 돌보게 된다든지, 내담자의 자녀가 자신이 학대받았던 나이에 도달하게 된다든지 등의 상황은 증상을 재발하게 할 수 있다. 예를 들어 어릴 때 심하게 학대하는 오빠들과 정신 질환을 앓던 엄마와 살았던 에밀리는 아들을 출산하고 다시 치료를 받으러 왔다. 갑자기 불안과 두려움에 사로잡혔고 그녀의 아기가 유발 인자로 보였다. EMDR 치료는 새로운 층을 다루었고, 어머니나 어린 시절 기억들과 관련된 문제들을 처리했다.

새로운 관계, 학대나 폭력을 그린 영화나 TV 쇼, 의료나 치과 시술, 과거의 누군가나 누군가를 떠올리는 사람을 보는 것도 유발 인자가 될 수 있다. 이런 경우, 갑작스러운 공황과 불안을 경험해 문제의 원천을 제거하는 작업을 원한다. 이것은 정상이고 큰 문제가 아니다. 초기 치료로 모든 유발 인자를 제거하기란 불가능하다. 이는 치료 실패를 의미하지 않는다. 치료 시에는 분명하지 않았지만 나중에 나타나는 영역이 있다. 내담자에게 이런 일이 일어날 수 있다는 것과, 다시 EMDR로 그 장애를 처리(해결)할 수 있다는 설명을 해준다. 치료를 끝낼 때, 나는 항상 필요를 느끼거나 새로운 것이 나타난다면 '조정'을 위해 돌아올 수 있다고 말한다. 문이 항상 열려 있다는 것을 아는 것은 내담자를 안심하게 한다.

게일은 어린 시절 심한 학대의 처리를 포함해 2년간의 EMDR 치료를 성공적으로 마쳤다. 치료 말기 6개월 후 그녀는 괜찮다고 느꼈으며 더 이상의 유발 인자가 없었다. 그리고 1년 후 의료 시술 영향으로 불안과 악몽을 경험해 다시 치료를 받으러 왔다. 우리는 의료 시술 경험을 타깃으로 다뤘는데, 이것이 전에 처리되지 않았던 어린 시절 외상과 관련되었다는 것을 발견했다. 회기를 마칠 때는 증상이 줄어들었다. 그녀는 언제라도 다시 돌아올 수 있다는 것을 알고 치료를 마쳤다.

의료 시술은 내담자가 자신에게 해를 끼칠 수 있는 타인에게 무기력하게 의존하는 상황에 다시 처하는 것이기 때문에 유발 인자가 될 수 있다. 많은 의료 시술이 매우 침습적이고 초기 침습의 기억들을 자극한다. 내담자에게 비록 침습적이고 고통스럽더라도 이 시술들은 과거처럼 해를 끼치는 것이 아니라 도움을 주기 위한 것임을 상기시키는 것이 도움이 된다. 또한 스스로 조절할 수 있음을 강조하는 것도 중요하다.

내담자는 새로운 문제들 때문에 다시 치료를 시작하기도 한다. 새로운 관계나 새 직업은 지지와 안내, 부가적인 EMDR을 필요로 할 수 있다. 외상 기억이나 전에 처리되지 않은 문제들의 새로운 층이 나타날 수 있다. 내담자는 살아가면서 다루기 힘든 삶의 영역을 발견하면 다시 돌아온다. 어린 시절의 심한 학대의 치료는 마치 양파의 껍질처럼 한 층의 작업이 더 깊은 층, 보다 더 깊은 층으로 이끌면서, 층별로 일어나는 것처럼 보인다. 다음 층을 다루게 될 때까지 그 층에 머물 수 있다. 다음 껍질을 벗기기 전에, 잠시 동안 치료를 쉬면서 한 층에 정착하기를 원할 수도 있다. 개개인마다 변화의 리듬과 속도는 다르다.

제 3 부

**EMDR 치료에
활용할 수 있는 기법들**

08

치료 회기의 초기

이 장에서는 치료자가 EMDR을 통해 기억의 처리를 시작할 때
내담자와 어떤 준비를 해야 좋은지 설명한다. 필요에 따라
표준 EMDR 과정을 어떻게 수정할 수 있는지, 그리고
EMDR 타깃을 어떻게 찾고 정하면 되는지를 소개한다.

검토와 재평가

내담자가 EMDR 치료를 받으러 오면 치료자는 요즘 어떻게 지내고 있고, 지난주는 어떻게 보냈으며, 그동안 뭔가 새로운 것이 떠오르지는 않았는지 등을 물어보며 확인한다. 치료 회기 사이에 숙제를 해온 경우에는 그것에 대해 대화를 나누기도 한다. 어떤 내담자는 치료 회기 사이에 매우 생생한 꿈을 꾸기도 한다. 예를 들면 안은 '나쁜 사람들'에게 쫓기는 내용의 강렬하고 고통스러운 꿈을 꾸었는데, 꿈의 근원이 뭔지는 알 수 없었지만 꿈에서 느꼈던 공포가 너무 생생했기 때문에 일상생활 중에도 그러한 감정에 압도되거나 예민해졌다. 그녀는 매번 치료 회기 중에 이러한 꿈들과 그에 연상된 것들을 이야기하였고, 종종 EMDR의 타깃이 되곤 했다.

내담자는 플래시백이나 새로운 신체 감각을 경험했다고 보고하

기도 하고, 종종 치료 회기 후에 새로운 기억들이 떠올라 가져오기도 한다. 어린 시절 심하게 학대당한 경우, 특히 오랜 시간에 걸쳐 다발성 외상 사건을 겪었던 내담자는 회기가 끝날 때도 SUDS가 0점에 도달하지 못하는 경우가 종종 있다. 이러한 이유 때문에 타깃을 처리하게 되면 그와 연관된 기억들이 떠올라 오히려 그 다음 주 동안 더욱 강렬한 경험을 하게 될 수도 있다. 예를 들면, 이웃에게 성폭행을 당한 기억에 대한 작업을 해나가던 한 여성은 SUDS가 2~3점까지 내려갔지만 연관된 다른 느낌이 나타났고, 치료 후 다음 주 동안 눈앞에 어떤 이미지들이 나타났다가 사라지기도 하고 속이 메스꺼워지는 느낌을 받기도 하면서 기억의 조각들이 떠오르는 경험을 하게 되었다. 그녀는 조각난 이미지들이 이전 시간의 치료 과정과 관련 있다고 느낄 수 있다.

치료 후 나타나는 반응이나 어려움들뿐만 아니라 유발 요인도 알아봐야 한다. 내담자가 이야기하는 동안 치료자는 기록하고 잘 들으면서 다음 타깃을 찾는다. 좀 더 자세히 탐색해야 할 주제가 나타나지는 않는가? 만약 내담자가 무언가에 쫓기는 꿈을 말하고, 집이나 직장에서 무서움을 느끼며, 치료자에게서 거리를 느끼는 듯한 모습을 보인다면 탐색해야 할 주제는 공포이다.

이전 EMDR 회기 때 다루었던 타깃 또한 변했는지 알아보기 위해 체크해보아야 한다. 치료자는 내담자에게 "지난주에 우리가 다루었던 이미지를 머릿속에 그려보고 나서 어떤 것이 떠오르는지 얘기해주세요"라고 묻는다. 내담자는 그 이미지를 떠올리면서, 자신이 지각한 내용들을 보고한다. 만약 이전 시간에 타깃이 SUDS 0점에 도달하지 못했다면 아마도 여전히 해결되지 않은 문제일 가능성이 있기 때문에 그와 관련된 새로운 정보가 나오게 될 것이다. 예를 들어 타깃에 대한 일차적인 감정이 공포였던 내담자가 지금은 분노로 바뀌었다면 이는 처리 과정을 통해 새로운 '분노' 채널이 열렸음을 의미한다.

타깃을 체크하다 보면 이전 회기 때는 분명하지 않았던 연관 기억들이 밝혀지는 경우도 있다. 타깃을 체크함으로써 치료자는 EMDR 치료가 어떻게 진행되고 있는지의 피드백(타깃 이미지의 SUDS가 이전 회기 때에 비해 낮아졌는가, 높아졌는가, 변화가 있는가, 없는가)과 타깃 설정을 할 만한 추가 정보를 얻는다.

표준 EMDR 프로토콜의 변형

어린 시절 학대받았던 성인 내담자들과 작업할 때는 1장에서 살펴본 표준 EMDR 진행 과정을 약간 변형할 때도 있다.

안전지대와 자원 찾기

치료 과정의 첫 번째 변형 방법으로는 처리 과정을 시작하기 전에 안전지대와 자원들을 이용하는 방법이다. 내담자에게 가장 힘든 부분을 처리할 때는 두드러진 문제나 기억을 찾은 후 안전지대 작업을 먼저 하는 것이 가장 좋다. 안전지대에서 내담자는 이전 회기 때의 기억을 처리하면서 자신이 찾아냈던 자원들을 불러올 수 있다. 일부 내담자는 자신을 보호해줄 사람, 돌봐줄 대상들을 많이 불러오기를 바라기도 한다.

내담자에게 도움이 되는 지시

내담자가 안전지대에 있는 동안 치료자가 몇 가지 설명이나 지시를 해주면 내담자의 안전감과 조절감이 증가할 수 있다. 예를 들어 연속적으로 하나의 기억이 해결되지 않은 채 다른 기억으로 넘어가는 내담자에게는 하나의 기억을 우선 처리한다. 이때 시작, 중간, 그리고 끝이 있다는 것을 내담자에게 말해주는 것이 도움이 된다. 또한 언제든 치료 중간에 처리 과정을 멈출 수 있고, 안전지대로 돌아갈 수 있다는 것을 상기시켜준다. 즉, 내담자는 스스로 조절 가능한 상태에 있는 것이다.

기억과 어느 정도 거리를 둘 필요가 있는 내담자에게는 다음과 같이 말해줄 수 있다. "당신이 준비되었다고 느낄 때 그 사건을 다시 가져와서 영화를 보듯 스크린에 비추어 볼 수 있습니다. 당신은 그냥 영화를 보면서 단지 영화일 뿐이라는 것을 스스로에게 떠올릴 수도 있습니다." 마찬가지로 기억을 비디오 화면을 통해 바라보는 것처럼 상상할 수도 있다. 이렇게 함으로써 안전감을 유지하고 기억으로부터 거리를 유지할 수 있게 해준다. 내담자에게 리모컨을 쥐고 자신이 원하는 대로 빠르게 감거나 중단하거나 되돌리거나 편집할 수 있다는 것을 알려준다. "기억하세요. 과거의 오랜 기억을 재처리하고 있는 현재의 당신은 안전합니다." 내담자에게 어떤 말이 가장 효과적인지 알아둠으로써 적합한 표현을 미리 정해둘 수도 있다.

EMDR의 기본 설정에 대한 변형

학대받았던 내담자, 특히 심하게 성적으로 학대받았던 내담자에게 표준 EMDR 프로토콜을 사용할 때 치료자들은 몇 가지 문제를 겪을 수 있다. 어떤 내담자는 시각 기억이 없고, 신체 기억, 자신과 세계에 대한 부정적 믿음, 강렬한 감정 반응만 갖고 있다. 그런가 하면 어떤 내담자는 초기 장면을 떠올리는 것이 잘 안 되거나 불가능할 수 있다.

어린 시절 학대받았던 일부 내담자는 긍정적 인지를 찾아내는 데 어려움을 겪었다. 외상 기억이 활성화되어 있는 상태에서 매우 끔찍한 느낌을 갖기 때문에 긍정적인 것을 생각해낸다는 것 자체가 터무니없고 불가능하게 느껴진다. 이러한 경우 치료자는 내담자가 긍정적 인지(예를 들면 '나는 나 자신을 신뢰하는 것을 배울 수 있다'와 같은)를 처리하도록 도와줄 수 있다. 구강성교의 폭행과 죽음의 위협을 당했던 내담자에게 '나는 안전하다'라는 긍정적 인지를 VoC가 1점 이상 되도록 하는 것은 매우 어려울 수 있다. 하지만 '나는 이 진료실에서 안전하다'와 같은 표현을 씀으로써 내담자를 효과적으로 안정시킬 수 있고, 터널 끝에 있는 불빛이 되어줄 수도 있다. 이러한 어려움 때문에 치료 초반에 긍정적 인지를 찾지 못하고 건너뛰었지만, 과정이 끝날 무렵에 긍정적 인지를 발견하는 경우도 있는데, 이때도 긍정적 인지를 주입시켜주어야 한다. 표준 프로토콜에서 긍정적 인지를 잘 찾아내지 못하는 내담자의 경우, 치료자는 내담자의 요구에 아주 민감하게 반응해야 한다. 처리 과정을 시작하기 전에 안전지대를 확립하고 보호하거나 돌봐줄 수 있는 사람을 이용하는 등 자아 강화 과정을 필요로 하는 내담자에게는 이러한 어려움 자체가 내담자에 대한 진단적 역할을 하기도 한다. 어떤 결과물을 얻으려고 억지로 애쓰다 보면 내담자로 하여금 치료를 중단하게 할 수도 있고 치료적 관계에도 악영향을 준다.

어떤 내담자는 평가 척도(VoC와 SUDS)를 수정하는 것이 도움이 된다. 이론적으로 평가 척도는 처리 과정이 일어나는 동안의 변화를 내담자와 치료자가 관찰하는데 중요한 역할을 한다. 그러나 내담자에게 악영향을 끼칠 거라 여겨질 경우 프로토콜대로 하지 않을 때도 있다. 어떤 내담자는 숫자로 점수를 매기는 것을 너무 엄격하고 냉정하다고 느끼기도 한다. 이런 식의 측정은 내담자로 하여금 치료자가 마치 가해자가 그랬던 것처럼 자신을 객관화하고 인간성을 말살하고 있는 것처럼 느끼게 할 수 있다. 어떤 내담자는 수행 불안이 있어 실수에 민감한 경우도 있다. 척도 측정이 타깃 외상 기억을 처리하는 것에 방해가 되어서는 안 된다.

어떤 내담자에게는 기억이 너무 고통스러워 치료자가 SUDS를 질문하는 것 자체(특히 내담자가 제반응을 경험 중일 때)가 치료자와 내담자 간의 공감적 연결 상태를 파괴하거나 치료 동맹을 깨뜨릴 수도 있다. 치료자가 판단하기에 점수 측정이 오히려 처리를 방해할 뿐 아니라 내담자에게 비공감적으로 받아들여질 것 같다면 점수 측정을 초반에 생략하고, 끌어낸 기억의 양측성 자극만을 시행한다. 이러한 경우 내담자의 기억을 끌어내기 전에 다시 돌아갈 수 있는 안전지대와 자원이 될 만한 인물을 미리 확립해두는 것이 중요하다. SUDS 언급은 처리 회기 후반에 할 수도 있다.

어떤 내담자는 기억을 이끌어 내는 데에도 어려움을 겪는다. 이들은 대개 평생 동안 자신의 고통스러운 기억을 조절해보려고 힘들게 노력한다. 어떤 경우에는 꿈에서도 비슷한 경험을 하는데, 꿈속에선 고통을 받으며 살아왔지만 이제는 희미해져서 그것을 되살려내기 어려운 경우도 있다. 내담자와 치료자 모두 타깃 기억의 내용으로 인해 SUDS가 높을 것이라 믿으면서도, 내담자는 그 기억과 관련된 감정들을 느끼는데 어려움을 겪을 수 있다. 이런 내담자는 치료자가 표준 프로토콜에 정해진 대로 부정적 인지와 이미지들로부터 긍정적 인지와 VoC로 초점을 이동(우뇌, 좌뇌)하게 되면 처음에 느꼈던 감정을 느끼지 못하고 잊을 수도 있다. 이런 경우에는 이미지, 부정적 인지, 감정, 신체 감각이 활성화된 상태에서 가능한 한 강하게 기억 네트워크를 이끌어 내어 내담자가 성공적으로 타깃 기억을 처리하는 데 더 많은 중점을 두어야 한다.

신디는 어린 시절 아버지에게 학대를 당해 낮은 자존감에 시달리고 있는 내담자였다. 그녀는 아버지가 자신에게 소리 지르고 위협하던 기억을 이야기하면서 힘든 기억이라는 것을 알고 있었지만 감정을 충분히 느끼지 않았다. 부정적 인지는 '나는 나쁘다'였다. 힘들게나마 '나는 있는 그대로 괜찮아'라는 긍정적 인지를 찾아냈지만 VoC에서는 더욱더 어려움을 겪었다. VoC 후에 원래의 장면을 떠올려보려 했지만 거의 할 수 없었다. 나는 내담자가 긍정적 인지와 VoC를 알아내는 과정 때문에 원래의 기억에 다시 접근하는 일이 힘들어졌다는 것을 알 수 있었다. 따라서 SUDS를 건너뛰고 감정과 신체 감각을 체크한 후 안구 운동을 시작했다. 그리고 처리 과정 후반에 SUDS를 확인했다. 이후의 회기에서도 그녀는 기억을 되살리는 데 어려움을 겪었기 때문에 치료 초반에는 점수 측정을 생략했다.

점수 측정으로 내담자가 치료에 방해를 받는다고 느낀다면, 점수 측정은 원래의 목적에 어긋난다. 이런 경우에는 SUDS를 말로 표현하게 하거나 아이들이 하듯 양을 손짓으로 표현하게 할 수도 있다(Tinker & Wilson, 1999; 샤피로, 2011). 치료자가 긍정적 인지와 VoC를 찾으려고 노력할 때 치료자는 자신의 임상적 판단을 이용해야 하며, 내담자를 프로토콜에 끼워 맞추려 해서는 안 된다. 회기가 끝날 무렵이 되어서야 내담자가 도달한 것에 가장 적합한 완전히 새로운 믿음이 나타날 수도 있기 때문이다.

타깃에 반드시 모든 요소가 포함되어 있을 필요는 없다. 치료자가 찾을 수 없을 때 또는 내담자에게 임상적으로 필요치 않거나 적절하지 않은 부분이 있을 때는 일부 생략하면서 타깃을 수정할 수도 있다. 수정된 프로토콜은 연구에 의해 입증된 것이 아님을 명심해야 한다. 수정하게 될 때는 현재 상황에서 어떤 것을 생략할지 결정하기 전에 샤피로의 책(2011)에 나와 있는 표준 EMDR 프로토콜을 이용한 경험이 있어야 하며 EMDR 과정과 요소에 대한 이해가 반드시 있어야 한다.

EMDR 회기는 가장 필수적인 요소만 포함한 단순한 프로토콜을 이용해도 꽤 성공적이다. 치료적으로 필요할 때 생략할 수 있는 요소는 SUDS, 긍정적 인지(초기 설정 시), VoC이다. 틴커가 소아 EMDR에 사용하는 수정 프로토콜과 유사하다. 소아에게는 SUDS을 말로 표현하게 한다(Tinker & Wilson, 1999). 드물게 내담자가 이미지나 부정적 인지를 떠올리지 못하는 경우에도 이를 생략할 수 있다. 이러한 임상적 결정은 치료자의 공감적 판단에 따라 이루어진다. 가장 중요한 요소는 양측성 자극과 함께 드러나는 신체 감각과 감정이며 이에는 몇 가지 인지적 요소들도 포함된다. 신체 감각만으로도 처리 과정을 시작할 수 있으나, 이 과정은 좀 산만하고 다른 여러 채널로 넘어갈 수가 있다. 이미지, 부정적 인지, 긍정적 인지, VoC, 감정, SUDS, 그리고 신체 감각을 포함하는 잘 형성된 타깃은 완전한 처리의 단계들을 보여줌으로써 성공적으로 타깃을 해소할 가능성을 높인다. 가능한 한 부정적 기억 네트워크를 충분히 활성화시킨 다음 양측성 자극으로 처리하는 것이 좋다.

샤피로는 이렇게 말한다(2011). "적절한 긍정적 인지를 찾는 목적은 치료의 방향을 설정하고 적절한 대안적 신경 네트워크를 자극하며 치료자와 내담자 사이에서 진행되는 것을 평가할 수 있도록 기초 자료(VoC 점수)를 제공하는 것이다." "합리적인 언어로 외상에 대한 대안적 관점을 가질 수 있게 함으로써 자기 비하에서 오는 고통으로부터 벗어날 수 있다는 희망을 준다." 또한 긍정적 인지, SUDS, VoC를 이용하는 것이 많은 내담자에게 임상적 효과와 처리 과정을 더욱 촉진시키는 역할을 한다고 생각한다(Shapiro, personal communication, 1999). 다양한 외상 경험이 있는 학대 내담자들과 작업하는 숙련된 EMDR 치료자들 중 많은 수가 대부분 그러한 요소들을 모두 사용하며 효과를 입증하고 있는 반면, 또 다른 일부 숙련가들은 보다 빈번하게 프로토콜을 수정하고 변형함으로써 긍정적인 치료 결과를 보고하고 있다. 이러한 보고 차이는 치료자의 이론적 배경, 다양한 치료 환경(외래, 입원, 개인 면담 기관 등), 그리고 내담자의 유형 등과 관련 있을 수 있다. 그러나 표준 프로토콜은 연구에 의해 그 효과를 입증받아 온 것인 반면, 수정 프로토콜은 아직 검증되지 않은 것임을 명심해야 한다. 그러므로 임상적으로 수정이 필요한 상황에서도 가능한 한 모든 구성 요소를 사용하는 것이 최선이다.

타깃을 찾을 때는 내담자에게 맞춰 유동적이고 쉬운 방법으로 하는 것이 좋다. 내담자가 각 타깃에서 요소들을 이끌어 내도록 최선을 다해 도와야 하지만, 만약 문제점이 너무 많이 발생한다면 그냥 넘어가는 것이 좋으며, 억지로 요소들을 찾으려 무리하게 애쓰지 않는 것이 좋다. 초기 설정을 위해 치료자 자신이나 내담자에게 심리적 외상을 줄 필요는 없다. 치료자는 내담자에게 길잡이 역할을 하고 제안을 하며 각 부분을 이끌어 내도록 최선을 다하면 된다. 성적 학대의 피해자에게 사용할 수 있는 흔한 부정적 인지의 목록을 아래 표에 나열해보았다.

| 표 8-1 | 성적 학대 피해자의 전형적인 부정적 인지

안전	나는 안전하지 않다.
	내 몸은 안전하지 못하다.
	말하면 죽을 것이다.
책임	내 잘못이었다.
	나는 뭔가 잘못했기 때문에 이런 취급을 받아도 싸다.
선택 조절	나는 희생자다.
	나는 어린아이다.
	나는 무기력하다.
	나는 조절할 수 없다.
	나는 꼼짝도 할 수 없다.
	나는 나 자신을 잃어버릴 것 같다.
	더 이상 방법이 없다.
대인 관계	나 자신보다 다른 사람들을 먼저 보살펴야 한다.
	나는 건강한 관계를 유지할 자격이 없다.
	나는 눈에 띄지 않는 존재다.
	나는 발언권이 없다.
	나는 내 생각을 표현할 수 없다.
	나는 뭔가 요구할 자격이 없다.
자존감	나는 나쁘다.
	나는 더럽다.
	나는 이미 망가졌다.
	나는 사랑받을 자격이 없다.
	나는 심각한 문제가 있다.
	나는 무가치하다.
	나는 잘하는 게 없다.
	나는 쓸모가 없다.
	나는 악마다.
	나는 짐이 될 뿐이다.

신뢰	나는 아무도 믿을 수 없다.
	분노를 표현하면 문제가 생길 것이다.
	만약 내가 말한다면 배신하는 것이다.
성	나는 성적 능력이 없다.
	사랑과 섹스는 공존할 수 없다.
	섹스는 난잡한 것이다.
	섹스는 나쁜 것이다.
	나는 성적 만족을 느낄 수 없다.
	내 몸에서 느껴지는 즐거운 느낌은 나쁜 것이다.
	섹스는 사람들을 괴롭히는 데만 사용되는 것이다.
	섹스는 이기적이다.
	내가 성적인 느낌을 갖는 것은 나쁘다.

| 표 8-2 | 어린 시절 학대를 경험한 성인에게 적용할 수 있는
수정 EMDR 프로토콜

1. 검토와 재평가
2. 문제, 쟁점 또는 기억 찾아내기: "오늘은 어떤 문제를 다뤄볼까요?"
3. 안전지대 및 자원 개발
4. 장면: 기억과 관련된 가장 고통스러운 부분을 나타내는 이미지나 장면 찾아내기
5. 부정적 인지: '나'로 시작하는 현재 시제의 문장을 만들기
6. 긍정적 인지: 기억을 처리하는 데 오히려 장애가 되는 경우에는 체크하지 않아도 된다.
7. VoC: 기억을 처리하는 데 오히려 장애가 되는 경우에는 체크하지 않아도 된다.

8. 감정

9. SUDS: 기억을 처리하는 데 오히려 장애가 되는 경우에는 체크하지 않아도 된다.

10. 신체 감각의 위치

11. 민감 소실: "감정과 신체 감각에 집중하면서 당시의 이미지를 떠올려 보세요. 그리고 부정적 인지를 말하면서 제 손가락을 따라오세요."

타깃을 찾아 다루는 방법들

타깃을 찾는 것은 EMDR에서 매우 중요하면서도 어려운 단계다. 내담자가 이전 회기를 마친 후 떠올랐던 것들을 보고하면 내담자와 치료자는 이번 회기에서 어떤 것에 초점을 맞출지 대화를 나눈다. 내담자는 지난 회기에 다루었던 주제를 계속 다루고 싶어 할 수도 있고, 혹은 다른 것이 떠올랐을 수도 있다.

타깃은 기억 복합체로 통하는 출입구와 같다. 치료자가 출입구를 발견하지 못한다면 처리 과정에 개입할 수 없다. 너무 모호하거나 감정이 실리지 않은 타깃을 다루게 되면 내용에 접근하기 어렵거나 생산적인 느낌이 들지 않는 표면적인 처리 과정이 된다.

타깃을 찾는 데 도움이 되는 것들

① 여러 요소들(이미지, 부정적 인지, 감정, 신체 감각)을 포함하여 기억 네트워크를 가능한 한 명백하고 완전하게 밝혀야 기차가 방해 없이 종

점을 향해 움직일 수 있다.

② 가능하면 시각 장면을 얻는다. 장면은 모호할지라도 시각 기억 회로를 자극한다. 이미지는 내담자의 분노를 나타내는 붉은색의 물방울일 수도 있고 혹은 내담자가 경험하는 것을 나타내는 스케치일 수도 있다. 이미지는 은유나 상징 혹은 꿈과 같을 수도 있다. 예를 들어, 시각 기억은 전혀 없으나 강렬한 신체 감각을 가진 내담자에게 이렇게 물어볼 수 있다. "당신의 몸속에 느껴지는 감각과 함께 나타나는 이미지는 어떤 것입니까?" 내담자가 "누군가가 나를 짓밟고 있는 느낌이 듭니다"라고 한다면 이것을 타깃 이미지로 이용한다. 내담자가 시각화하는 데 어려움이 있다 해도 문제가 되지 않는다. 내담자들은 어떤 장면에 모호한 감각만 가질 수 있다. 그러나 가능하면 세부적인 사항을 떠올려 이미지를 뚜렷하게 한다. 내담자가 떠오르는 것을 가능한 한 충분히 보도록 한다.

③ 치료 과정의 순서는 걱정할 필요가 없다. 표준 프로토콜 순서대로 정보를 이끌어 내도록 노력은 해야 하지만, 치료자에게 필요한 정보를 내담자가 스스로 풀어 나가도록 놔둔다. 만약 내담자가 부정적 인지에 앞서 감정과 신체 감각를 먼저 이야기해도 걱정할 필요는 없다. 그것들을 기록하고 나서 다음으로 옮겨가면 된다.

④ 내담자가 제반응을 시작한다거나, 구성 요소를 찾는 작업이 내담자의 처리 과정을 방해한다거나 치료 동맹을 저해시킨다면 SUDS, 긍정적 인지, VoC는 건너뛴다.

⑤ 기억 네트워크를 찾고 이끌어 내는 데 어려움을 겪는 내담자는 다른 구성 요소들을 찾아내는 동안 가능하면 확실하게 그 기억 속에 머물게 한다. 어떤 내담자는 어린 시절의 기억 속을 들어갔다 나왔다 하면서 흐름에 방해를 받고 경험에서 이탈하여 지식화하게 된다. 따라서 내

담자가 기억 속의 경험에 머물게 하면서 이미지, 부정적 인지, 감정, 신체 감각을 찾도록 한다. 기억을 떠올릴 때 눈을 감게 하면 방해받지 않고 기억 속에 머무는 데 도움이 된다. 이런 식으로 하면 전체 과정이 부드럽고 빠르게 진행된다. 그러나 해리 성향에 주의해야 한다. 내담자가 한 발은 현재에, 한 발은 과거에 담고 있을 때 가장 적절한 처리 과정이 일어난다.

어떤 내담자는 기억을 기술하면서 구성 요소들을 모두 제공하기도 한다. 그러면 치료자는 부족한 정보를 질문한 후 내담자의 기억 네트워크가 활성화되었다고 느껴지면 양측성 자극을 시작한다.

수정 프로토콜의 사례

모니카는 EMDR을 매우 두려워했으며 자신이 비판에 노출되는 것을 몹시 꺼렸다. 어린 시절 그녀는 엄마에게 무자비하게 맞고 모욕을 당했다. 우리의 치료적 관계는 견고했는데, 나는 그녀가 기억 네트워크를 활성화한 후 가능한 한 쉽게 처리 과정 속으로 옮겨가기를 원했다. 내 생각엔 점수를 평가하는 것이 실패와 모욕에 대한 그녀의 공포를 자극할 것 같아 사용하지 않았다.

모니카는 어린 시절 수년에 걸쳐 삼촌에게 성적 학대를 당했다. 첫 번째 학대 사건을 타깃으로 정했는데, 왜냐하면 첫 번째 사건이 다른 나머지 것들을 가장 잘 나타내는 것이었기 때문이다. 그녀는 공포, 불안, 슬픔, 절망으로 가득 찼다. "난 결코 괜찮아질 수 없어요. 선생님도 내가 어리석고, 그게 별일이 아니란 걸 알게 될 거예요." 우리는 안전지대에서 회기를 시작했다. 그녀 집 근처의 언덕인데 경치가 아름답고 그녀가 매우 안전하고 보호받는 느낌을 가졌던 곳이었다.

　모니카가 기억을 묘사하기 시작하자 감정과 강렬한 이미지가 곧바로 일어났다. 비난에 특히 예민했으므로 SUDS, PC, VoC를 얻는 것이 그녀가 기억 네트워크에 접근하고 빠져드는 데 방해될 것임을 알았기 때문에 따로 확인하지는 않았다.

　그녀는 엄마, 여동생, 삼촌과 함께 나이 든 친척을 방문하기 위해 병원으로 가던 일을 묘사했다. 모니카와 여동생은 삼촌과 함께 차 안에서 기다리고 있었다. "삼촌이 손을 내 치마 속 다리 사이에 넣으려고 했어요. 그러고는 손가락이 내 속옷 안을 더듬었어요. 난 그게 싫었고 몸부림을 쳤지만 그는 계속했어요. 난 도망쳐버렸어요. 그는 여동생한테도 그 짓을 했어요. 내가 리네트를 곤경에 빠뜨렸어요. 난 그 애를 돌봐야 했어요. 그러자 그는 뭐가 문제냐며 투덜대기 시작했어요. 난 좋은 애가 아니었어요. 그는 그 짓을 계속했어요. 난 몸부림쳐 빠져나오려고 노력했어요. 난 멀리 갈 수 없었어요. 그는 손가락을 내 몸속에 집어넣으려 계속 시도하고 있었어요. 그는 나에게 얌전히 앉아 있으라고 했어요. 그는 엄마에게 말하기를 원치 않았어요. 난 혼란스러웠어요. 난 그 짓을 좋아하지 않았는데, 그는 나에게 착한 소녀가 되라고, 그러면 모든 것이 괜찮을 거라고 말했어요. 난 그가 멀리 가버리길 원했어요. 차 안은 몹시 더웠어요."

　이 시점에 도달하자 나는 부정적인 자기 믿음을 제외한 나머지 요소들을 다 알게 된 걸 느꼈다. 그녀는 그 기억 속에 깊이 빠져 있었다.

치료자　당신 자신에 대해 어떤 믿음을 가지고 있나요?

모니카 '나에게 뭔가 문제가 있어요.' 훌륭하고 좋은 사람이라면 그 같은 행동을 하진 않을 거예요. ▶◀▶◀ 그의 얼굴, 그는 얼마나 친절했던지. ▶◀▶◀ 어딘가에 있던 오래된 우물의 이미지. ▶◀▶◀ 엄마의 둘째 여동생인 비어트리스 이모에 대한 생각. 그녀는 한때 그와 결혼하려 했어요. 이모의 남편이 죽었어요. 그는 술을 많이 마셨죠. 짐 삼촌이 찾아오기 시작했어요. 엄마가 화냈던 기억이 나요. 이모는 마음을 바꿔 그와 결혼하지 않고 정말 멋진 남자를 만나 지금도 행복하게 살고 있어요. 내 생각엔 그가 늙어서 죽었을 거 같아요. ▶◀▶◀ 그가 살아 있을 때 그가 죽기를 바랐다는 사실이 기분 좋아요. (그녀는 울면서 동시에 웃었다.) ▶◀▶◀ 내가 그의 장례식에 갈 필요가 없었다는 게 기뻐요. ▶◀▶◀ '이제 끝났어요.' (그녀는 그가 죽었고 자신이 그로부터 이제는 안전하다는 걸 깨달으며 기쁨을 느꼈다. 이것은 저절로 발생한 긍정적 인지였고, 나는 이것을 주입시키며 안구 운동을 시행했다.) ▶◀▶◀

그녀는 몇 차례 더 처리를 계속했고, 안전지대로 돌아가면서 90분의 회기를 마쳤다.

⑥ 강렬한 감정 반응을 가장 잘 자극할 수 있는 부정적 인지를 이용한다. 부정적 인지는 과거에 생겨났지만 그 기억을 떠올리면 여전히 느껴지는 비합리적인 믿음이다. 자신의 감정에 다가가지 못하는 내담자의 경우에는 기억을 보다 완전히 경험함으로써 부정적 믿음을 찾아내도록 이끌어 나갈 필요가 있다. 부정적 인지를 찾아내는 걸 돕기 위해서는 내담자가 기억을 완전히 떠올리고 느끼도록 한다. 치료자가 할 수 있는 한 강렬하게 기억을 이끌어 낸다. 필요하다면 다른 감각도 떠올리게 한

다. 당시 아이가 어떤 생각을 했는가? 어린 시절이 활성화되면 현재 자신에 대해 믿고 있는 것을 질문한다. 만약 내담자가 이를 찾아내는 데 어려움을 겪는다면 치료자가 직접 제안하여 가장 적당한 부정적 인지를 찾도록 도울 수 있다. |표 8-1|의 부정적 인지의 목록이 도움이 될 것이다. 기억 속의 어린아이가 썼을 간단한 언어와 짧은 문장을 사용한다. 치료자가 내담자에게 부정적 인지를 반복해 말해줬을 때, 상처를 건드렸을 때 보이는 '아야!'와 같은 반사적인 반응을 보인다면 부정적 인지를 제대로 찾은 것이다. 치료자는 기억 네트워크를 활성화시키는 부정적 감정이 공명되는 지점을 찾는다. 활성화를 촉진시키는 데 도움이 되도록 치료자나 내담자가 부정적 인지를 큰 소리로 반복해서 말할 수도 있다. 대부분의 경우 부정적 인지를 찾기 위해 다음과 같이 간단히 말하면 된다. "당신이 가장 힘들었던 순간을 떠올릴 때, 당신은 자신에 대해 어떤 부정적인 믿음이 떠오르나요?"

⑦ 감정 역시 강조되어야 한다. 사랑이나 분노와 같이 겉으로 보기에 서로 모순되는 몇 가지 다른 감정들을 동시에 느낄 수 있다. 또 일부 내담자는 감정을 느끼지 못한다. 이에 대해 걱정할 필요는 없다. 아직 접근이 불가능한 어떤 구역 속에 있음을 의미할 수 있다. 때로는 내담자가 아직 느끼지 않은 감정을 인식하기도 한다. 공포가 거기 있다는 '감각'은 갖고 있지만 느끼지 못할 때도 있다. 이런 경우 SUDS는 낮을 수 있으나 기억 속에 아직 해결되지 않은 무언가가 있다는 '느낌'을 가진다.

내담자가 감정을 발견하지 못한다면 신체 감각에 집중한다. 종종 내담자는 자신이 느끼는 것을 정확하게 표현하지 못한다. 뭔가를 느끼지만 그것을 뭐라고 불러야 할지 모른다. 그런 경우 정확하게 표현하도록 강요해서는 안 된다. 몸에서 느껴지는 느낌 자체에 집중한다. 중요한 것은 감정적/신체적 요소가 내담자의 자각에 의해 활성화되었다는 것이다.

⑧ 내담자가 기억에 초점을 맞추고 있을 때, 신체의 어떠한 감각이든 검색하도록 한다. "그 이미지를 떠올릴 때 당신 몸에서는 어떤 것을 느낍니까?" 많은 내담자가 신체에 집중함으로써 신체 기억일 수 있는 감정과 감각의 위치를 자각한다. 이러한 감각은 활성화되고 있는 기억의 중요한 한 부분일 수 있다. 내담자는 종종 이에 대해 놀라곤 한다.

어린 시절 성적 학대를 당한 내담자들 중 많은 이가 신체 감각을 느끼는 데 어려움을 겪는다. 신체는 감정을 방어하는 역할을 하며 신체가 안전한 장소가 아니라고 믿는다. 따라서 신체 감각을 경험하도록 교육하고 이끌어 주는 것이 필요하다. 어떤 감각은 미미하지만 매우 의미 있는 것이기 때문에 이들은 특정 신체 감각을 무시하거나 집중하지 못한다. 정보를 수집하는 동안 목에 뭔가 걸린 느낌이나 손이 저린 느낌에 주목하는 것은 처리가 일어나는 동안 중요한 정보가 될 수 있다. 만약 내담자가 신체 감각에 대한 질문에 "아무것도 없어요"라고 대답한다면 좀 더 자세히 찾아보라고 한다. 미세한 감각일지라도 중요한 정보가 될 수 있다고 말해준다. 이러한 내담자들에게 신체 감각의 위치를 찾게 하는 것은 치료에 도움이 된다.

양측성 자극을 주면서 감각을 느끼는 부분을 내담자가 자신의 손으로 누르도록 하는 것은 감각 영역을 증폭시킬 수 있다. 이는 자신의 몸을 느끼는 데 어려움이 있는 내담자에게 도움이 되며 처리 과정이 일어나는 동안 감각 채널을 활성화시킨다.

타깃의 종류

플래시백을 포함한 시각 기억

시각 기억은 EMDR 치료 과정에서 가장 직접적인 타깃이 된다. 내담자가 다루고 싶어 하는 기억을 이야기하면 치료자는 기억 중 어떤 이미지가 가장 고통스러운지를 묻는다. 여러 차례의 학대를 경험한 내담자의 경우 첫 번째 사건이나 가장 고통스러웠던 사건, 또는 가장 대표적인 사건 등으로 시작하고 싶어 한다. 아주 명확한 기억을 가지고 있지 못한 경우에는 희미한 기억에서 시작할 수 있다. 중요한 것은 일단 사건에 대한 시각적 표상을 가지고 있는 것이다.

내담자 중 몇 명은 서로 다른 몇 가지 사건들이 혼합된 형태로 나타났다. 예를 들어 한 내담자는 침대에서 일어났던 모든 사건들을 복합적인 형태의 이미지로 구성해내기도 하였고, 어떤 내담자는 많은 사건들을 마음속으로 모호하게 만들어 서로 구분해내지 못하는 경우도 있다. 내담자가 혼합된 이미지를 떠올리는 것도 괜찮다. 우리의 관심은 얼마나 정확한가 보다는 내담자가 접근할 수 있는 기억 네트워크를 자극하는 것이다.

많은 내담자가 전체적인 기억보다는 기억의 파편들을 가지고 있다. 예를 들면 어린 시절 침실에서의 이미지는 공포감을 불러일으키기도 하며, 성기 부위가 자극되기도 한다. 이런 경우 치료자는 이미지와 연관된 감정이나 신체 감각을 연결하여 침실의 이미지를 타깃으로 삼을 수 있다.

많은 내담자가 일상생활의 사건에 의해 증상이 촉발되며, 이러한 유발 인자는 EMDR의 좋은 타깃이 된다. 무엇이 내담자를 촉발했는가?

그 사건을 대표하여 보여주는 이미지는 무엇인가? 예를 들어 만약 유발인자를 탐색하던 중 내담자를 촉발한 것이 남자의 콧수염이라는 사실을 알아냈다면, 콧수염 이미지를 타깃으로 한다.

치료자　남자 콧수염의 이미지를 볼 때 당신은 스스로에 대해 어떤 믿음을 갖게 됩니까?

내담자　안전하지 않다는 생각이요.

치료자　당신은 어떤 느낌을 갖기 원합니까?

내담자　안전하다는 느낌이요.

치료자　1점은 전혀 사실이 아니고 7점은 완전한 진실이라고 할 때 '나는 안전하다'는 것은 지금 당신에게 몇 점으로 느껴집니까?

내담자　2점이요.

치료자　남자 콧수염의 이미지를 떠올릴 때 당신은 어떤 느낌이 듭니까?

내담자　공포와 분노요.

치료자　0점이면 가장 편안하고 10점이면 가장 고통스럽다고 할 때, 당신에게 그 느낌은 어디에 해당하나요?

내담자   10점이요.

치료자   그것이 몸 어디에서 느껴집니까?

내담자   가슴이랑, 팔이랑, 성기 쪽이요.

많은 내담자가 시각적인 플래시백을 경험하는데, 이 역시 다른 시각 기억과 마찬가지로 EMDR의 타깃이 될 수 있다. 종종 내담자는 이러한 플래시백이 무엇을 의미하는지도 모른 채 아주 강렬한 감정 반응을 경험하곤 한다. 그럴 때는 플래시백이 무엇과 관련된 것인지 아직은 몰라도 된다고 안심시키고, 어떤 정보든 필요한 것은 EMDR 치료 과정 중에 드러날 것이라고 설명해준다. 다음 사례는 플래시백을 EMDR 타깃으로 사용한 경우다.

플래시백을 타깃으로 한 사례

제나는 지난 EMDR 회기 이후에 플래시백이 있었다고 보고했다. "나는 다섯 살쯤 돼보여요. 그리고 다른 사람의 집에 있어요. 무섭고 누군가가 침실에 있는 것 같아요." 그게 그녀가 말한 정보의 모든 것이었다. 그녀는 플래시백이 무엇을 의미하는지 몰랐고, 매우 힘들어했다. 얼마 전에 친구 집에서 하룻밤 머무른 일이 있었는데, 그녀가 자는 동안 친구의 남편이 집에 들어왔던 일이 그녀의 불안감을 자극했던 것 같다고 말했다.

우리는 누군가의 집 침대에 누워 있는 다섯 살 된 아이의 플래시백 이미지로부터 EMDR 치료를 시작했다. 해당하는 감정은 공포였으며,

부정적 인지는 '나는 안전하지 못하다'였고, 긍정적 인지는 '나는 안전하다'였다. VoC는 2점, SUDS는 10점이었다.

제나 ▶◀▶◀▶◀ 주변에 있는 집들이 모두 보여요. 무서워요 ▶◀▶◀ ▶◀ 나는 집 앞에 서 있어요. (기억이 형태를 갖기 시작함.) 조니의 집 바로 옆집이에요. ▶◀▶◀▶◀ 난 아직 집 밖에 서 있고 그 집에 사는 여자 아이가 있는데, 나는 그 아이를 싫어해요. 그 아이는 나보다 좋은 옷을 가지고 있다고 말해요, 그 애는 오빠가 셋이 있어요.

치료자 기분이 어떻습니까?

제나 더 무섭고 불안해졌어요. ▶◀▶◀▶◀ 지금은 집 안에 있어요.

치료자 어딘지 알겠습니까? (나는 그녀가 어딘지 알게 된다면 기억의 조각들이 더 빨리 모일 수 있을 거라고 생각했기 때문에 질문을 던졌다. 그렇게 된다면 꿈 같은 형태를 벗어날 수 있을 것이다. 나는 그녀가 이미 그곳이 어디인지 알아냈다고 생각했다.)

제나 어딘지 모르겠어요.

치료자 계속 갑니다. ▶◀▶◀▶◀

제나 침실이 보여요. 벽에 포스터랑 잡다한 것들이 붙어 있어요. 남자 애들 거예요. ▶◀▶◀▶◀ 아직 침실이에요. 그리고 누군가가 있어요.

▶◀▶◀▶◀ 누군가 있는 게 보여요. 그 애의 큰오빠예요. 그는 나보다 크지만 괜찮아 보이고, 난 그를 좋아해요. (그녀는 이제 그들이 누구인지, 그녀가 어디에 있는지 알아차리게 되었다. 조각난 기억들이 모이고 있다.)

▶◀▶◀▶◀ 우리는 그의 침대에 누워 TV를 보고 있어요. 우리가 TV를 보는 동안 그는 내 등을 문지르곤 했어요. 난 그게 좋았고, 기분도 좋았어요. ▶◀▶◀▶◀ 그렇게 놀았어요. (그녀는 조용해졌다. 그녀는 기억의 고통스러운 부분으로 들어갔고, 우리는 처리를 계속했다.)

꿈

꿈은 무의식으로 들어가는 입구이며, 풍부한 정보를 제공하기 때문에 EMDR 치료의 훌륭한 타깃이 된다. 종종 EMDR 회기 사이에 명확하고 생생한 꿈들이 나타나 회기 중에 이루어진 작업이 지속되곤 한다.

어떤 꿈은 내담자로 하여금 자신이 어렸을 때 폭행당했다고 믿게 만들기도 한다. 어린 시절부터 반복되는 성적 내용의 꿈일 수도 있고, 매우 강렬하고 고통스러운 꿈을 꾼 뒤 그것에 대한 기억을 평생 간직하고 있는 것일 수도 있다. 한 여성은 매우 생생한 어린 시절의 꿈을 기억하고 있었는데, 그녀가 섹스에 대해 아무것도 알지 못하던 어린 시절에 만화 속의 여우 캐릭터가 성적 행위를 하는 꿈이었다.

꿈을 가지고 작업하는 데에는 여러 가지 방법이 있다. | 표 8-3 |과 | 표 8-4 |의 두 가지 프로토콜이 제시되어 있다. 어떤 내담자는 가장 고통스러운 이미지를 가지고 작업하기를 선택했고(표 8-3), 어떤 내담자는 초기의 꿈을 선택했는데, 이들은 자신의 꿈이 매우 중요하다고 느꼈기 때문에 중간부터 시작하고 싶지 않아 했다. 나는 꿈으로 작업할 때 긍정적 인지와 VoC, 또는 SUDS를 사용하지 않는데 그 이유는 희미해진 꿈

을 떠올리기가 쉽지 않을뿐더러, 평가 자체가 꿈을 경험하는 것으로부터 멀어지게 할 수 있기 때문이다.

많은 내담자의 경우, 꿈은 곧바로 어떤 기억과 연관된다. 이 기억은 다시 처리를 위한 타깃이 된다. 회기가 끝날 때 기억에 맞는 긍정적 인지를 강화시킨 후, 시간이 된다면 꿈을 체크해볼 수도 있다. 만약 유용해보이면 꿈에 해당하는 긍정적 인지를 강화한다.

어떤 꿈들은 서로 다른 부분들을 많이 가지고 있다. 내담자가 꿈을 구체적으로 진술하면 기록해둔다. 초기의 꿈부터 시작함으로써 꿈을 서로 다른 부분으로 나누어 볼 수 있다. 꿈의 한 부분을 완전히 처리한 후에 다른 부분으로 옮겨가고 만약 그 부분이 해결되지 않았으면 그 부분을 처리한다. 이런 식으로 꿈 전체를 처리함으로써 더 이상 고통스럽지 않을 때까지 꿈의 각 부분을 처리하도록 한다.

| 표 8-3 | 꿈을 타깃으로 하는 프로토콜

---

1. 내담자로 하여금 꿈을 이야기하게 한다. 눈을 감게 하면 가능한 한 생생하게 꿈을 떠올리는 데 도움이 될 수 있다.

2. 내담자에게 꿈을 검색해보도록 주문한다. 그리고 가장 고통스러운 부분이 무엇인지 알아내도록 한다. "그 꿈에서 가장 고통스러운 부분을 잘 보여 주는 이미지는 무엇입니까?"

3. 이미지를 선택한 후에는 부정적 인지를 묻는다. "그 이미지 속에서 당신은 자신이 어떻다고 생각하십니까?" 만약 내담자가 아무것도 떠올리지 못하거나 이러한 질문을 적용하기 어려운 꿈이라면, 부정적 인지와 긍정적 인지에 대한 질문은 넘어간다.

4. 이미지에 해당하는 감정과 신체 감각을 확인한다. 이것은 언제든 사용할 수 있어야 한다.

5. 표준 프로토콜에서처럼 부정적 인지, 감정, 신체 감각, 이미지를 떠올리고 양측성 자극을 시작한다.

6. SUDS가 1점이나 0점이 될 때까지, 즉 꿈이 더 이상 힘들지 않다고 느낄 때까지 진행한다.

7. 꿈의 이미지가 떠오를 때 내담자는 자신을 어떻다고 생각하는지 묻고 긍정적 인지를 강화한다.

| 표 8-4 | 꿈의 첫 장면을 타깃으로 하는 프로토콜

1. 꿈의 첫 번째 이미지로 시작한다. 이미지와 관련된 가능한 한 많은 타깃 내용을 찾아낸다. (예: 부정적 인지, 감정, 신체 감각, 그리고 꿈을 이끌어 내는 데 방해되지 않으면 긍정적 인지, VoC, SUDS도 알아본다.)

2. 꿈은 상징적인 형태로 드러나기도 하며, 곧바로 기억과 연결되기도 하고, 기억과 꿈의 상징 사이를 오가기도 한다.

3. 내담자가 힘들어했던 꿈의 첫 장면으로 가끔씩 돌아가 체크한다.

4. 만약 꿈의 첫 장면에서 내담자가 더 이상 힘들어지지 않는다면, 꿈의 남은 부분에서 힘든 부분이 없는지 알아본다.

5. 내담자가 힘들어하는 부분이 있다면 어떤 부분이든 그것에 대해 작업한다.

6. 내담자가 처음부터 끝까지 별 어려움 없이 꿈을 돌아볼 수 있을 때까지 어떤 '열점hot spot'이 없는지 찾아보고 재처리한다.

7. 만약 내담자가 SUDS를 1점이나 0점으로 보고하면 꿈과 관련된 긍정적
   인지를 묻는다.

8. 꿈과 함께 긍정적 인지를 주입한다.

악몽을 타깃으로 한 사례

마지와의 면담은 밤마다 누군가 자신을 쫓아오는 것 같은 고통스
러운 꿈으로부터 시작되었다. 그녀는 기이한 느낌이 들었고, 불안했으
며, 매우 우울했다. 집중하기조차 어려워했다. 열 살 무렵. 동네 할아버
지 존으로부터 성폭행을 당한 경험이 있는데, 자신의 꿈이 이 기억과 연
관 있다고 믿었다. 우리는 '누군가 쫓아오는 것 같은 이미지와 공포, 불
안의 감정'에서 시작했다. 그녀의 부정적 인지는 '나는 안전하지 않다'였
다. 꿈을 떠올리자 그녀의 몸은 '긴장되어 보였고', 그녀는 화장지를 움
켜쥐고 있었다.

마지 ▶◀▶◀▶◀ 아직 아무것도 없어요.

치료자 기분은 어때요? ('아무것도 없다'라는 게 무엇을 의미하는지 알
고자 이렇게 질문했다.)

마지 두려워요. ('아무것도 없다'라는 것은 이미지가 바뀌지 않았다는
걸 의미했다.) ▶◀▶◀▶◀ 그의 집이 보여요. 집 뒤쪽이요. (존의 집을 의미
했다. 존과 관련된 기억이 나오고 있었다.) ▶◀▶◀▶◀ (진행해감에 따라 그

녀는 점점 더 초조해했고, 의자에 웅크린 채 손을 꽉 쥐고 숨을 몰아쉬었다.)
아직도 집이 보여요.

치료자　기분이 어때요?

마지　아직도 이상해요. ▶◀▶◀▶◀ 그가 보여요. 초라한 얼굴은 아니
에요. 괜찮아보여요. ▶◀▶◀▶◀ 집 안이 보여요. 어둡고…… 그의 집 안
에 있는 게 싫어요. 이상한 기분이 들어요. ▶◀▶◀▶◀ 그가 갔어요. 내 가
슴에 코끼리 한 마리가 앉아 있는 것 같아요. ▶◀▶◀▶◀

우리는 존이 벌인 추행의 기억이 완결될 때까지 계속 처리해나갔
다. 그녀가 그 기억에 연관되어 긍정적 인지를 떠올렸을 때는 그것을 강
화했다. 회기를 마칠 무렵, 그녀는 안전하다고 느꼈고, 악몽의 이유를 알
았을 뿐 아니라 이를 처리했다는 데 안심했다.

예술 작품

가끔 내담자는 회기 중이나 그 사이에 의미심장한 상징들로 가득
찬 예술 작품들을 내놓기도 한다. 이것은 아주 훌륭한 타깃이 된다. 내
담자는 감정을 이끌어 낸 다음에 시각적 표상을 형상화할 수 있는데 예
를 들어, 한 내담자는 내적 혼돈 상태를 경험하고 매우 혼란스러워했지
만 왜 그런지 이유를 알지 못했다. 무엇을 경험하고 있는지를 묻자 어떤
둥근 형체 안에서 검붉은 소용돌이가 도는 형상이 보인다고 했다. '분노
와 공포'가 그 이미지 속에 담겨 있었다. 나는 그녀에게 몸에서 어떤 느
낌이 드는지를 물었고, 그녀는 '내 몸 앞쪽에서 소용돌이치는 에너지'라

고 대답했다. 마지막으로 그녀 자신에 대해 어떻게 생각하느냐고 묻자 그녀는 "스스로를 조절할 수가 없어요"라고 말했다. 그리고 안구 운동을 시작했다. 처리 중에 우리는 꿈의 첫 장면으로 돌아가 체크했고, 회기 마지막에 SUDS는 0점으로 내려갔다. 그녀는 스스로 조절할 수 있음을 느끼면서 편안해했다. 그녀는 새로운 느낌이 담겨 있는 또 다른 그림을 그렸고, 우리는 안구 운동을 하면서 주입했다.

감정, 신체 감각, 신체 기억

많은 내담자는 어린 시절 받았다고 생각하는 학대의 뚜렷한 시각 기억을 가지고 있지 않다. 어떤 경우는 성적 친밀감에 혐오스러운 감정 반응을 느끼면서도 왜 그런지 모르는 경우도 있으며, 또 신체 감각이나 증상을 경험하는데 이것이 어린 시절에 경험한 학대와 관련된 경우도 있다. 그런가 하면 어떤 내담자는 초기 아동기 학대에서 기인한 신체 기억이라고 믿는 어떤 것을 경험하기도 한다. 이런 경우에는 신체 경험이 초기 학대 경험과 관련된 경우도 있고 그렇지 않은 경우도 있다. 앞부분에서 언급한 사례와 같이 성적 학대처럼 보이는 증상을 유발한 치과 시술도 외상의 경험이 된다. 내 경험으로는 강한 신체 반응은 무슨 일인가 있었음을 의미한다. 그것이 어떤 일인지 모를 수도 있지만, EMDR을 통해 그 안으로 들어가 고통을 처리할 수 있고, 신체로부터 말끔히 지워낼 수도 있다.

내담자가 어떤 식으로든 고통스러운 신체 경험을 한다면, 나는 이 신체 경험을 처리 과정으로 들어가는 입구로 사용한다. 그것은 퇴행을 치료하는 최면 치료에서 사용하는 신체적 가교somatic bridge와 같은 것이다. 나는 내담자에게 눈을 감고 신체 감각에 집중하도록 주문한다. 그 느낌을 충분히 느끼고 자세히 묘사하도록 한다. 그리고 "이런 감각이 느껴질 때 당신은 스스로를 어떻다고 생각하십니까?"라고 묻는다. 만약 내담자가 관련된 부정적 인지를 이끌어 낼 수 있다면 나는 내담자에게 부정적 인지를 반복하게 함으로써 과거로 거슬러 올라가 어떤 이미지나 기억들이 떠오르는지 찾아본다. 종종 내담자는 잠시 침묵하다가 무언가 떠오르는 바람에 깜짝 놀라는 모습을 보여준다. 내담자는 종종 그때 떠오른 것들이 자신의 감각과는 무관하다고 생각하지만, 나는 무의식적인 마음이 나름의 논리를 가지고 있다고 믿기 때문에 늘 내담자의 마음에 떠오른 장면이나 이미지를 탐색한다. 그리고 이미지가 설령 비논리적이라 하더라도 이를 타깃 이미지로 사용한다. 경험상 새로운 이미지는 거의 모든 경우에 중요한 타깃이 되어 새롭고 중요한 통찰과 정보를 이끌어준다.

신체 기억을 타깃으로 한 사례

클레어는 두어 살 때 친할아버지처럼 여기던 관리인으로부터 성폭행을 당한 이후 감정적, 신체적 고통을 겪었다. 폭행 당시 구강성교를 강요당했고 삽입을 당하는 성폭행을 당했다고 했다. 통증이 너무 심해 그녀는 기절했는데, 그 후에 설사와 구토, 출혈이 있었다고 했다. 엄마에게 "스미스 아저씨가 나를 아프게 했어"라고 말했을 때 엄마는 "다른 사람들이 너를 아프게 하진 않는다! 넌 감기에 걸린 거야"라고 말했다. 성폭행은 그녀의 가족이 이사 가기 전까지 계속되었다.

무서운 신체적 성적 학대의 결과 클레어는 생식기와 비뇨기계에 심각한 손상을 입어 고통을 받았다. 이십 대가 되었을 때 비뇨기계와 자궁 탈출증, 서혜부 탈장 등으로 인해 세 차례 수술을 받았고 수술하던 의사는 꼭 집단 성폭행을 당한 것처럼 보인다고 말한 적도 있었다. 그녀는 종종 방광염을 앓았고 요도 부위에 만성적으로 근 수축이 일어났다. 클레어의 담당의는 골반 근육의 만성적인 수축으로 인한 골반 통증 때문에 나에게 내담자를 의뢰했다. 담당의는 근수축이 어린 시절 성폭행과 연관되어 있어 EMDR이 그녀에게 도움이 될 거라고 생각했던 것이다.

우리는 EMDR 첫 회기에 요도 부위의 근수축에 집중했다. 그녀는 눈을 감고 그 부위에 집중했고, 나는 '그 느낌에 대해 어떤 생각을 하는지' 물었다. 잠시 후 그녀가 말했다. "힘을 주지 않으면 내 몸 안의 것들이 빠져나올 것 같아요. 어린 시절의 모습이 떠올라요. 나는 발가락을 굽힌 채 벽을 붙잡고 있어요. 난 무섭고, 온몸의 근육이 긴장되어 있어요. 너무 혼란스럽고 고통스러워요. 다른 사람들은 아무 일도 없는 것처럼 행동해요. 정말 미칠 것 같아요."

그녀의 말 속에서 우리는 모든 타깃 요소들을 찾을 수 있었다. 신체 감각은 요도 근처의 근수축이었으며, 부정적 인지는 '힘을 주지 않으면 내 몸 안의 것들이 빠져나올 것 같다', 감정은 '공포'였으며, 이미지는 '모든 것을 몸 안에 붙잡아 두려고 애쓰는 어린아이'였다.

처리를 시작하기 전 그녀는 자신을 양육하고 돌봐주는 사람들이 그녀를 둘러싸고 있는 모습을 안전지대로 선택했다. 할머니는 북쪽에, 남편은 남쪽에, 현명한 노파는 서쪽에, 자신을 돌봐주는 모성의 형태는 동쪽에 두었다.

클레어는 요도 근육을 수축시킴으로써 신체 감각을 증대시키고, 그 부위에 집중할 수 있었다. 그녀는 어린아이의 이미지와 자신이 힘을 주지 않으면 몸 안의 것들이 빠져나올 것 같다는 믿음에 집중했다. 그녀의 긍정적 인지는 '나는 편안히 내보낼 수 있다'였고 SUDS는 10점이었다.

그 회기의 신체적 처리 과정은 매우 강렬했다. 그녀는 숨을 몰아쉬며 울었다. 스미스 씨가 친절했다는 것과 만약 사람들에게 말하면 그녀와 그녀의 강아지를 죽이겠다고 말한 것을 기억해냈다. 그녀는 이 '친절한' 아저씨가 농담이 아니라는 걸 보여주기 위해 그녀의 새끼손가락에 상처를 낸 모습을 기억해냈다. 공포스러운 기억의 조각들이었다. 그녀는 그가 천사와 악마의 두 가지 모습을 가지고 있음을 보려고 애썼다. 그녀에게는 무척 힘든 일이었지만, 그녀의 성인 자아가 등장해 어린 자아에게 이를 설명해주었다.

처리 중에 클레어는 생식기와 복부의 수축을 떠나보내는 경험을 하게 되었다. 회기 마지막에는 목과 어깨에 통증을 느꼈는데, 이는 강제적인 구강성교와 관련 있음이 드러났다. 어느 순간 그녀는 통증을 느끼며 해리가 되었고, 겁에 질려 있었다. 안전지대로 돌아가자, 모성의 형상이 그녀를 안아주었고 편안하게 해주었다. 클레어가 충분히 강해졌다고 느꼈을 때 그녀는 처리를 계속하자고 주문했다.

클레어는 몸과 마음의 오래된 기억들을 계속해서 처리했고 많은 에너지가 이동하는 것을 경험했다. 근육의 수축이 풀리는 것을 경험할 때는 강렬한 에너지가 그녀를 관통하는 것을 느꼈다. 회기 마지막에 그녀 스스로 힘을 얻고 스미스 씨는 작고 약해졌음을 느꼈다. 그녀는 더 이상 스스로 근육을 수축시킬 필요가 없다고 믿게 되었다.

다음 주에 그녀는 회기 이후에도 편안했다고 보고했다. 우리가 어린아이의 이미지를 체크했을 때 그녀는 그 모습을 잘 떠올리지 못했고, 연관된 느낌도 없었기 때문에 우리는 성폭행과 관련된 다른 기억으로 넘어가 그것을 타깃으로 삼았다.

신체 감각을 타깃으로 한 사례

내담자들 중에는 성적 친밀감에 '구역질나는' 강한 느낌을 보고하는 경우가 많다. 어떤 내담자는 성적 학대의 의식적 기억이 없지만, 그랬었던 것 같다고 강하게 의심하는 경우도 있다. 또 다른 경우에는 내담자의 '구역질나는 느낌'을 타깃으로 삼기도 하는데, 왜냐하면 이것이 내담자의 가장 강한 경험이기도 하거니와 내담자는 자신의 성적 혐오감을 지우고 싶어 하기 때문이다.

케이트는 삼십 대에 파트너와의 섹스 중에 강한 혐오감을 경험했다. 어린 시절 아빠에게 성적 학대를 당했다고 믿었지만 아무 기억도 없었다. 사실 그녀는 어린 시절에 관해 거의 기억하는 게 없었다. 부모가 이혼한 후 주말마다 알코올 중독자인 아버지와 함께 자야 했고, 그의 집에는 침대가 하나뿐이었다.

이 회기 동안 그녀는 성적 혐오감을 작업하고 싶어 했다. 섹스에 대한 느낌과 믿음을 탐색했을 때 그녀는 "섹스는 필요 없고, 하고 싶지도 않아요. 그저 구역질 날 뿐이에요!"라고 말했다.

치료자 구역질나는 느낌이 들 때 어떤 이미지가 떠오릅니까?

케이트 아빠가 떠올라요. 아빠와 사랑을 나누는 이미지요.

치료자 자신에 대해 어떤 부정적인 믿음이 있나요?

케이트 절망적이에요. 통제할 수가 없어요.

치료자   자신이 어떻게 되었으면 좋겠다고 생각하나요?

케이트   어느 정도 조절할 수 있으면 좋겠어요.

치료자   그게 사실이라고 믿는 정도가 1~7점 중 어디에 해당됩니까?

케이트   2점이요.

치료자   어떤 느낌이 드나요?

케이트   두려움, 구역질, 분노요.

치료자   몸의 어디에서 느껴집니까?

케이트   얼굴에서 느껴져요.

치료자   고통의 정도가 0~10점 중 어디에 해당됩니까?

케이트   10점이요.

우리는 아빠와 '사랑을 나누는' 이미지와 구역질나는 느낌, 얼굴의 감각을 가지고 안구 운동을 했다. 타깃 이미지는 실제로 일어났던 사실이 아니라 그저 이미지로 이해되었다. '사랑을 나누는'이란 말도 그녀의 말일 뿐이었다.

케이트 ►◄►◄►◄ 내 몸에서 누군가를 밀쳐 내고 있어요. ►◄►◄►◄ 누군가 취한 사람의 이미지가 뚜렷이 떠올라요. 죽은 사람처럼 취해 있고 내가 밀어내고 있어요. ►◄►◄►◄ 아빠가 그러는 건 떠오르질 않아요.

치료자 어떤 느낌이 드나요? (나는 다른 무언가가 진행되고 있는지 체크하며, 그녀가 자신의 신체에 집중하도록 돕고자 했다.)

케이트 분노요! ►◄►◄►◄ 미칠 것 같아요. 나는 내 옆의 베개 속에 있는 얼굴과 몸을 계속 보고 있어요.

치료자 누구의 몸인가요?

케이트 몸이 베개 밖으로 나와 있어요.

치료자 당신은 몇 살인가요? (나는 그녀가 어디에 있고 몇 살인지 보게 함으로써 과거의 그녀를 떠오르게 했다.)

케이트 난 다섯 살쯤 됐어요. 그 사람은 누군지 모르겠어요. ►◄►◄►◄ (케이트는 회기 마지막까지 처리를 지속했다.)

TV쇼 또는 영화

TV쇼나 영화의 이미지는 내담자에게 실제 내용보다 더 강한 감정적 반응을 일으키기도 한다. 이로 인해 내담자는 불안, 악몽, 침습적인 이미지를 경험할 수 있다. 그러나 내담자는 무엇 때문에 촉발되었는지 모르는 경우가 많다. 강간이나 성적 학대에 관한 내용을 보았거나 영화 속의 폭행 장면을 보았을 수 있다.

영화 속에서 가장 고통스럽게 보았던 이미지를 EMDR 타깃으로 삼을 수도 있다. 타깃을 만들고 처리하는 방법은 꿈을 가지고 작업하는 것과 흡사하다. 한 내담자는 〈데드 맨 워킹〉(1995)이라는 영화 속의 강간 장면을 보고 매우 고통스러워했다. 그녀는 악몽과 신체 기억, 플래시백, 그리고 파트너가 자신의 몸에 손대는 것이 혐오스럽게 느껴지는 경험을 했다. 그녀는 강간당한 시각 기억은 없었지만, 그녀 몸의 반응은 마치 어떤 외상이 일어난 것만 같았다.

우리는 가장 고통스러운 강간과 살해 장면을 타깃으로 잡았다. 부정적 인지는 '나는 안전하지 않다', 긍정적 인지는 '나는 안전하다', VoC는 2점, SUDS는 10점이었다. 그녀는 가슴이 짓눌리는 느낌과 함께 성기 부위에 통증을 느꼈다. 그녀는 꿈처럼 영화 속 장면을 처리해나갔다. 신체 처리 과정이 많았고 강한 제반응을 경험했다. 그리고 그 과정을 통해 강간당한 적이 있다는 사실이 드러났다. 회기 마지막에 내담자는 편안하게 느꼈고, 자발적으로 떠올린 '나는 안전하다'를 주입했다.

부정적 인지

어린 시절에 심하게 학대당한 경험이 있는 성인은 전형적으로 자존감이 낮고, 자신에 대해 제한적인 믿음을 가진다. 내담자가 문제의 근원이 되는 이미지나 기억들을 떠올리지 못할 때는 부정적 인지를 EMDR의 타깃으로 삼을 수 있다. 많은 내담자가 자신에 대한 부정적인 인식들로 인해 치료자를 찾는다. 스스로를 천성적으로 나쁘다거나, 가치 없다거나, 무기력하다고 믿고 싶어 하지 않기 때문이다.

나는 부정적 인지를 통해 EMDR 타깃을 이끌어 내기 위해 '정동 가교affect bridging(Watkins, 1971, 1990)'라는 최면 치료 기법을 적용한 '부정적 인지—정동 가교negative cognition-affect bridge'를 사용한다. 한 내담자가 스스로 무기력하다고 믿지만 관련된 이미지는 없다고 하자. 그녀의 고통은 직장 생활이나 일상적인 관계에서 발생한 것은 아니다. 그런 경우 내담자에게 눈을 감게 하고 '나는 무기력하다'라고 스스로에게 말하게 한 후 그런 말을 할 때 몸에서 어떤 느낌이 드는지 느끼게 한다. '가슴이 조여 오고 속이 불편해요'라고 한다면 부정적 인지를 반복하게 하고, 그 느낌을 느끼게 하며, 그런 느낌을 언제 또 느꼈는지 과거를 따라가보게 한다. 또 가능한 한 그런 느낌과 믿음을 가졌던 가장 멀고, 가장 강한 기억으로 돌아가보게 한다. "어떤 이미지든 떠올려보세요. 아무것도 거르려고 하지 마세요." 보통 내담자는 의미 있는 이미지를 떠올린다. 만약 내담자가 섹스를 강요당하는 어린아이를 떠올렸다고 하자. 이미지는 물론 조각난 장면일 수도 있지만, 이 이미지를 타깃으로 삼는다.

만약 내담자가 아무 이미지조차 떠올리지 못했다면 내담자에게 부정적 인지를 반복하게 하고, 몸의 느낌을 느끼도록 하면서 양측성 자극을 시작한다. 만약 이 방법이 처리 과정을 오히려 모호하게 만들 경우에는 '기억'과 같이 좀 더 제한된 타깃에 집중한다. 기억이나 이미지가 처리 과정 초기에 떠오르면, 그 기억을 통해 거슬러 올라가 모든 요소들을 타깃으로 할 수 있다. 부정적 인지—정동 가교를 통해 타깃을 형성하는 과정은 부정적 인지만을 가지고 작업을 시작하는 것보다 증상 해소를 위한 일차적 내용에 접근할 수 있는 더 직접적인 방향을 제공하는 경우가 많다. 즉 부정적 인지—정동 가교를 통해 특정한 타깃을 만들어냄으로써 어떤 기억에 대하여 더 완전하고 충분한 처리를 할 수 있게 해준다.

09

치료 회기의 중기

이번 장에서는 외상 기억을 재처리하는 과정에서 차단이 일어나거나 앞으로
나아가지 못하고 계속해서 한 기억에서 맴도는 상황이 벌어졌을 때 도움이 되는
다양한 방법들을 제공한다. 먼저 차단의 원인을 찾아가는 방법을 알아보고,
차단을 다루는 비개입 전략과 개입 전략에 대해 실례를 들어 설명한다.

어린 시절 학대당한 성인은 감정적으로 매우 고통스러운 기억을
처리할 때 종종 차단이 일어나거나, 맴돌기 현상이 일어나 어려움을 겪
는다. 때로는 충분한 감정이 나타나지도 않았는데 처리 과정이 차단되
거나 고착되기도 하고, 또는 여러 가지 이유로 처리 과정이 아예 일어나
지 않기도 한다. 어린 시절 학대당한 성인은 당시 당했던 외상의 강렬함
때문에 성인 자아를 끌어내어 활용하는 것을 어려워하는 경우가 많다.
그러므로 치료자는 개입과 같은 처리 과정의 차단을 해결하는 다양한
기법을 사용하여 내담자와 특별한 상호 작용을 해야 할 필요가 있다.

정보 처리가 제자리를 맴돌고 고착되었을 때의 작업

정보 처리가 차단되었을 때의 개입은 다음의 네 가지 단계가 있다.

| **표 9-1** |를 참고한다.

1단계. 정보 처리가 차단되었거나 불완전하다는 것을 인식하기
2단계. 원인 규명하기
3단계. 비개입 전략 사용
4단계. 개입 전략 사용

1단계. 정보 처리가 차단되었거나 불완전하다는 것을 인식하기

몇 세트의 양측성 자극을 주어도 내담자가 정보를 처리하지 못하고, 계속해서 동일한 감정, 감각, 이미지, 생각을 반복하며 SUDS에 변화가 일어나지 않는 상태를 '맴돌기'라고 한다. 흥분한 감정의 강도가 변하지 않고 지속되는 상태라고도 할 수 있다. 양측성 자극을 주어도 다른 기억 네트워크와의 연결이 일어나지 않기 때문에 정보 처리 과정이 일어나지 않으면서 내담자는 일반적으로 매우 괴로운 상태가 된다. 즉 맴돌기는 마치 고장 난 레코드판처럼 같은 생각, 느낌, 그리고 감정들이 변화 없이 계속해서 반복되는 상태이다.

항상 강렬한 감정이 나타날 때만 맴돌기가 일어나는 것은 아니다. 좀 더 일반적으로 보면 맴돌기는 정보 처리 과정에 대한 저항 혹은 차단의 의미로 생각할 수 있다. 때로는 몇 세트의 안구 운동을 하고 난 후에도 내담자가 아무 변화가 없다고 말하는 형태로 맴돌기가 나타날 수 있는데, 이런 경우 정보 처리가 일어나지 않는 것으로 본다.

맴돌기가 나타난 또 다른 신호는 치료 회기가 거의 끝나가는데도 SUDS 점수가 여전히 높을 때다. 어린 시절 성적 학대를 당한 성인은 치료 회기가 완전히 마무리되지 않는 경우가 종종 있는데, 특히 여러 번의

학대를 당한 내담자의 경우에 더욱더 치료 회기의 마무리가 어렵다. 이런 경우, 치료자의 개입은 치료 회기를 마칠 때 매우 유용하다.

| 표 9-1 | 내담자의 처리 과정이 맴돌거나 차단되었을 때 하는 작업

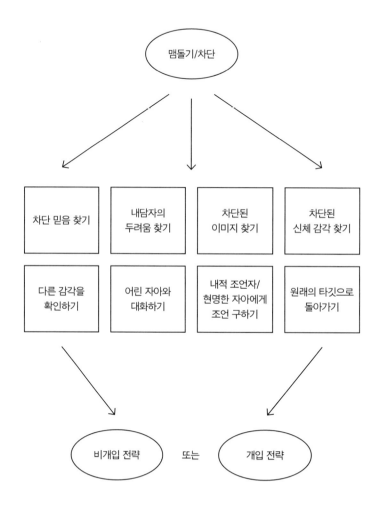

2단계. 원인 규명하기

정보 처리가 차단되는 데에는 여러 가지 원인이 있다. 내담자의 정보 처리가 멈추었다는 것을 알았을 때, 치료자는 개방형 질문을 던져 원인을 탐색해야 한다. 치료자는 어린 시절 학대를 받은 성인 생존자의 일반적인 문제들뿐 아니라 그 내담자만의 특징적인 패턴과 핵심 문제들을 고려하여 가설을 제안한다. 만일 내담자가 그 가설을 부인한다면 치료자는 다른 가설을 다시 제안하면 된다. 치료자와 내담자는 함께 작업하면서 정보 처리가 차단된 원인을 찾아간다. 때로 아주 명백하기도 하고, 어느 때는 그렇지 않기도 하다. 다음은 내담자와 함께 탐색해야 할 정보 처리 차단을 일으키는 원인들이다.

차단 믿음 찾기

맴돌기가 일어났을 때 치료자가 가장 먼저 해볼 수 있는 것은 내담자의 차단 믿음blocking beliefs을 찾는 것이다. 내담자의 깊은 무의식 수준에서 사실이라고 생각하는 믿음이 정보 처리 과정을 방해하고 있을 때, 이를 차단 믿음이라고 한다. '난 안전하지 않다', '그건 내 잘못이므로 난 나쁜 인간이다', '난 희생자다', '난 조절할 수 없다', '난 선택할 수 없다' 등이 학대당한 내담자에게서 흔히 볼 수 있는 차단 믿음이다. 치료자는 내담자 개인이 안고 있는 문제뿐만 아니라, 어린 시절 학대를 받은 성인들의 일반적인 문제들(2장 참조)도 잘 알고 있는 것이 도움이 된다. 어떤 믿음이 정보 처리를 방해하고 있는지를 탐색할 때는 이러한 문제들을 염두에 둔다.

종종 차단 믿음을 말하는 것이 수치심, 약속 파기(말하는 것에 대한 금지, 해친다는 위협), 치료자와의 신뢰 문제, 혹은 금기시되는 주제 등을

자극한다. 이때 내담자는 말하기를 꺼리게 된다. 이럴 경우에는 내담자에게 제안 또는 가설들을 제공할 수 있으며, 내담자는 그것들을 받아들이기도 하고 거절하기도 한다. |표 8-1 |(209쪽)의 목록은 어린 시절 성적 학대를 당한 성인이 가지고 있는 전형적인 부정적 인지들이다.

다음은 흔히 볼 수 있는 몇 가지 차단 믿음들이다.

● **나는 안전하지 않아** 내담자는 자신이 현재에도 안전하지 않다고 느낀다. 학대당한 기억을 EMDR로 처리할 때 내담자에게 재현되는 강렬한 두려움은 꼼짝달싹할 수 없다는 느낌을 불러일으킬 수 있다.

● **나는 학대에 책임이 있고, 따라서 나는 나쁜 사람이다** 대부분의 경우, 어린 시절 학대당한 내담자들은 학대당한 것에 자신에게 책임이 있다고 생각하여 괴로워한다.

● **나는 힘이 없다, 나는 선택이나 조절 능력이 없다** 어린 시절부터 학대당해 온 내담자는 학대 기억을 처리하는 동안 자신은 무능하고 아무것도 조절할 수 없다는 느낌을 자주 경험한다. 이러한 느낌은 내담자를 무기력하게 만들 수 있다. 또한 EMDR 치료 과정 자체도 자신이 조절할 수 없다고 느껴 이를 두려워할 수도 있다. '나는 무기력해', '나는 피해자야'라는 생각은 성적 학대 피해자의 공통적인 부정적 자기 신념이다. 처리하는 동안 내담자는 자신을 피해자로 보고 치료자를 가해자로 볼 수도 있는데, 이렇게 되면 처리 과정이 중단될 수도 있다.

● **나는 쾌감을 느꼈기 때문에 나쁜 사람이다** 성적 학대의 기억을 EMDR로 처리하는 동안, 일반적으로 내담자는 성적 흥분을 재경험하기도 한다. 자신을 성적으로 타락했거나 나쁜 사람이라고 믿는 내담자는 자신의 몸이 그런 식으로 반응하는 것 때문에 고통스러워할 수 있다. 또한 치료자의 반응에 대해서도 염려할 수 있다.

● **만일 내가 학대당했던 경험을 사실 그대로 말한다면, 치료자는 나를 존중하지 않을 것이고, 결국 나를 버릴 것이다** 많은 내담자가 자신의 학대 경험을 털어놓고 오히려 주변으로부터 버림받았거나 처벌당한 경험이 있다. 자신의 이야기를 함으로써 오히려 거부당하는 느낌을 받았을 수도 있고, 그로 인해 자아 존중감이 상실되었을 수도 있다. 이런 경우 어떻게 치료자가 자신을 계속해서 존중할 것이라고 기대할 수 있겠는가?

● **나는 아무도 믿을 수 없다, 심지어 치료자도 믿을 수 없다** 가해자는 물론이고 다른 가족 구성원과 그 밖의 권위적인 사람들로부터 받은 끔찍한 배신의 경험 때문에 누군가를 긍정적으로 받아들이는 것은 매우 힘든 일이다. 치료자를 신뢰하는 것은 내담자 자신의 직관에 반대되는 느낌이 들게 하고, 오히려 배반당한 안 좋은 기억의 네트워크를 자극한다. 또한 많은 내담자가 자신이 어렸을 때 스스로를 배반했다고 느끼기 때문에, 위험으로부터 자신을 보호하는 능력을 믿지 않는다.

● **말하는 것은 안전하지 않다** 많은 아이가 학대 경험을 이야기하면 무서운 처벌을 받거나 죽을 것이라는 위협을 받는다. 이런 두려움은 빈번하게 떠오르고, 내담자의 어린 자아에게 매우 압도되는 느낌을 준다.

● **분노를 느끼거나 표출하는 것은 좋지 않다** 많은 내담자는 분노를 금기시하며 자라왔고, 가해자의 보복 때문에 가족 내에서 분노를 드러내는 것도 매우 위험한 것으로 알아왔다. 또 어떤 내담자는 분노를 느끼는 것은 가해자와 같아지는 것이라고 믿기 때문에 분노를 느끼려고 하지 않는다. 또 다른 내담자는 자신의 분노의 강렬함에 압도당하기도 하고, 그러한 분노가 위험하다고 생각하며 두려워하기도 한다.

내담자의 두려움 찾기

어떤 내담자는 증상이 호전되는 것이 두려워 정보 처리 과정을 차단하는 경우가 있다. 아마도 이차적인 문제가 처리를 차단하는 것 같다. '이러한 과거의 기억에서 벗어나면 난 무엇이 될까? 누가 내 친구가 될까? 내 인생은 어떻게 되는 것이지?' 내담자는 증상 때문에 힘들고 지치기도 하지만, 때로는 그 상태에 더 익숙해하기도 한다. 이런 경우에는 치료자가 저항에 대해 내담자와 이야기를 나누어야 한다. 치료 과정이 너무 빠른 경우, 내담자는 자아 개념과 대인 관계에서 일어난 변화를 통합하는 데 시간이 필요할 수도 있다.

어떤 내담자는 통제력을 잃어버릴 것 같은 느낌, EMDR 치료 과정에서 떠오른 강렬한 이미지나 감정, 그리고 중간중간 떠오르는 환상적이고 꿈과 같은 이미지 등으로 인해 미칠지도 모른다는 두려움을 가진다. 치료자는 이러한 두려움에 대해 충분히 이야기를 나누고, 필요하면 내담자를 안심시켜야 한다. 일반적으로 이렇게 반응을 보이는 것이 도움이 된다. "처리가 일어나는 동안 다양한 것들이 많이 나올 수 있습니다. 그대로 흘러가게 두세요. 우리는 언제든 멈출 수 있고 안전지대로 갈 수 있습니다."

어떤 내담자는 치료 회기 사이마다 복받치는 감정과 불안에 대처하기 위해 약물 처방을 필요로 하기도 한다. 부가적인 정신의학적 지원이나 지지도 많은 도움이 될 수 있다.

EMDR 치료 과정을 처음 시작할 때, 많은 내담자는 자신이 제대로 하고 있는 것 같지 않아 두려워한다. 따라서 내담자가 어디에 초점을 두어야 하고, 무엇을 해야 하는지 알려주고, 치료자가 처리 과정에 집중하고 있을 것이라고 안심시키는 일이 중요하다. 무슨 일이 일어나든 검열하지 말고 그냥 내버려두고 치료자에게 말해야 한다.

어린 시절 학대받은 내담자는 가까운 가족에 대한 '안 좋은' 기억을 처리하려 할 때, 그들의 '좋은' 기억까지도 사라질 것을 두려워한다. 나는 EMDR 치료자인 랜드리 와일드윈드에게 이를 처리하는 기법을 배웠다. 이런 경우, 내담자에게 '안 좋은' 기억으로부터 '좋은' 기억을 분리하여 안전지대에 가져다놓는 것을 상상하라고 한다. 좋은 기억을 안전하게 보호할 수 있는 곳, 안전한 상자를 상상한다. 그러면 내담자는 안전하게 좋은 기억을 보호하면서 학대받은 안 좋은 기억을 처리할 수 있다. 이후 내담자가 어느 정도 준비되면, 좋은 기억과 안 좋은 기억을 통합한다.

차단된 이미지 찾기

때때로 EMDR 치료 과정 동안, 극도의 고통스러운 이미지가 내담자에게 인식되기 시작할 때가 있다. 이러한 이미지는 새로운 정보이면서 자신과 과거의 관계에 매우 충격적이고 파괴적인 정보이기 때문에 내담자는 의식 뒤편에 밀어두고 문을 걸어 잠그기도 한다. 비록 이미지를 충분히 다 보지 못했다 해도, 내담자는 고통을 느낄 수 있기 때문에 처리 과정은 차단되고 맴돈다.

만일 차단을 일으킨 이미지가 의심된다면 치료자는 "어떤 장면이 처리 과정을 방해하고 있습니까?"라고 물어본다. 그리고 내담자에게 장면을 검색하면서 중요한 상세 부분들을 찾아보라고 한다. 아주 고통스러운 장면이 있다는 것이 밝혀지면, 내담자는 일단 처리를 중단하고 처리를 계속 진행하기 전에 치료자와 이야기를 나누고 싶어 할 수 있다.

차단된 신체 감각 찾기

내담자가 인지적으로만 처리하고, 신체에서 느껴지는 것은 아무것도 표현하지 않을 경우, 치료자는 내담자가 신체 감각에 집중하도록 할 수 있다. 자신의 신체에 집중하길 어려워하는 내담자를 위해 치료자는 '감각이 느껴지는 곳을 손가락으로 누르라'고 지시할 수 있다. 만약 신체의 여러 곳에서 감각이 느껴져 어느 곳에 집중해야 할지 모른다고 할 때에는 가장 분명하게 느껴지는 곳을 눌러보라고 한다. 오래된 기억을 처리하는 과정에서 활성화된 신체 기억으로 성적 흥분을 느끼게 되면, 내담자는 자신의 신체 감각에 집중하는 것을 피하려 한다. 이럴 때 치료자는 '그런 느낌을 느끼는 것은 나쁘다'라는 차단 믿음에 대해 이야기를 나누어야 하고, 가능하면 적절한 교육적 개입을 할 필요가 있다.

또한 내담자는 자신이 느끼는 어떤 것을 강조하기 위해 움직임을 이용할 수 있다. 느낌을 증가시키고 몸의 에너지를 발산하기 위해 손이나 팔을 움직일 수도 있고 일어설 수도 있다. 예를 들면, 몸집이 작아서 가해자에게 힘없이 당했던 기억을 처리하던 내담자는 상상 속에서 가해자와 직면하려 할 때 현재 어른으로 성장한 자신을 느끼기 위해 자리에서 일어나고 싶어 할 수 있다. 상상 속에서 내담자는 주먹을 휘둘러 때리기도 하고, 혹은 가해자의 폭력으로부터 자신을 보호하기도 한다. 움직임은 신체 기억의 요소들을 효과적으로 활성화시킬 수 있는데, 이때 양측성 자극을 함께 주면 외상 기억의 처리 효과를 증가할 수 있다.

처리하는 동안, 내담자가 말하지 못했거나 금기시되었던 말을 크게 소리치도록 내담자를 격려하는 것도 좋다. 종종 내담자들은 입이나 목구멍이 조이는 느낌을 호소하기도 한다. 표현하고 싶어 하는 무언가가 있는데, 꼭 말이 아니라 단순한 소리를 지르고 싶어 하는 것이다. 치료자가 내담자의 손이나 무릎을 두드리는 동안 내담자는 가해자에게 말을 할 수도 있고 혹은 베개에 입을 대고 비명을 지를 수도 있다. 이렇게 표현하고 싶은 것을 표현하도록 하면서 양측성 자극을 주면 처리의 장애물을 제거하는 데 도움이 된다.

다른 감각(후각, 청각, 미각)을 확인하기

어떤 소리나 맛 또는 냄새가 내담자의 의식 주변으로 올라와 강한 정서적 반응을 일으켜 처리 과정이 차단되는 경우가 종종 있다. 담배나 술 냄새 같은 것이 가해자와 밀접하게 연관되어 있을 수 있다. 만일 정보 처리가 차단되었다면 치료자는 그 밖의 다른 감각 정보를 내담자에게 물어볼 수 있다. 장면을 탐색해보라고 한 뒤에 무슨 일이 일어났는지, 무엇을 들었는지, 그 장면에서 어떤 대화가 있었는지, 어떤 음향 효과가 있었는지, 어떤 냄새 혹은 맛이 났는지, 무엇을 느끼고 있었는지, 몇 살인지 등을 물어본다. 내담자가 그 장소 그 시간에 머무르도록 도와주어야 한다. 감각 정보는 내담자가 방향 감각을 잡아 기억의 퍼즐 조각을 맞춰 가는 데 큰 도움이 될 수 있다.

어린 자아와 대화하기

정보 처리가 차단된 상태에서 내담자가 여전히 '어린아이 상태'로 남아 있다면, 무엇이 정보 처리를 차단하고 있는지를 내담자의 어린 자아에게 물어볼 수 있다. 이때 치료자는 쉬운 용어와 부드러운 톤의 말을 쓰는 것이 중요하다. 만일 아이가 무서워한다면 무엇 때문인지, 무엇을 보고 괴로워하는지, 그 장면에서 무슨 일이 일어났는지, 어린 자아가 안전함을 느끼기 위해선 무엇을 필요로 하는지 등을 물어본다. 이런 개방적 질문은 내담자의 차단 믿음이나 차단 이미지 등을 자극하고 이끌어내는데, 치료자는 개입이나 그 밖의 다른 중재를 이용해 다루어야 한다.

내적 조언자 또는 현명한 자아에게 조언 구하기

내담자의 정보 처리 과정이 멈추었는데 치료자도 내담자도 무엇이 문제이고 해결책이 무엇인지 모를 때에는 내담자의 내적 조언자나 높은 수준의 자아higher self에게 조언을 구할 수 있다. 내담자는 치료 준비 단계에서 자원이 되었던 내적 조언자를 만날 수도 있고, EMDR 치료 과정에서 어떤 형태의 현명한 자아나 내적 안내자를 자연스럽게 떠올릴 수도 있다. 치료자는 내담자에게 눈을 감고 내적 조언자를 만나, 문제의 원인과 해결책을 찾기 위한 대화를 나누어보라고 한다. 때때로 내적 조언자는 내담자에게 현명한 조언을 주기도 한다! 내담자가 들은 조언을 치료자에게 말하면, 치료자는 양측성 자극을 주면서 그 조언을 주입한다. 치료자도 막다른 길에 도달했다고 느껴져 그다음 무엇을 해야 할지 모를 때, 내담자의 내적 안내자를 불러내 조언을 구하는 것은 도움이 되고 힘이 된다.

원래의 타깃으로 돌아가기

정보 처리 과정이 멈추었을 때 원칙 중 하나는 의심이 들면 원래의 타깃으로 돌아가 점검하는 것이다. 치료자는 "처음의 장면에서 지금은 무엇이 일어나고 있습니까?"라고 물어보면서, 내담자에게 그 장면에서 보이는 중요 단서들을 자세히 검색해보라고 한다. 그리고 내담자가 보고 있거나 경험하고 있는 것을 좀 더 상세히 알아보기 위한 질문을 한다. 강렬한 감정이나 반응이 일어나는 영역을 찾아보고 그것을 타깃으로 정해도 좋다. 원래의 타깃으로 돌아가는 일은 내담자의 자연스러운 정보 처리 과정에서 이탈하는 것이 아니라, 치료자가 내담자의 처리 과정을 가까이서 뒤쫓아가고 있다는 안정감을 내담자에게 주는 효과가 있다.

3단계. 비개입 전략 사용

개입을 사용하기 전에 먼저 시도해볼 수 있는 많은 비개입 전략들이 있다. 이러한 전략들의 대부분은 샤피로의 책《안구운동 둔감화 재처리법》에 소개되어 있다.

안구 운동의 변화

만약 치료자가 손을 이용하여 안구 운동을 하도록 했다면, 안구 운동의 속도를 증가시키거나 감소시킬 수도 있고, 안구 운동의 방향을 수평에서 대각선이나 상하 수직으로 변화를 줄 수도 있다. 또한 원모양으로 움직이는 안구 운동은 맴돌기에서 빠져나오는 데 도움이 되기도 한다.

양측성 자극의 형태 변화

어떤 내담자는 내적 경험에 주의를 기울이면서 안구 운동하는 것을 어려워하고, 또 어떤 내담자는 치료자 앞에서 울거나 감정을 표현하는 것이 부끄러워 꺼리기도 한다. 이런 내담자의 경우 눈을 감게 하고 양측성 소리를 들려주거나, 혹은 내담자의 손이나 무릎을 두드려주면 정보 처리 과정이 더 쉽게 일어난다. 만일 양측성 자극 때문에 정보 처리가 차단되었다고 짐작되면, 내담자와 이에 대해 이야기해보고 내담자에게 다른 방법을 선택하게 한다. 성적 학대를 당했던 내담자들의 경우, 치료자와 접촉하는 것을 불편해할 수 있다. 청각적 자극을 통한 정보 처리가 더 나은 선택일 수 있다. 하지만 어떤 내담자는 무서운 경험을 처리할 때 치료자와 접촉하면서 처리하는 것을 선호하기도 한다. 두드리기는 내담자에게 혼자가 아니라고 안심시켜주는 효과가 있다. 종종 내담자는 두드리기를 할 때 눈을 감는데, 이때 맴돌기가 일어나는 경우가 있다. 이런 경우에는 양측성 자극을 안구 운동으로 변경하거나, 아니면 내담자에게 눈을 뜨고 있게 함으로써 현재에 머무르면서 과거를 처리하고 있다는 것을 인식시킬 필요가 있다.

어떤 내담자는 치료 회기 초반에는 안구 운동으로 시작해, 회기 중간쯤에 두드리기로 바꾸었다가, 마무리는 다시 안구 운동으로 하기도 한다. 양측성 자극의 형태에 변화를 줌으로써 처리 과정이 계속 일어나도록 할 수 있다.

변화 주기

처리 과정이 멈춘 몇몇 내담자들에게는 이미지 처리가 더 쉽게 일어나게 하기 위해 타깃을 변경하여 감정의 강도를 감소시키는 여러 가지 방법이 있다.

● **이미지에 변화 주기** 내담자가 가급적 덜 고통받으면서 정보 처리를 할 수 있도록 타깃 이미지를 시각적으로 조정할 수 있다. 타깃 이미지를 작게, 혹은 흑백으로 바꿀 수도 있고, 정지된 사진으로 변형할 수도 있으며, 내담자로부터 아주 멀리 떨어뜨려 놓을 수도 있다. 이미지를 TV 화면에 비친 비디오나 스크린에 비친 영화처럼 바라볼 수 있게 할 수도 있다(샤피로, 2011).

● **단계별로 처리하기** 변화를 주는 또 다른 기법은 울프의 민감 소실 작업에서 인용한 것이다(Wolpe & Abrams, 1991). 두려워하는 대상, 예를 들면 가해자를 상상으로 내담자로부터 멀리 떨어진 위치에 놓았다가 처리가 진행되면서 점차 가까이 놓는 방법이다. 상상 속에서 처음에는 가해자를 유리벽 뒤에 있게 하다가, 내담자가 덜 두려워하면 유리벽을 치우고 가해자를 천천히 가까이 오게 하는 방법도 있다.

● **목소리 바꾸기** 학대당한 내담자는 정보 처리를 하는 동안 마음속에서 가해자의 목소리를 들을 때 고통스러워하며 공포에 완전히 얼어붙는다. 이때 쓸 수 있는 재미있는 방법으로, 가해자의 목소리를 도널드 덕과 같은 우스운 목소리로 바꾸어보라고 하는 것이다. "마음속에서 당신 아버지의 무서운 목소리가 들릴 때, 그 소리를 도널드 덕 목소리로 바꾸어볼 수 있겠습니까?"라고 내담자에게 물어본다. 만약 내담자가 "그래요."라고 하면 "그렇게 상상해보세요"라고 한 뒤 안구 운동을 진행한다. 이 방법은 내담자가 매우 비판적이고 처벌하는 내적 소리를 갖고 있을 때에도 효과가 있다. 목소리를 바꾸는 것은 목소리로부터 거리감과 이질감이 생기게 하는 데 도움이 된다.

● **긍정적인 말의 첨가** "그건 다 지나간 일입니다", "당신은 지금은 안전합니다" 등의 긍정적인 말을 해주는 것은 내담자를 평온하게 해 맴돌기에서 빠져나오는 데 도움을 준다.

● **결과에 초점 맞추기** 맴돌기나 차단이 일어난 내담자에게는 외상 경험의 결과, 즉 내담자가 결국은 살아남았다고 하는 사실에 초점을 맞추게 하는 것이 도움이 될 수 있다. 때때로 외상 사건이 충격적으로 다가오면, 보통 사람들은 '난 죽을 거야'라는 순간에 멈춰, 마치 망가진 레코드판처럼 "난 죽을 거야, 난 죽을 거야, 난 죽을 거야"라는 말만 계속 반복한다. 이럴 경우에는 공포의 순간 다음에 일어난 일들을 내담자에게 상기시켜주는 것이 도움이 된다. 레코드플레이어의 바늘을 들어 올려 그다음 홈으로 바늘을 옮겨놓는 것과 같다.

한 예로 주아니타는 투우를 즐기는 마을에서 자랐는데, 세 살 때 할머니와 함께 마을 축제에 갔었다. 그런데 황소 한 마리가 우리에서 탈출해 축제 마당으로 뛰어들어 사람들을 위협했다. 갑자기 그녀는 자신을 들이받으려 하는 커다란 황소의 성난 눈을 올려다보고 있는 자신의 모습을 기억에서 떠올렸다. 그리고 그다음 장면은 할머니가 그녀를 황소로부터 구해내어 안전하게 탁자 밑으로 데려간 기억이었다. 그녀는 SUDS 10점의 기억을 처리하면서 그날 있었던 다른 많은 일들을 기억해냈지만, 다시 원래의 장면으로 돌아오기만 하면 세 살짜리 어린아이의 눈을 노려보고 있는 황소를 떠올리면서 SUDS가 계속 10점에 머물렀다. 그래서 치료자는 마지막으로 "결국 당신은 살아남았나요?"라고 물었고, 그녀는 "네"라고 대답했다. 그리고 치료자는 그녀에게 할머니가 자신을 황소로부터 구해낸 뒤 안전한 곳으로 데려간 장면을 떠올리도록 했다. 그녀는 안구 운동을 하면서 그 장면을 떠올렸다. 한 세트의 안구 운동이 끝났을 때 그녀는 장면이 진행되어 할머니의 사랑과 안전이 느껴지는 장면으로 연결되었다고 말했다. 다시 첫 장면으로 돌아가 황소와 관련된 타깃 이미지를 점검해보니, SUDS는 0점으로 내려가 있었다.

● **현재의 안전감을 증가시키기** 내담자가 안전함을 느끼지 못해 처리 과정이 맴돌거나 고착된 경우, 치료자는 내담자가 현재의 안전감을 많이 느끼도록 돕는다. 내담자에게 안전함을 더 느끼기 위해 필요한 것이 무엇인지 물어볼 수 있다. 또는 내담자를 지지해주는 사람을 옆에 앉힐 수도 있다. 처리하는 동안 치료자는 계속해서 내담자가 지금 치료실에 있고, 현재 안전하다는 사실을 알려준다.

내담자의 정보 처리 과정에서 나타난 자발적인 개입

EMDR 치료 과정 동안, 내담자는 자발적으로 자기 내면의 자원을 떠올리는 경우가 자주 있다. 앤더슨은 성적 학대를 받은 내담자가 외상을 처리할 때 대체로 다음의 다섯 단계가 일정하게 나타난다고 했다 (Anderson, 1996). 앤더슨은 학대 기억의 충분한 해결과 통합을 모두 완결하기 위해서는 이 다섯 단계가 필요하다고 말했다. 대개 빠르게 진전되는 내담자의 경우는 패턴이 자동적으로 선명하게 일어난다. 그러나 천천히 진행되는 내담자는 치료자가 인지적 개입을 하지 않는 한, 패턴이 자연스럽게 나타나지 않았다. 나 역시 임상에서 내담자가 학대 기억을 처리할 때 자연스럽게 단계들이 나타나는 것을 관찰했다. 다섯 단계는 다음과 같다.

1단계. **거리 두기** 보통 세 번째 세트의 안구 운동 즈음 내담자는 타 깃 사건을 현재 일어나고 있는 것이라기보다는 어느 정도 거리감을 갖 고 바라보게 되었다고 말한다. 거리감은 사건을 객관적으로 바라보는 데 필요하며, 내담자가 그 장면의 통제력을 갖도록 해준다.

2단계. **구출하기** 성인 자아와 같은 내적 혹은 외적 자원의 인물들이 자동적으로 나타나 어떤 방식으로든 학대 상황에 끼어들어 피해자인 어 린아이를 가해자로부터 구해낸다. 때로는 학대받는 장소로부터 어린아 이를 끄집어내어 안전한 장소로 옮기기도 한다. 이때 안전한 장소는 성 인 자아의 안전지대인 경우가 많다. 이 단계에서 어린 자아는 이전에 전 혀 경험하지 못했던 보호받는다는 느낌을 받으며, 성인 자아는 조절감 과 힘이 생겼다는 놀라운 느낌을 경험한다.

3단계. **안심시키기** 일단 어린 자아가 안전해지면, 성인 자아는 어린 자아에게 "이제 안전해. 그건 지나간 일이고, 그건 너의 잘못이 아니야" 라며 안심시켜준다. 혹은 어린 자아에게 적절한 사랑과 격려와 같은 긍 정적인 감정을 표현하기도 한다. 어린 자아는 정당함을 인정받음으로써 성인의 자아 존중감을 갖게 되고 자신을 수용한다.

4단계. **통합하기** 이 단계에서 내담자는 어린 자아를 두 손으로 끌어 안고 가슴으로 힘껏 품어주고 토닥여 주어, 어린 자아가 계속해서 안전 하고 보호받으며 사랑받는다는 느낌을 경험하도록 한다.

5단계. **종료** 치료자는 내담자에게 가해자에 대해 마침표를 찍는 장 면을 만들어보라고 한다. 치료자는 내담자에게 하고 싶은 대로 '거칠게' 해보라고 북돋아 준다. 너무 억제하는 내담자에게는 치료자가 몇 가지 아이디어를 제공할 수 있다. 이때 어떤 내담자는 그냥 화를 내며 말하는 장면을 만들기도 하고 어떤 내담자는 폭력적인 장면을 만들기도 한다.

8장에서 소개했던 케이트는 치료 회기 도중 어떤 개입 없이도 자연스럽게 내적 자원과 연결된 경우다. 그녀는 아버지가 그녀와 성교하려는 장면, 역겨운 느낌, 얼굴에 나타난 불쾌한 감각에 집중하면서 안구운동을 시작했다. 치료 회기 중간쯤 되었을 때, 그녀는 자신의 몸 위에 앉아 있는 남자에게 강한 분노를 느꼈다. 치료자는 현재의 상황을 파악하도록 돕기 위해, 그녀에게 몇 살이냐고 물어보았다.

케이트　전 아마 거의 다섯 살쯤 되었을 거예요. 난 그 남자가 누군지 모르겠어요. ▶◀▶◀▶◀ 그 남자에게 네 고환을 날려 버릴 거라고 말하고 있어요.

치료자　왜요?

케이트　만약 누군가 날 만지려 한다면 난 분노할 거예요. ▶◀▶◀▶◀ 난 어른으로서 그에게 이야기하고 있는 기분이에요. 그리고 나는 누군가의 도움을 받아 그를 박살낼 거예요. (자연스럽게 내적 자원이 나타났다. 그녀의 성인 자아가 어린 자아를 구하기 위해 자동적으로 개입해 들어온 것이다. 그래서 그녀는 참지 않고 분노를 솔직하게 표현하고 있다.)

치료자　그 아이는 안전해요?

케이트　네. ▶◀▶◀▶◀ 돈이 아빠와 엄마로부터 날 안전하게 보호하고 있다는 기분이 확실히 들어요. (돈은 그녀의 친한 남자 친구다. 보호자인 인물이 치료자의 개입 없이 자연스럽게 나타났다. 외적 자원인 셈이다.)

치료자　당신 자신에 대해 지금 어떤 생각이 드나요?

케이트　난 이제 괜찮아요. ▶◀▶◀▶◀ 나는 상상의 부모가 있어요. 적어도 그들은 날 보호하죠. (내담자는 스스로 내적 자원인 보호해주는 부모를 만났다.)

치료자　지금 기분이 어때요?

케이트　기분이 좋아요.

치료자　자, 그럼 처음 장면으로 돌아가 봅시다. 지금 무엇이 떠오르나요?

케이트　그는 날 괴롭힐 권리가 없다고 느껴져요. 만약 그가 날 또 괴롭히려 한다면, 돈이 가만두지 않을 거예요. ▶◀▶◀▶◀ 보호받는 기분이에요. ▶◀▶◀▶◀ 그는 날 만질 자격이 없어요. 난 더 이상 어린애가 아니고, 난 그와 싸울 수 있어요. 이제는 스스로 보호할 수 있어요. (자동적으로 긍정적 인지가 나타났다.)

　　그녀는 새로운 힘과 능력이 생긴 듯한 느낌과, 자신을 더 보호할 수 있을 것 같은 느낌을 갖고 치료 회기를 마쳤다.

　　만약 내담자에게 자원이 없어 이러한 장면이 자연스럽게 일어나지 않는다면, 치료자는 이미지 개입 혹은 인지적 개입 등을 사용해 내담자를 돕고 안내한다. (표 9-2 참조) 치료자는 일반적인 아이디어들을 제공하고, 양측성 자극을 주면서 내담자가 자신만의 개인적인 장면을 창조해보도록 북돋아 주어, 내담자가 위의 다섯 단계를 통과하도록 안내해 줄 수 있다.

| 표 9-2 | **학대 피해자를 위한 인지적 개입과 이미지 개입**

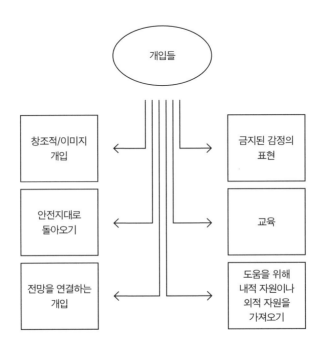

4단계. 개입 전략 사용

개입은 정보 처리 과정에서 차단이 일어났을 때 이를 해결하는 방법으로, 치료자가 새로운 정보나 새로운 관점을 내담자에게 제공하여 기억 네트워크, 자아 상태, 도식 등을 새롭게 만들어내는 기법이다. 샤피로는 "개입은 내담자의 자발적인 정보 처리 능력에만 의지하지 않고, 치료자의 정보를 내담자에게 제공하여 효과적으로 정보 처리가 일어나도록 하는 EMDR의 적극적인 치료 방식"이라고 설명한다(2011). 예를 들어, 내담자가 두려움에 빠진 어린 자아 상태에 고착되면, 치료자는 내담자로부터 성인의 관점을 이끌어 낸다. 치료자는 내담자에게 지금 치료실에서 안전감을 느끼는지를 물어봄으로써 성인의 관점을 이끌어 낼 수도 있다. 만일 내담자가 "네"라고 대답한다면, 성인 자아가 갖고 있는 현재의 정보를 어린 자아가 갖고 있는 오래된 정보에 연결시키기 위해 양측성 자극을 준다. 이러한 연결은 '나는 안전하지 않다'는 오래된 정보와 연관된 정서를 감소시켜 현재에서의 영향력을 잃게 만든다.

원칙적으로 치료자는 가능한 한 개입을 줄여 내담자의 재처리 과정이 자연스럽게 일어나도록 해야 한다. 가장 적절한 타이밍은 개입이 강제적이거나 혼란스럽다는 느낌을 주지 않을 때다. 개입이 내담자에게 효과적으로 작동하는 것 같다면 내담자의 정보와 치료자의 정보를 연결시키기 위해 양측성 자극을 준다. 만약 개입이 적절하지 않다면 내담자는 이를 받아들이지 않게 된다. 치료자와 내담자가 함께 협력 작업을 통해 개입을 고안하는 경우도 종종 있는데, 이는 두 사람이 함께 힘을 모아 잠긴 문의 열쇠를 찾는 것과 같다.

내가 에콰도르를 여행할 때 경험한 열차 탈선 사고도 또 다른 비유가 될 수 있을 듯하다. 안데스 산맥을 여행하는 동안 내가 탄 열차는 세 번이나 탈선했다. 그런데 매번 탈선할 때마다 여러 사람이 열차에서 뛰어내려 탈선한 열차를 철로 위로 다시 올리기 위한 다양한 방법들을 체계적으로 시도했고, 결국 그들은 열차가 목적지를 향해 움직이도록 했다. 그들은 철로 위에 돌, 풀잎, 나뭇잎, 대나무, 그리고 금속 기구 등을 올려놓았다. 하나의 방법을 시도해보고 안 되면 또 다른 방법을 시도

하는 식으로 애썼고, 마침내 그중 한 가지 방법이 효과적으로 작용해 기차가 다시 철로 위로 올라섰고 계속해서 여행을 할 수 있었다. 치료자가 제안하는 개입은 풀잎, 대나무, 돌 등과 같은 것이다. 결국 그중 무언가가 효과적으로 작동하게 되면 다시 목적지를 향해 나아갈 수 있다. 즉, 고통스러운 기억을 해결하는 것이다.

많은 치료자가 내담자에게 적절한 개입을 하기 위해서는 개입을 하기 전에 미리 올바른 개입 방법, 혹은 정답을 알고 있어야 한다고 생각하는 경향이 있다. 하지만 치료자는 내담자에 대해, 그리고 정보 처리 작업을 하고 있는 문제에 대해 알고 있는 사실을 이용해 간략하게 한 가지 제안을 하면 된다. 만일 그것이 효과가 있다면 아주 잘된 것이고, 만약 효과가 없다면 다른 개입 방법을 다시 생각하면 된다! 두 사람은 함께 현재의 문제에 적절한 개입 방법을 찾아내게 될 것이다. EMDR의 일반적인 원칙처럼 개입도 치료자와 내담자가 협력하는 작업이다.

앞에서도 언급했듯이 어린 시절 신체적, 성적 학대를 받은 내담자에게는 안전, 책임, 선택/조절이 가장 중요한 문제들이다. 치료자는 이러한 문제들에 대해 반드시 귀 기울여 들어야 하고 그것들을 중점적으로 다룰 가장 적절한 개입을 개발해야 한다. 이러한 문제들은 여러 가지 다른 기억이나 사건들과 연관되어 있기 때문에, EMDR 치료 과정 중에 여러 가지 형태로 몇 번이고 반복하여 나타난다. 같은 문제가 반복해서 일어난다고 너무 실망하지 않아도 된다. 그렇다고 EMDR이 전혀 효과 없는 것을 의미하지는 않는다. 많은 다양한 사건들이 내담자가 갖고 있는 자신과 세상에 대한 부정적인 믿음을 강화시켜온 것이겠지만, EMDR 작업을 꾸준히 한다면 결국 내담자는 깊은 수준에서 변화한다. 현재의 삶에서 일어나고 있는 배신이나 심리적 외상은 여전히 오래된 믿음을 활성화시키지만, 내담자는 더 이상 그 오래된 믿음을 진실로 받아들이지 않을 것이다.

다음은 내담자에게 맴돌기나 고착이 일어났을 때 치료자가 고려해볼 수 있는 몇 가지 개입 전략들이다.

내적/외적 자원 불러오기

치료의 준비 단계에서 치료자와 내담자는 외적 자원과 내적 자원을 찾아봐야 한다. 여기서 외적 자원은 현재 혹은 과거에 내담자를 양육하고 보호해주었던 실제의 사람을 말하고, 내적 자원은 내담자가 필요로 할 때 자신의 정신세계로부터 불러올 수 있는 돌보아주고 보호해주는 지혜롭고 상징적인 인물을 말한다.

정보 처리 도중 맴돌기가 일어나 자원이 자연스럽게 연결되지 않을 때 치료자는 내담자의 내적 자원과 외적 자원을 불러낸다. 예를 하나 들자면 부모로부터 심각한 신체적, 성적 학대를 당했던 내담자에게 외적 자원을 사용했던 경우이다. 5장에서 소개한 조는 자신을 사랑해주고 보호해주었던 외할머니를 떠올렸다. 학대 기억으로 심하게 억눌리기 시작했을 때, 치료자는 개입 전략으로 외할머니를 불러냈다. 외할머니가 자신을 양육하고 보호해주는 생각을 하면서 안구 운동을 하자, 그의 SUDS 수준은 내려갔다.

보통 자주 쓰이는 내적 자원은 어린 자아를 잘 보호해주거나 양육해주는 성인 자아다. 예를 들면 내담자가 아주 무서워하며 두려움에 휩싸였을 때, 치료자는 내담자에게 두려워하는 어린 자아를 편안하게 해주고 현재 안전하다는 것을 알려주는 성인 자아를 불러오라고 할 수 있다. 일반적으로 처음에는 성인 자아를 양육자 혹은 보호자로 사용하는

데, 왜냐하면 그렇게 함으로써 내담자가 자신의 능력에 대해 스스로 긍정적 관점을 강화시킬 수 있기 때문이다. 그러나 늘 가능한 것은 아니다. 특히 성인 자아 역시 두려움에 압도당해 있거나, 내담자의 내적 자원이 충분히 강하게 발달하지 못했을 때 그렇다.

꿈속에서 나타난 인물이나 상징도 자주 쓰이는 내적 자원이다. 예를 들어 어린 시절 심하게 성추행을 당했던 45세의 중년 여성은 EMDR 치료를 시작하자마자 꿈속에 늑대가 나타났다. 늑대는 치료 작업에서 중요한 동맹자가 되었다. 처리하는 동안 두려움에 압도당하거나 고착이 일어날 때마다, 우리는 늑대를 불러내 가해자로부터 작은 소녀를 보호하도록 했다. 그녀의 SUDS가 전형적으로 10점에서 0점으로 떨어진 후 늑대는 가해자를 겁주어 멀리 쫓아냈고, 작은 소녀인 그녀를 보호하는 늑대의 이미지를 주입했다. 그녀는 이미지를 떠올리고 안구 운동을 하면서 스스로에게 "나는 지금 안전해"라고 말했다. 심지어 잠들기 전에도 늑대를 불러내 평화롭게 잠들 수 있었다.

때로는 여러 개의 자원을 불러내 내담자의 어린 자아를 돕게 한다. 예를 들면 내담자가 학대 기억의 한가운데에서 심한 공포에 눌려 맴돌기에 빠지면, 치료자는 치료자 자신, 내담자의 성인 자아, 힘 있는 동물 등을 동시에 불러내 어린 자아를 안전하게 보호하고 가해자를 처벌할 수 있다.

내적 자원을 불러온 사례

매럴린은 자기애적이고 가학적인 아버지에 의해 어린 시절 내내 신체적, 성적 학대를 당한 정서적 후유증으로 고통받다가 치료를 받으러 왔다. 학대 후유증으로 그녀는 자신의 체중 문제로 고통스러워했고 성 정체성에 대해서도 힘들어했으며, 자아 존중감과 자신감이 부족했고 창조적인 표현을 하는 데도 어려움이 있었다. 치료를 시작하고 3개월쯤 지나자, 그녀는 자신이 추행당한 기억을 작업하고 싶어 했다.

기억을 떠올리며 그녀는 다음과 같이 말했다. "나는 부모님 방에 있는 침대에 누워 있어요. 숨이 막힐 것 같아요. 아버지의 나체를 보았고, 그의 성기가 보였어요. 너무나 무서워요." 치료자가 기억 속의 그녀가 몇 살인지 묻자 그녀는 "서너 살쯤 되었어요"라고 대답했다. 그녀는 다음과 같은 느낌이 든다고 말했다. "악마가 다가와 날 잡아먹으려는 것 같아요. 그래서 나는 옷장 안으로 숨어 들어갔어요."

그 기억과 관련된 부정적 인지는 '나는 나쁜 아이고 추하다'이고, 긍정적 인지는 '나는 착하고 예쁘다'였으며, VoC는 2점이였다. 그녀는 싸늘한 공포와 마비 증상을 느꼈고, 그녀의 SUDS는 8점이였다. 아버지로부터 추행당하는 기억을 처리하는 동안, 매럴린은 자신의 어린 자아를 구원해줄 내적 자원으로 성인 자아를 불러낼 필요가 있었다.

치료자 원래의 장면으로 돌아갑시다. 지금 뭐가 떠오릅니까?

매럴린 그녀를 그곳에서 빼내고 싶어요. (그녀의 성인 자아가 기억으로 들어가 어린 자아를 구하고 싶어 했다.)

치료자 그럼 당신의 성인 자아를 그곳으로 가게 하여 어떤 방법으로든 그 아이를 구하게 하세요. (내적 자원의 개입) ▶◀▶◀▶◀

매럴린 광선총으로 그를 놀라게 한 뒤, 그를 얼어붙게 하고 누에고치처럼 돌돌 말아서 구덩이 안에 파묻었어요. 그리고 더 이상 어떤 해도 끼치지 못하도록 널 보호해주겠다고 그 아이에게 말해주었어요. (이는 그녀의 성인 자아로부터 나온 매우 강한 긍정적인 반응이었다.)

나는 그녀가 나쁜 사람이라고 믿는 어린 자아의 믿음에 대해서도 다루고 싶었다. 그래서 매럴린의 성인 자아가 어린 소녀에게 "너는 착한 아이이고 나쁜 사람은 너를 해치려 했던 아버지야"라고 말할 수 있는지 물어보았다. (그녀는 내적 자원으로 자신의 성인 자아를 이용하고 있다.) 그녀는 재빨리 그 말에 동의했다. 그녀는 자신의 어린 자아에게 그렇게 말하면서 안구 운동을 했다.

매럴린　▶◀▶◀▶◀ 나는 계속해서 그녀에게 넌 착한 아이라고 말해주었어요. 하지만 그녀는 앞으로도 그런 안 좋은 일이 일어날 걸 두려워하고 있어요. 아버지와 같은 사람들로부터 그녀를 보호하기 위해선 어떤 방법이 있을까요?

이는 그녀가 자기 자신과 치료자에게 제기한 중요한 질문이었다. 그녀의 아버지는 매우 거칠고 파괴적인 사람으로 가족에게 다양한 방법으로 계속해서 해를 끼쳤다. 우리는 잠시 이 문제에 대해 이야기를 나누고, 하나의 해결책을 찾아냈다. "난 나의 느낌을 잘 인식하고 귀 기울여야 할 필요가 있어요. 그것은 날 보호하기 위해 중요해요. 내가 어린아이였을 때 나는 위험을 볼 수 있었고 인식할 수 있었지만 피할 순 없었어요. 하지만 어른인 지금의 난 피할 수 있어요."

매릴린   ▶◀▶◀▶◀ 난 이런 사람들로부터 멀리 도망갈 수 있어요. (그녀는 과거에 자신을 괴롭힌 다른 사람들까지 포함시키고 있다.) ▶◀▶◀▶◀ 난 괴롭힘을 당해 직장을 그만둔 적이 있어요. 그 당시 난 실패자 같은 느낌이었어요. (그녀는 과거에 자신이 스스로를 보호한 적이 있었던 것을 떠올렸지만, 그러한 자기 보호를 개인적인 실패로 해석하는 것 같았다. 이는 작업이 필요한 또 다른 영역인 것 같았다. 시간이 다 되어 나는 그녀에게 원래의 장면으로 돌아가라고 했다.) 그것은 나의 잘못이 아니었어요. 그것은 아버지의 잘못이었어요.

치료자   원래의 장면을 떠올릴 때, 전혀 고통스럽지 않다면 0점, 가장 고통스럽다면 10점이라고 할 때, 당신은 지금 얼마나 고통스럽게 느껴지나요?

매릴린   5점 또는 6점 정도로 느껴져요. 그를 막는 사람이 없었고, 결국 그가 가버렸다는 사실에 화나요. 두려움은 사라졌어요. 편안하면서 많이 지쳐요.

그녀는 자신의 안전지대로 가서, 작고 불쌍한 어린 자아를 보호해주며 보살펴주었다. 우리는 이 기억에 대해 좀 더 작업할 것이 남아 있다는 걸 확인하며 치료 회기를 마쳤다.

안전지대 혹은 갈등 없는 이미지로 돌아가기
처리 도중 내담자가 너무 괴로워 휴식을 취하고 싶어 할 때는 치료 초기에 미리 알아내어 개발해둔 내담자의 안전지대나 갈등 없는 자신만의 이미지로 돌아갈 수 있다. 내담자는 안전지대로 가는 것을 상상하면서, 마음을 가라앉히고 현재의 안전감을 다시 회복시켜주는 보호자 혹은 양육자를 떠올릴 수 있다. 내담자가 안전지대에서 안전감을 느끼면, 치료자는 양측성 자극을 주어 안전감을 주입시킬지, 아닐지 결정한다. 내담자는 치료 회기가 끝날 때까지 안전지대에 남아 있을지, 아니면 준비가 되었다고 느껴져 다시 정보 처리를 계속할 것인지를 선택한다.

전망을 연결하는 개입

'전망을 연결하는 개입'은 둘 이상의 다른 기억 네트워크를 함께 연결하는 것을 말한다. 대개 내담자는 자신이 필요로 하는 모든 정보를 마음속에 가지고 있지만 '두 가지 기억 파일이 동시에 열리게' 하는 데는 도움을 필요로 한다. 대부분의 경우, 필요한 정보를 알고 있는 내담자의 성인 기억 네트워크가 어린 자아의 기억 네트워크와 연결되지 않는다. 그래서 어쩔 수 없이 반복하여 안전, 책임, 선택/조절의 문제가 계속 떠오르는 것이다. 그럴 때에는 관점들을 연결시키기 위한 다음의 치료 기법을 써볼 수 있다.

● **"나는 혼란스럽다"** 이 기술은 정보 처리를 하는 동안 내담자가 알고는 있지만, 접근하지 못하는 정보를 연결하는 방법으로 사용한다. 예를 들면, 어린 시절 학대를 받은 많은 내담자는 학대받은 자신을 비난하고 어린 자아에게 화가 나 있는 경우가 많다. 치료 회기 도중 내담자가 삼촌에게 학대당했던 세 살짜리 어린 자아에 대한 분노에서 헤어나오지 못하고 있을 때, 치료자는 "난 좀 혼란스러운데, 마흔 살 먹은 어른의 행동에 대해 세 살 된 아이가 책임이 있는 것일까요?"라고 말한다. 만약 내

담자가 "아니요, 그건 사실이 아니에요. 잘못은 삼촌에게 있어요"라고 하면, 치료자는 "그것에 대해 생각해보세요"라고 하면서 양측성 자극을 주어 정보를 연결시킨다.

● **"만약 당신의 자녀가 그랬다면 어떨 것 같습니까?"** 이것은 내담자가 학대받은 자신의 어린 자아에 대해 공감하기 위해 쓰는 기술이다. 치료자가 내담자에게 자식이나 조카 혹은 다른 사랑하는 어린아이가 있음을 알고 있다면 다음과 같이 할 수 있다. 내담자에게 마음속으로 진정 소중히 여기는 아이를 떠올려 보게 한 뒤에, 그 아이를 자신의 어린 자아로 바꾸어 생각하게 한다. 예를 들어, 여섯 살 된 딸이 있는 내담자가 학대당했던 자신의 여섯 살 어린 자아를 비난하여 정보 처리가 차단되었다면 치료자는 다음과 같이 물어볼 수 있다. "만약 당신의 딸 메리에게 그런 일이 일어나도 역시 그 아이의 잘못인가요?"라고 묻는다. 만약 내담자가 "아니요"라고 한다면, 이에 대해 양측성 자극을 준다.

● **소크라테스식 문답법** 이 방법은 단순한 질문이나 대화의 형태다. 치료자가 내담자에게 간단 명료한 질문을 던짐으로써 현재 활성화되어 있는 정보와 연결시키려 하는 기억의 네트워크에서 답이 나올 수 있도록 이끄는 방법이다. 치료자는 적절한 질문을 하여 내담자가 논리적인 결론을 내릴 수 있도록 이끈다. 이 방법은 매우 강력한 것으로 내담자가 이미 알고 있던 것과 어디에 있는지 알 수 없는 기억의 네트워크를 서로 연결시켜준다.

책임의 문제에 '전망을 연결하는 개입'을 사용한 사례

코니는 다섯 살 때 사춘기의 사촌에게 성적 학대를 당했는데, 그것이 자신의 책임이라는 생각 때문에 정보 처리가 차단되었다.

치료자　누구의 책임입니까? (내담자의 부정적인 인지가 변화되었는지 확인하기 위해 물어보았다.)

코니　잘 모르겠어요. (부정적인 인지가 충분히 바뀌지 않고 있다. 나는 그녀가 어린 딸에게 공감할 수 있고, 어떤 학대 경험에도 딸을 비난하지 않을 것을 알고 있었기 때문에, 전망을 연결하는 개입을 사용했다.)

치료자　만약 게이브가 당신의 딸 질에게 같은 짓을 했어도, 딸에게 책임이 있는 것인가요? 그것이 당신 딸의 잘못입니까?

코니　아니요.

치료자　질은 학대에 대한 책임이 없다는 걸 생각하면서, 당신의 어린 자아와 질을 겹쳐서 떠올려보세요. ▶◀▶◀▶◀

코니　다시 당시의 사촌과 내가 보여요. 그러나 나는 지금 여기 있고, 거기에 있지 않아요.

치료자　자, 그 일에 대해 누구에게 책임이 있습니까? (부정적인 인지에 변화가 있는지 확인해보고 있다.)

코니   그에게 책임이 있어요. (그녀는 강하고 분명하게 말했다.)

치료자   그가 했던 행동 때문에 당신이 나쁜 사람입니까?

코니   아니요. ▶◀▶◀▶◀

이후 긍정적인 인지를 더 주입하기 위해 안구 운동을 했고, 그녀는 진정되었고 평화로움이 느껴진다고 말했다. 몇 분 후 치료 회기를 정리하고 그녀는 집으로 돌아갔다.

부정적 인지에 '전망을 연결하는 개입'을 사용한 사례

5장에 소개했던 제나는 새로 나타난 고통스러운 플래시백 기억을 처리하고 있었다. 이번 치료 회기에서는 '나는 나쁜 사람이야'라고 생각하는 부정적 믿음을 변화시킬 수 있도록 전망을 연결하는 개입을 사용했다. 치료 회기 중간쯤 그녀는 이웃집 오빠와 침대에서 있었던 기억을 처리했다.

제나   우리는 침대에 누워 TV를 보고 있어요. TV를 보면서 오빠가 내 등을 어루만졌어요. 난 기분이 좋았어요. ▶◀▶◀▶◀ 우리는 섹스를 했어요. (그녀는 조용해졌다.)

치료자   지금은 무슨 일이 일어나고 있나요?

제나   혼란스러워요. 난 오빠를 좋아했지만 오빠가 날 만지는 것을 원치 않았어요. ▶◀▶◀▶◀ '난 나쁜 아이예요.' (그녀의 어린 자아는 자신을 매우 부정적으로 판단하여 강한 부정적 인지를 만들어내고 있다.)

치료자　왜 그녀가 나쁜 아이라고 생각해요? (나는 이러한 믿음의 근원을 파악하고자 애썼고, 이를 통해 적절한 개입을 할 수 있었다.)

제나　나는 오빠를 좋아하고 그와 함께 있는 것이 좋았어요. 나는 그가 하는 어떤 것들은 좋았지만 때론 아닌 것도 있었어요. '나는 그를 좋아했지만 날 만지는 건 원하지 않았어요.' 나는 그에게 빠져 있었어요. 그를 사랑했던 것 같아요. 우리는 함께 웃고, 함께 TV를 보았어요.

치료자　그러니까 당신은 그가 사랑해주고 관심을 주는 것은 좋았지만, 그로부터 성적인 관심을 원한 것은 아니었네요? (전망을 연결하는 개입)

제나　네. ▶◀▶◀▶◀ 난 여전히 그곳에 있어요. (이미지 속 장소를 말한다.) 그는 내 등을 어루만지다가 키스를 했는데, 기분이 좋았어요. 난 그의 관심을 받는 게 정말 좋았어. 막내였기 때문에 집에서는 그렇게 많은 관심을 받을 수가 없었거든요. (그녀의 어린 자아는 왜 자신이 관심에 목말라 했는지 깨달았다.) ▶◀▶◀▶◀ 난 더 이상 그 집에 있지 않아요. 혼란스러워요. 난 그를 보고 싶어 했기 때문에 내가 나쁜 아이라고 생각해왔어요. 난 단지 그와 함께 있는 것이 좋았어요. 나는 그가 날 만지는 것을 원하지 않았어요. 그리고 그곳에 섹스를 하기 위해 간 게 아니에요. ▶◀▶◀▶◀ (그들 사이에서 일어났던 일의 책임에 대해 그녀의 관점이 바뀌기 시작했다.) 그가 나빠요. 그는 그것이 나쁘다는 걸 알고 있었어요. 제게 다른 사람에게는 말하지 말라고 했거든요!

이 시점에서 시간이 다 되었다. 그녀는 안전지대로 가서 그녀의 어린 자아와 만났고, 그곳에서 안정감을 느꼈다.

교육적 개입 사용하기

교육적 개입이란 내담자가 알지 못하는 새로운 정보를 소개시켜주는 것을 말한다. 문제가 많은 가정에서 자란 사람은 적절한 행동 방식을 배우지 못한 경우가 많다. 그래서 치료자는 건강한 가족 구성원이 어떻게 서로 상호작용하는지를 가르쳐주기도 한다. 또 어떤 때에는 개입에서 사용할 수 있는 기술적 정보를 제공하기도 한다. 예를 들면, 어려서 성추행을 당했던 한 내담자는 강박적으로 씻으려고 하는데, 자신이 깨끗하다는 느낌이 들지 않기 때문에 매일 수차례 샤워를 했다. 그래서 치료자는 내담자에게 추행당했을 때의 세포는 모두 새로운 세포로 바뀌었기 때문에 그때의 세포는 하나도 남아 있지 않다는 것을 알고 있는지 물어보았다. 그리고 내담자에게 그것에 대해 생각해보라고 하면서 양측성 자극을 주자, 내담자는 편안한 느낌을 가지게 되었다. 이후, 그는 강박적으로 샤워하려는 욕구가 사라졌다고 보고했다.

어린 시절 성적인 학대를 받은 내담자는 자신의 신체가 쾌감을 경험했기 때문에 자신이 나쁘다고 믿는 경향이 있다. 정보 처리 도중 이러한 생각에 도달하면 내담자의 성인 자아와 어린 자아는 둘 다 이에 반박할 만한 정보를 갖고 있지 않으므로 부정적인 인지의 변화가 일어나지 않는다. 이럴 때 나는 다음과 같이 말하며 교육적 개입을 했다. "어떤 방법으로든 신체 접촉이 일어나면 신체가 쾌감을 느끼는 것은 매우 정상적인 현상입니다. 마치 발가락 끝이나 무릎을 부딪치면 아픈 것같이, 어떤 형태의 접촉은 신체에 쾌감을 느끼게 합니다. 그러한 행동을 한 그가 나쁜 것이지, 당신의 신체가 자연스러운 반응을 보인 것은 나쁜 것이 아닙니다." 내담자의 어린 자아와 성인 자아가 모두 이런 정보를 갖고 있지 않았기 때문에 정보가 필요했다. 내담자의 SUDS는 내려갔고, 그녀의 긍정적 인지는 '내 몸은 정상적으로 반응했어요. 그가 나에게 했던 행동이 나쁜 거예요'로 변했다. 신체가 자극에 반응을 보였다는 부끄러움과 학대 기억에 대한 죄책감이 많이 줄어들었다. 인지적 개입은 부정적이고 위험한 메시지를 재교육하는 데 도움이 된다.

억압된 감정의 표출

학대당했던 당시, 감정을 표출하는 것 자체가 위험했기 때문에 강한 감정들이 표현되지 못하고 깊이 숨어 있는 경우가 있다. 이와 같이 감정 표현이 제한을 받는 경우에는 목이나 턱이 조여드는 듯한 증상이 나타나기도 하고, 정보 처리 과정 자체가 차단될 수도 있다.

EMDR을 시행하는 중에 치료자는 내담자에게 화나는 감정이나 생각을 떠오르는 대로 표현할 수 있다고 격려한다. 분노를 충분히 표현하면 그동안 갇혀 있던 에너지가 드러나면서, 무력감에서 자유로워질 수 있다. 안구 운동을 시행하면서 치료자는 심하게 상처받고 수치심으로 가득한 내담자에게 가해자를 향해 기분이 어땠는지 말해보도록 한다. 안전한 치료실 안에서 치료자와 함께 가해자에게 분노를 표현하면, 내담자는 공포에서 벗어나게 되고 힘을 얻는 느낌을 갖는다. 분노 감정을 충분히 표현하면 내담자는 오히려 가해자를 직접 만나 복수하고 싶었던 충동들이 줄어드는 경험을 하는 경우가 많다.

보니는 다섯 살에서 열 살 사이에 아버지로부터 성적 학대를 당했다. EMDR 회기 중에 그녀는 아버지에게 매우 강한 분노를 느꼈으며, 그녀의 성인 자아는 아버지를 도망갈 수 없도록 붙잡고, 어린 자아가 야구 방망이로 아버지를 피투성이가 되도록 때리는 상상을 했다. 그녀는 아버지에게 속박되어 있던 어린 자아를 완전히 해방시켜주었고, 어렸을 때 표현할 수 없었던 분노를 드러냈다. 상상 속에서나마 모든 감정을 표현한 결과, 그녀는 더 개방적이고 활발해졌으며 힘을 얻을 수 있었다. 그 후 그녀는 나이 든 아버지와의 관계를 재정립하고, 1년에 한 번 정도 짧게 만나게 되었다.

억압된 분노를 경험한 사례

앞서 소개한 매럴린은 아버지에게 학대당했던 기억을 처리하며 어릴 때 표현하지 못했던 분노를 경험했다.

매럴린   난 아무 말도 할 수 없고, 소리조차 낼 수가 없어요. 땅속으로 꺼지는 것 같아요. 너무 무서운데, 아무것도 느껴지지 않아요. ▶◀▶◀◀
아무도 날 도와주지 않고, 갈 곳도 없어요. 날 죽이려 하는 것 같았어요. 그땐 하느님조차 존재하지 않는 것 같았어요. 엄마 생각에 머릿속이 온통 복잡했어요.

치료자   당신 자신에 대해서는 어떤 믿음을 갖고 있습니까?

매럴린   만약 엄마가 악마를 불러서 날 데려가도록 한 거였다면, 내가 나쁜 아이였기 때문일 거예요. (치료자의 질문에 대한 반응으로 매우 중요한 부정적 인지가 나왔다.) ▶◀▶◀▶◀ 하느님이 내게 이런 일이 일어나게 했겠지요. 엄마 역시 나한테 무척 화났던 것 같고요. 난 완벽한 아이가 아니었어요. 더 이상 나아지려고 생각하지도 않았어요. 난 더 이상 예쁘지도 않았어요. 그가 악마였다는 걸 알아요. 난 그가 내 진짜 아버지가 아닐 거라고 생각해왔어요. ▶◀▶◀▶◀ 누구도 날 믿지 않았어요. 사람들은 나에게 관심이 없었지만, 엄마의 가족들은 그를 미워했어요. 그들은 알고 있었지만 아무것도 할 수 없었어요. ▶◀▶◀▶◀ 어느 누구도 날 돕지 않았고, 심지어 일부는 날 속였어요.

치료자   원래의 장면으로 돌아가봅시다. 지금 뭐가 떠오르나요? (나는 이 사건에 집중하게 함으로써 사건을 마무리 지으려 했다.)

매럴린   무척 화가 나요. (기억이 처리되면서, 감정은 공포에서 분노로 변했다.) ▶◀▶◀▶◀ 나는 너무 화가 나서 착한 소녀가 되기를 포기했어요. 어른이라면 화나는 게 당연하잖아요. 그는 날 파괴하고 있어요. 그는 날 두려워했어요. 나는 그가 미우면서도 무서워요.

치료자   그럼 상상 속에서 당신의 분노를 아버지에게 지금 한번 표현해보세요. 그렇게 해도 안전합니다. (매럴린은 수 분간 안구 운동을 하면서 자신의 분노를 큰 소리로 표현했다.)

매럴린   그가 딱하다는 느낌이 드네요. ▶◀▶◀▶◀ 아버지가 없으니까 내가 불쌍하다는 느낌도 들고요. 그는 사기꾼이고, 그런 자신을 알고 있었어요. ▶◀▶◀▶◀ 누구도 그를 신뢰하지 않았기 때문에 그는 결코 행복하지 않았을 거예요. 그는 더 이상 날 갖고 놀 수 없을 거예요. 그는 결코 누구에게도 신뢰받을 수 없을 거예요.

창조적 이미지화 개입

창조적 이미지화 개입은 EMDR 처리 중에 나타난 문제를 해결하기 위한 창조적인 방법들을 치료자와 내담자가 함께 찾아보는 작업을 말한다. 내담자가 무언가를 수행하는 것을 머릿속으로 상상하면 그것을 양측성 자극으로 주입시킨다. 샤피로(2011)가 소개한 창조적 이미지화 개입 전략은 다음과 같다.

● **은유/비유** 은유, 이야기, 비유 등은 차단된 정보 처리를 다시 진행하는 데 매우 큰 도움이 된다. 종종 치료자는 정보 처리 과정 동안 내담자가 자연스럽게 떠올린 이미지들을 이용할 수 있다. 이런 은유들이 상징적이고 꿈과 같은 형태의 이미지로 나타나면 매우 효과적일 수 있다.

● **"이렇게 한번 가정해봅시다"** 내담자에게 문제의 대안을 말하거나 행동하는 상상을 하도록 격려하는 방법이다. 이미지 속에서만큼은 그동안 억압해왔고, 항상 위험하다고 생각해온 무언가를 행동하는 것이 허락된다. 게슈탈트 치료와 비슷한데, 이전에는 표현하지 못했던 것들을 가족이나 타인, 가해자 그리고 스스로에게 표현하도록 격려한다. 예를 들면, 어려서 성적 학대를 받았던 내담자는 가해자에게 어떻게 어린아이에게 상처를 줄 수 있느냐고 말할 수 있다. 치료자는 내담자가 그러한 장면을 상상하게 하면서 안구 운동을 시행한다.

창조적 이미지화와 '전망적 개입의 연결'을 사용한 사례

조앤은 어려서부터 만성 요통으로 고통을 받아왔지만 그 원인을 몰랐다. 짧은 거리를 걷는 것조차 힘들었고, 심지어 가벼운 정원일조차 할 수 없었다. 나의 권유로 정형외과에서 운동 프로그램도 받았다. 하지만 증상은 조금도 나아지지 않았다. 어느 날 나와 EMDR을 하는 동안, 그리고 EMDR을 하고 난 이후 허리 통증이 더 심해지는 것 같다고 말했다. 통증의 원인을 알 수 없었고, 정형외과 의사 역시 원인을 찾을 수 없었다. 허리 통증에 초점을 두었을 때 조앤은 눈에 띄게 초조해했다. 결국 허리 통증에 대한 EMDR을 시행하기로 결정했다.

통증을 타깃으로 하고 그녀 스스로에 대해 어떤 믿음을 갖고 있냐고 묻자, 그녀는 자신의 허리 아래에 뭔가가 있다고 했다. 그 믿음과 함께 허리 통증에 집중하며 안구 운동을 시행하자, 그녀는 바로 어린 자아 상태로 퇴행하면서, "내 허리 아래쪽에 뭔가가 있어"라고 중얼거렸다.

조앤   ▶◀▶◀▶◀ 아무것도 보이지 않아요. ▶◀▶◀▶◀

치료자   기분이 어때요?

조앤   혼란스러워요 ▶◀▶◀▶◀ 젭 삼촌이 내 위에 올라가 있는 것 같은 느낌이에요. 난 그를 밀어낼 수가 없어요. ▶◀▶◀▶◀ (허리가 조금 욱신거리기는 하지만 조금씩 나아지고 있다.) ▶◀▶◀▶◀ (눈에 보일 정도로 당황하고 불안해하며) 우리는 그걸 빼내야 해요. 그게 거기 있어서는 안 돼요. (그녀는 항문으로 강간당하고 있는 상상을 했으며, 아직도 자신의 항문에 삼촌의 성기가 있는 것 같은 느낌이 든다고 했다.) ▶◀▶◀▶◀ 커다란 칼이 보여요. 그것으로 삼촌의 성기를 잘랐어요. 하지만 그러면 나도 아플 것 같아요. (그녀는 자신의 허리 속에 있는 성기에 대한 문제를 해결하려 하고 있었다.) ▶◀▶◀▶◀ 내 허리 아래에 구멍을 만들어 삼촌의 성기를 빼내요. ▶◀▶◀▶◀ 그러나 칼을 사용한다면 나도 상처를 입을 것 같아요.

자신에게 상처를 주지 않고 허리 속에 있는 성기를 빼낼 방법을 찾지 못하자, 그녀는 맴돌기 상태에 빠졌다. 창조적 이미지화 개입이 필요했다. 나는 딜레마를 풀기 위한 방법을 알아보기 위해 그녀에게 질문하기 시작했다. 우리는 여러 가지 시나리오를 찾아보았지만 적절한 방법을 찾을 수가 없었다. 치료자는 내담자가 신뢰하는 산부인과 의사가 의료용 집게tweezer(산부인과에서 사용하는 수술 도구)를 이용하여 그의 성기를 꺼낸 뒤, 쪼그라든 그것을 쓰레기통에 버리는 방법은 어떤지 물어보았다. 산부인과 의사가 부드럽게 제거해줄 수 있을 것이라고도 말해주었다. 그러자 조앤은 좋은 생각이라며 찬성했다. 나는 그녀에게 그러한 장면을 상상하라고 하면서 양측성 자극을 주었다.

조앤　지금 그 장면을 상상해보려 하고 있어요. 좋은 생각인 것 같아요. 마틴 선생님은 날 아프게 하지 않을 거예요. 난 그 과정이 일어나는 장면을 영화처럼 볼 수 있어요. (그녀는 산부인과 의사가 볼품없이 위축된 성기를 제거하여 쓰레기통에 버리는 장면을 자세히 말했다. 흥분과 괴로움이 서서히 줄어들었고, 이내 안정감을 찾았다. 개입이 효과를 본 것이다.) ▶◀▶◀▶◀ (그런데 새로운 부정적인 인지와 관련된 새로운 채널이 열렸다.) 나쁜 허리, 더러운 허리……. (그녀의 어린 자아는 학대 책임이 자신에게 있다고 말했다.)

치료자   이렇게 된 게 누구의 잘못입니까? (전망적 개입 연결)

조앤   젭 삼촌의 잘못이에요.

치료자   누가 나쁜 사람이죠?

조앤   젭 삼촌. ▶◀▶◀▶◀ 나쁜 건 젭 삼촌이에요. 내 허리는 괜찮아요. 기분이 나아졌어요. 허리도 많이 나아졌어요. 그러나 아직 다 치유된 건 아니에요.

치료자   상처를 치유하는 빛과 따뜻한 훈풍을 상처 난 당신의 허리에 쬐여 줍시다. ▶◀▶◀▶◀

조앤   기분이 좋아요.

어린 자아의 안전감을 위해 성인 자아를 데려오는 창조적 이미지화 개입의 사례

멜라니는 삼촌 빌에게 성추행을 당한 이후, 안전감과 신뢰에 관한 문제에 고착되어 있었다. 고모는 그녀를 신체적으로 학대했던 반면, 삼촌은 갖가지 사탕, 케이크, 장난감 등을 이용해 그녀를 집으로 끌어들였다. 멜라니는 반복해서 위험에 빠지는 악몽을 꾸었다. 그녀는 자신이 스스로 삼촌의 집에 찾아갔기 때문에 자신의 판단을 믿을 수 없을 뿐 아니라 신뢰할 수 없다고 생각하며 매우 불안하고 초조해했다. 그 꿈은 그녀가 자신의 판단을 신뢰할 수 없기 때문에 여전히 위험에 빠져 있다는 것을 말해주는 무의식의 메시지를 전하고 있었다. 삼촌 빌은 그녀를 교묘히 속였기 때문에 그녀는 자신이 언제든 누군가에 의해 상처 입을 위험에 처해 있다고 생각했다.

그런데 이것은 그녀의 어린 자아가 느끼는 두려움일 뿐이고, 그녀의 성인 자아는 그 남자의 집이 안전하지 않다고 말할 수도 있을 거라고 판단했기에 창조적 이미지화 개입을 시도하기로 마음먹었다. 나는 그녀에게 빌의 집에 가는 것을 상상해보도록 했다. 그의 집을 상상하자마자 그녀는 두려움을 느꼈고, 자신을 믿을 수 없었고, 안전하지 않다는 부정적 인지를 떠올렸다. 그것들을 모두 그녀의 마음에 떠올리도록 하면서 안구 운동 한 세트를 시행했다. 첫 세트를 마치고 난 뒤 그녀는 스스로 삼촌의 집으로 가고 있는 장면을 확실하게 떠올릴 수 있었다. 치료자는 그녀의 성인 자아를 그 이미지 속으로 들어가게 하라고 말했다. 그런 다음 성인 자아에게 주변을 둘러보고 어린아이가 알아채지 못했던 위험한 것은 없는지 말해달라고 했다. 그녀의 성인 자아는 주변을 둘러본 즉시, 그녀에게 경고 신호를 보냈다! 그녀가 본 것은 장난감과 아이들이 좋아할 만한 물건으로 가득 차 있던, 미혼이면서 아이도 없던 남자의 집이었다. 블라인드가 모두 내려져 있었고, 방 안은 어두웠다. 그리고 남자에게서는 술 냄새가 났다. 그녀가 이 모든 것들을 인식한 순간, 삼촌의 집은 결코 안전한 공간이 아니었다는 걸 알 수 있었다. 상황을 파악한 그녀의 성인 자아는 어린 자아를 끌어안고 그의 집에서 뛰쳐나왔다. 이러한 개입을 통해 그녀는 빌과 같은 남자들에 대한 자신의 판단을 신뢰할 수 있게 되었고, 그녀 자신과 어린 자아를 위험으로부터 보호할 수 있게 되었다.

여러 번 개입을 시도한 사례

때로는 맴돌기에서 벗어날 적절한 방법을 찾기 위해 여러 번의 개입을 시도해야 하는 경우도 있다. 다음 사례는 치료자가 '올바른' 개입 방법을 찾기 위해 어떤 시도를 해야 하며 어떤 실패를 겪게 되는지 등을 보여준다. 또한 치료 초반에 자원을 주입하는 방법을 보여주며, 치료 중간에 안전지대를 사용하는 것이 내담자를 편히 쉬게 할 수 있다는 것, 그리고 내적/외적 자원을 이용하는 창조적 이미지화 개입 등을 보여준다.

앨리스라는 40세 간호사의 사례는 EMDR 치료 중기에 있었던 매우 강렬한 치료 회기를 보여준다. 그녀는 할머니에게 받았던 학대의 기억을 처리하고 있었다. 할머니는 앨리스를 물이 채워진 욕조에 처넣거나 서랍장 속에 가두곤 했다. 많은 개입과 중재에도 불구하고 그녀의 고통은 호전되지 않았다. 그러다가 좋은 방법을 찾아냈는데, 치료자와 그녀의 성인 자아를 끌어들임으로써 어린 자아를 구해내는 것이었다.

앨리스는 치료 회기에서 원인을 모르는 두려움, 극도의 불안, 초조함을 느꼈다. 나는 우선 이미지화 작업을 통해 그녀를 안전지대로 유도했다. 그녀의 어린 자아에게 몇 살이냐고 묻자, "다섯 살이에요"라고 했다. 그녀는 무서워하며 숨가빠했다. "무엇이 두렵나요?"라고 묻자, 그녀는 아이 목소리로 "할머니가 무서워요"라고 말했다.

나는 그녀에게 그녀 자신과 어린 자아 주변에 안전한 방어벽이 세워져 있는 것을 상상해보라고 했다. 앨리스는 잠시 동안 조용했고, 드라마 〈스타 트랙〉에 나오는 힘의 장force field이 떠오른다고 했다. 눈에 보이지 않지만 다가오는 모든 것들을 막아낼 수 있다. 나는 힘의 장이 감싸고 있는 안전지대에 그녀와 그녀의 어린 자아가 함께 있는 모습을 상상해보라고 했다. 잠시 후 그녀가 어린 앨리스는 꼭 껴안아주는 것을 좋아한다고 말했다. 나는 그녀에게 작은 앨리스가 원하는 것들을 확실하게 해주라고 말했다. 그녀가 안전하고 편안한 기분을 몸과 마음으로 강하게 느낄 수 있을 때, 안구 운동을 하여 그 느낌을 주입했다. 나는 어린 자아에게, 원한다면 언제든지 어른 앨리스와 함께 힘의 장이 있는 안전지대로 갈 수 있다는 것을 알려주었다.

앨리스는 지시에 편안해하는 것 같았다. 그래서 지난주에 그녀가 할머니에 대해 안전하지 못하다고 느꼈던 기억, 그러니까 할머니가 어린 앨리스를 목욕시키던 기억을 떠올릴 준비가 되었다고 생각했다. 그녀의 부정적 인지는 '나는 남과 달라요. 나는 모든 사람들과 다르고 그건 나쁜 거예요. 난 바보 같아요. 다른 사람들과 다르다는 것은 나쁜 거예요'였다. 장면을 떠올리자 그녀는 두려워하고 불안해했다. 그리고 몸을 비틀기 시작했다. 그녀는 이미 제반응을 보였기 때문에, 긍정적 인지나 SUDS 점수를 물을 수 없었다. SUDS는 분명 매우 높아 보였다.

> **앨리스** ▶◀▶◀▶◀ 그녀는 몹시 화가 나 있어요. 그녀는 내가 입은 옷들이 그녀의 것이고 내가 그 옷들을 더럽혔다고 했어요. ▶◀▶◀▶◀ 할머니는 정말 화가 나서 나를 밀치고 손으로 얼굴을 때렸어요. 할머닌 내가 우는 게 싫다고 했고, 내가 아기 같다고 했어요. '아기들을 위한 장소가 있어요.' (그녀는 점점 더 불안해했고, 손을 비틀었으며, 숨은 가빠졌다.) ▶◀▶◀▶◀ 나는 욕실 안 어딘가에 있어요. 욕조는 아니고, 좁고 무서워 보이는 곳에 있어요. (그녀는 매우 흥분해서 두려움에 떨고 있었다. 그녀는 완전히 압도당해 있었고, 맴돌기를 보였으며, 안구 운동을 시행해도 SUDS는 내려가지 않았다. 결국 그녀는 안전지대로 돌아가 쉬고 싶다고 말했다.)

치료자　어른 앨리스가 어린 앨리스를 안전지대로 데려다 준다고 상상해보세요. 안전지대 주변에는 힘의 장이 있습니다. 당신은 지금 안전합니다. 당신은 무서워하는 어떤 것을 이 치료실에 있는 파일함 속에 넣어둘 수 있고 나중에 다시 꺼낼 수도 있습니다.

그녀는 성인 자아와 어린 자아가 즐거운 곳에서 함께 노는 것을 상상하면서 다시 안정감을 찾았다. 나는 그녀에게 계속해서 정보 처리를 원한다면 다시 무서운 기억으로 돌아갈 수 있다고 말해주었다. 10~15분 후에 그녀는 목욕탕 장면으로 다시 돌아갔다.

앨리스　▶◀▶◀▶◀ 나는 높은 벽에 걸려 있는 서랍장 속에 있어요. 할머니는 내가 나쁜 짓을 하면 나를 그 안에 넣었어요. 나는 너무 작아서 빠져나올 수가 없었어요. 나는 거기서 죽을 수도 있었고, 어느 누구도 내가 거기에 있다는 걸 알지 못했어요. 나는 그녀가 돌아와서 날 꺼내주기만을 기다려야 했어요. (나는 그녀에게 좀 더 자세히 물어보았다. 그러자 그녀가 다시 흥분하기 시작했다.)
할머니는 그 아이를 오랫동안 거기에 두었어요. (그녀의 성인 자아는 어린 자아에 대해 이야기하고 있었는데, 그러다 갑자기 어린 자아의 목소리로 변했다.) 좁고 어두워요. 나는 도와달라고 말할 수도 없어요. 그러면 할머니는 더 미친 듯이 화를 내거든요. ▶◀▶◀ (그녀는 점점 더 괴로워했고, 흥분했으며, 숨은 가빠졌고, 손을 비틀었다.) 나는 여전히 거기 있어요. 나는 움직일 수 없어요. 할머니는 서랍장이 움직일 수도 있고 떨어질 수도 있다고 말했어요. 내가 울면 할머닌 서랍장을 떨어뜨릴 거예요. 그곳은 정말 어두웠어요. 나는 울 수도 없고 움직일 수도 없어요!! ▶◀

▶◀▶◀ 나는 여전히 거기 있어요. 나는 더 이상 거기 있고 싶지 않아요! 만약 거기에 계속 더 있어야 한다면, 차라리 그냥 죽어버릴 거예요!!! (그녀는 매우 흥분했고 맴돌기를 보였다. 그녀는 서랍장 안에 갇혀 빠져나오지 못하고 있었다.) ▶◀▶◀▶◀

치료자   하고 싶은 말을 해보세요. (나는 그녀가 아직 입 밖에 내지 못한 말들을 표현하도록 허용하는 개입을 시도했다.)

앨리스   나는 아직 그 안에 있어요. 거기 있기 싫어요. 난 나가고 싶어요!! (그녀는 여전히 흥분한 상태였다. 개입이 효과적으로 작용하지 않은 것이다.)

치료자   '난 나가고 싶어요'라는 말과 함께 계속 떠오르는 것을 따라가세요.

앨리스   나는 여전히 거기에 있어요. 나는 나갈 수 없다고요!!! (그녀는 격분하며 공황 상태를 보였다.)

치료자   (나는 전망적 개입 연결을 시도하기로 결심하고, 그녀가 결국에는 서랍장에서 나왔으며, 살아남았음을 기억하도록 했다.) 당신은 결국 서랍장에서 빠져나왔어요. 그렇지 않나요?

앨리스   그래요.

치료자   그것에 대해 생각해보세요. ▶◀▶◀▶◀

앨리스   (그녀는 여전히 극도로 흥분해 있었다. 개입은 또 효과적으로 작용하지 못했다!) 나는 여전히 거기 있어요!! 날 좀 꺼내줘요!!! (그녀는 나에게 도와달라고 간청했다. 여기서 나는 직관적으로 내적, 외적 자원 개입을 활용했다. 안구 운동을 시행하면서 내담자에게 서랍장에 감금되어 있던 어린 자아를 구출해내기 위해 나와 앨리스의 성인 자아를 불러내라고 말했다.)

치료자   ▶◀▶◀▶◀ 나는 성인 앨리스와 함께 욕실로 들어갑니다. 거기서 나는 도끼로 서랍장 문을 열고 어린 앨리스를 구출해냅니다. 우리는 그녀를 안아줍니다. 당신은 안전하고 보호받고 있습니다. 그리고 나는 두 번 다시는 할머니가 당신을 가둘 수 없도록 도끼로 서랍장을 부숴버립니다. 성인 앨리스와 나는 당신을 할머니로부터 보호합니다. (그녀의 고통은 가라앉았고, 호흡도 진정되었다. 그리고 그녀는 더 이상 의자에서 몸부림치지 않고 손을 비틀지도 않았다. 이 개입은 성공적이었다.) 성인 앨리스와 나는 어린 앨리스를 안전지대에 데려다주고, 주변에 힘의 장을 만들어줍니다. ▶◀▶◀▶◀

앨리스   당신이 서랍장을 부쉈기 때문에 그게 사라져 버렸어요. 서랍장은 산산조각 났어요. ▶◀▶◀▶◀ 우리는 이제 힘의 장 안에 있고, 그래서 행복해요.

이때부터 앨리스는 진정되었다. 그녀가 갇혀 있던 과거의 서랍장은 부서진 서랍장이라고 하는 새로운 이미지로 대체되었고, 어린 앨리스가 다시는 그곳으로 가지 않아도 된다는 자신감을 갖게 되었다. 그녀는 치료자가 자신을 구출하고 확실히 보호해준 것에 깊이 감동받았다. 그녀의 SUDS는 0점으로 떨어졌고 평화로움을 느꼈다.

이 치료 회기 이후 치료자와 내담자 사이의 신뢰가 깊어졌고, 비록 치료자가 나타나 그녀를 구해주었지만, 그녀는 어떤 끔찍한 곳에서도 탈출할 방법을 찾아낼 수 있다는 자신감을 얻었다. EMDR 처리를 한 후 몇 년이 지나서도 서랍장에 대한 과거의 이미지는 더 이상 나타나지 않았고, 그 사건을 다시 떠올리면 부서진 서랍장만 떠오르게 되었다.

보다시피, 나는 어떤 일이 벌어질지, 정확히 무엇을 해야 할지 알지 못했다. 나는 내담자에게 계속해서 치료적 제안을 하면서 결국 효과적인 방법을 찾아낼 수 있었다. 따라서 치료자는 개입의 효과가 없다고 해서 놀라거나 당황할 필요가 없다. 내담자에게 도움이 되는 방법을 찾을 때까지 계속 다른 개입을 시도하면 된다. 그리고 그저 내담자를 통해 피드백을 받으며 확인하면 된다. 개입이 성공적이라면 정보 처리 과정은 다시 움직이기 시작할 것이며, SUDS는 떨어질 것이다. 만약 개입이 효과적이지 못하다고 느껴지면, 내담자에게 안전지대로 돌아가 마음을 진정시키고 안전감을 느끼라고 한다.

어린 시절 성적 학대를 당한 내담자들과 EMDR 작업을 하다 보면, 열쇠를 찾기 위해 칠흑 같은 어둠 속을 더듬고 헤매는 것 같은 느낌이 종종 든다. 결국 그 문에 맞는 열쇠를 찾을 때까지 다양한 열쇠들을 찾아서 시도해보아야 한다는 것을 나는 오랜 경험을 통해 알게 되었다.

10

미완결 회기의 마무리

이 장에서는 내담자가 안전하게 일상으로 돌아갈 수 있도록
회기 중에 발생한 고통을 완화하는 다양한 기법들을 언급한다.
이러한 기법들에는 개입, 긍정적 인지, 이미지, 예술 활동, 이완 기법,
명상 등이 있다. 그리고 끝 부분에서는 회기 사이에 내담자가
겪을 수 있는 문제들에 도움을 줄 수 있는 방법들을 소개한다.

회기를 마치는 과정은 EMDR에서 매우 중요한 단계이다. 내담자
가 치료실을 떠나기 전에 안전함을 느끼고 정서적으로 충분히 안정되도
록 하는 것이 필수다. 그러나 한 회기 90분 안에 외상 학대의 처리를 완
전히 마무리 짓기는 불가능하며, 학대와 관련된 사건은 다른 것들과 연결
되는 경우가 많기 때문에 한 회기 내에 편안하고 고요한 상태로 고통을
완화하는 것이 어려울 때가 많다. 정해진 치료 시간이 지나더라도, EMDR
치료자는 내담자에게 안전감과 조절감을 전달해야 한다.

완결 회기의 마무리

일반적인 EMDR 프로토콜에서 치료자는 내담자가 원래의 목표
기억을 충분히 처리했다고 여겨질 때, 내담자에게 원래의 이미지에 대

해 묻고 현재의 SUDS를 말하도록 한다. SUDS가 0점 또는 1점으로 이미지가 더 이상의 고통을 유발하지 않을 때, 내담자에게 원래의 긍정적 인지를 확인하고, 그것이 이미지에 적합한지를 물어본다. 더 적합한 새로운 긍정적인 인지가 떠올랐을 수 있다.

내담자가 이미지에 적합한 가장 좋은 긍정적 인지를 찾을 때, 자신에게 얼마나 진실로 느껴지는지를 '완전히 그렇다'가 1점, '전혀 그렇지 않다'를 7점으로 점수를 매기도록 한다. 만약 긍정적 인지에 대한 VoC가 6점이나 7점으로 매겨지면, 긍정적 인지와 이미지를 함께 마음속에 떠올리도록 하고 양측성 자극을 주어 주입한다.

한 세트의 양측성 자극 후에 변화가 있다면 다시 VoC를 측정한다. 만약 긍정적 인지가 점점 더 강화하면 몇 세트 더 양측성 자극을 주는 것이 좋다.

긍정적 인지를 주입한 후 신체 검색을 시행한다. 내담자는 눈을 감고 처음의 외상 사건과 긍정적 인지에 집중하면서 신체에서 무엇이 느껴지는지 각 부분을 점검한다. 이때 불편함을 보고한다면, 불편함이 가라앉을 때까지 재처리를 한다. 신체 검색이 끝나면, 치료자는 내담자에게 회기 후에도 처리 과정은 지속될 수 있다는 설명과 함께 다음 회기에 그동안 무엇이 떠올랐는지 알려줄 것을 부탁하며 회기를 마무리한다.

미완결 회기의 마무리

미완결 회기는 아직 해결되지 않은 내용이 있거나, 여전히 SUDS가 1점 이상으로 고통이 남아 있으며, VoC가 6점 이하인 경우이다. 다음은 미완결 회기를 마감하기 위해 고안된 절차다. 절차의 목적은 내담자가 치료실을 떠나기 전에 마음을 가라앉힐 수 있도록 하는 것과 회기 동안 무엇을 성취했는지 내담자가 스스로 알게 하는 것이다. 회기를 마무리하는 데 충분한 시간은 대개 10분에서 15분 정도이며, 절차는 다음과 같다.

① 내담자에게 회기를 마치는 것에 허락을 구하고 이유를 설명한다. "시간이 거의 다 되었네요. 곧 마쳐야 할 것 같은데, 지금 끝내는 것이 괜찮으신가요?"

② 내담자의 노력에 격려와 지지를 해준다. "이번 시간 동안 잘하셨고 수고하셨습니다. 느낌이 어떠신가요?"

③ 회기 중에 얻은 것, 또는 긍정적 인지에 대해 내담자가 명료해지도록 돕는다. 만일 SUDS가 0점이 아닐지라도, 어떤 종류의 긍정적인 자기 언급이 있는지 찾아본다. 이를 통해 처리 과정을 인식하게 할 수 있다. (예: "나는 나 자신을 사랑하는 것을 배우고 있어요.") "오늘 하신 치료 과정 중에 힘든 부분이 있다면 무엇을 덜어내고 싶으신가요?" 또는 "오늘 경험한 것 중에서 가장 중요하다고 생각되는 것은 무엇인가요?" "원래의 장면을 떠올릴 때 지금 자신에 대해 어떻게 생각하나요?" 내담자의 반응을 적어둔다.

④ 짧은 한 세트의 양측성 자극으로 반응을 주입한다. "나는 나 자신을 사랑하는 법을 배우고 있다는 걸 생각하며 제 손가락을 따라 눈을 움직이세요."

⑤ 신체 검색은 생략한다. 내담자가 편안함을 느끼면서 마무리하는 데 시간을 쓰는 것이 더 낫다.

⑥ **이완 연습을 실시한다.** 이때 내담자의 보호자, 양육자 자원을 불러올 수 있다. "회기를 마치기 전에 이완 연습을 하면 좋겠습니다." 치료자는 안전지대, 라이트 스트림, 시각화, 느린 수직 안구 운동 또는 계속되는 안구 운동 등 이완의 한 형태를 제안한다. 안전지대와 긍정적 이미지는 짧은 양측성 자극을 주어 주입할 수 있다.

⑦ **상자에 담아둔다.** 내담자에게 힘든 문제와 느낌들을 다음 시간에 다루도록 상상 속의 상자에 담아두도록 한다. 회기 중 내담자를 힘들게 했던 어려운 문제도 보류해둘 수 있다고 설명한다. 상자에 있는 문제에 대한 이미지 역시 짧은 양측성 자극으로 주입할 수 있다. 상자에 대한 이미지를 기록해두었다가 다음 회기에 활용한다.

⑧ **종료/정리** "우리가 오늘 작업한 내용은 어쩌면 회기 후에도 계속될 것입니다. 당신은 아마도 새로운 통찰, 사고, 기억, 꿈을 갖게 되거나 혹은 그렇지 않을 수도 있는데, 만약 그렇게 된다면 무엇을 경험하는지 기억해두세요. 그리고 그것을 마음속의 스냅 사진으로 간직하고(무엇을 보았고, 느꼈고, 생각하고, 무엇이 촉발하게 했는지), 일지로 기록하세요. 다음 시간에 이러한 새로운 자료들을 가지고 이야기할 수 있습니다. 만약 필요하다면, 저에게 연락하세요."

남은 시간은 회기에 대해 내담자와 얘기하면서 다뤄진 문제를 소화하고 통합하도록 돕는다. 치료실을 나서기 전 내담자의 몸이 편안해지도록 한다. 내담자는 차에 타기 전이나 운전하기 전에 주변을 걷거나 찬물로 세수를 하고 싶어 할 수도 있다.

만약 내담자가 치료실에서 아직 매우 혼란스러운 상태라면 진정될 때까지 시간을 할애한다. 필요하다면, 치료 당일에는 약속을 뒤로 미루거나 다음 날 만나도록 한다. 다음 치료 시간까지 내담자를 고통 속에 있게 해서는 안 된다. 만약 혼란스럽거나 조절할 수 없을 때에는 치료자에게 연락할 수 있음을 알려준다. EMDR 치료 과정은 많은 내담자들에게 퇴행을 일으킨다. 성인이 어린 아이 상태로 퇴행하는 것은 매우 고통스러우며 적절한 기능을 수행할 수 없게 만들기도 한다. 때문에 내담자가 통제감을 가지고 성인 자아로서 기능하는 자신을 느끼도록 하는 것이 중요하다. 아래에 몇 가지 종료 기법을 자세히 소개하였다.

치료자가 유도하는 종료 기법

때로는 회기가 완결되기 전에 치료 시간이 끝날 수도 있는데 치료자는 전략적으로 개입함으로써 신속하게 종료하고 정리해주어야 한다. 이 시간 동안 치료자는 평소보다 더욱 적극적이고 지시적일 수 있으며, 내담자로 하여금 자원을 가져오도록 하고 분리되어 있는 기억 네트워크와 자아 상태를 연결하도록 돕는다.

이런 개입들은 9장에서 설명한 모든 과정을 포함한다. 종종 어린 자아를 보호하고 위로하기 위해 성인 자아 혹은 보호자/양육자 존재를 불러오는 개입은 촉박한 시간에 힘들어하는 내담자의 흥분된 상태를 가라앉히는 데 유용하다.

치료자　당신의 성인 자아가 어린 자아를 보호하는 것을 상상할 수 있습니까?

내담자　네.

치료자　　그것을 떠올려보세요. (양측성 자극을 준다.).

이미 늙고 약해진 가해자를 두려워하는 내담자의 경우, 이제는 안전하다는 성인의 관점을 유도하도록 질문을 활용할 수 있다.

치료자　　당신의 삼촌은 지금 어디 있습니까?

내담자　　죽었어요.

치료자　　그것에 대해 생각해보세요. (기억 네트워크를 연결하기 위해 양측성 자극을 준다.)

슬픔에 잠긴 어린 자아를 위해서는 애정 어린 성인 자아, 양육자의 존재 혹은 영적인 존재를 불러오는 것이 좋다.

치료자　　당신의 할머니가 당신의 어린 자아를 무릎에 안고 사랑한다고 말하는 모습을 상상할 수 있습니까?

내담자　　네.

치료자　　그럼 계속 가보죠. (양측성 자극을 준다.)

자신의 몸 안에 있는 것이 안전하지 않다고 믿기 때문에 신체 밖에서 겉도는 내담자에게는 "지금 당신의 몸 안에 있는 것이 안전한가요?"라고 물을 수 있다. 만약 그녀가 "네"라고 대답한다면 양측성 자극을 더해 개입을 완성한다.

긍정적 인지 또는 이미지를 주입하는 종료 기법

표준 프로토콜의 방법 외에도 긍정적 인지, 진술 혹은 이미지의 주입을 EMDR 회기 마지막 부분에 더할 수 있다. 내담자에게 "원래의 이미지를 떠올릴 때 당신은 지금 스스로가 어떻다고 믿나요?"라는 식으로 묻고, 내담자가 보고하는 것을 주입한다. 내담자는 어쩌면 긍정적인 변화의 방향으로 가는 것을 보여주는 긍정적 인지 과정에 있을 수도 있다. 그 예로, "나는 나를 사랑하는 방법을 배우고 있어요" 혹은 "나는 안전한 방법으로 치유될 수 있어요" 등이 있을 것이다.

만일 타깃이 회기 끝까지도 해결되지 않고 긍정적 인지를 찾아볼 수 없다면, "당신은 오늘 회기에서 무엇을 배웠나요?"라고 질문한다. 내담자가 보고할 때 치료자는 양측성 자극을 주어 그 내용을 주입시킨다. 어떤 내담자는 치료자에게 치료자의 메모를 이용해 회기를 정리해주도록 도움을 요청할 수 있다. 내담자가 보여줬던 통찰력의 일부분이나 내담자가 언급한 현명하고 지혜로운 이야기들을 반복해서 말해줄 수 있으며 양측성 자극과 함께 주입할 수 있다.

치료자는 내담자를 안전한 곳으로 안내할 수도 있으며, 안전에 관한 이미지와 언급을 주입할 수도 있다. 긍정적인 것이 주입되고 내담자가 회기를 통해 무언가를 얻었다고 느끼는 일은 아주 중요하다. 긍정적 혹은 건설적인 것을 주입하는 것은 내담자에게 기분 좋은 일이다. 그것은 내담자가 이해받고, 관심을 받고 있으며 역량이 강화되고 회복의 방향으로 나아가고 있다고 느끼게 한다.

이미지화 종료 기법

나는 회기가 완결되지 않았더라도 종료할 시간이 되면 내담자에게 안전지대로 돌아가 성인 자아가 어린 자아를 안고 있는 것을 상상하게 해 안전과 보호의 느낌을 가능한 한 강하게 느끼도록 한다. 또한 양육자, 보호자, 그리고 영적 자원들을 동원하도록 한다. 떠올린 자원들을 확인하고 EMDR 치료 과정에서 발견한 긍정적 인지를 반복한다. 긍정적 언급은 안전, 책임, 그리고 선택의 이슈와 관련되어 있다. "당신은 이제 안전합니다", "당신은 못되고 화가 나 있던 성인으로부터 상처를 받은 작은 소녀였습니다. 그것은 당신의 잘못이 아닙니다", "당신은 그때 어린 아이로서 선택의 여지가 없었습니다. 하지만 지금 성인으로서 당신은 선택할 수 있습니다" 등의 언급을 할 수 있다. 그리고 "나는 지금 치유되고 있습니다", "상처가 점점 나아지고 있습니다", "나는 변화할 수 있습니다" 등의 건강을 향한 움직임을 표현하는 긍정적 인지를 사용하는 것이 좋다. 내담자가 차분하고 평온하며 안전한 느낌을 보고할 때 짧은 양측성 자극과 함께 그러한 이미지, 인지, 그리고 느낌들을 주입한다.

다음은 치료자의 지도 아래 내담자가 이전에 만들었던 자원을 사용하면서 이뤄진 종료의 예다.

치료자　　좋아요. 그럼 지금 당신의 안전지대로 가고 있는 것을 상상해 보세요. 당신의 어린 자아와 함께요. 보호막을 치는 것을 상상해보세요. 성인과 아이 둘 다를 보호하고 양육하기 위해 곰을 데리고 오는 것을 상상하세요. 곰의 따뜻한 털과 큰 존재감을 상상해보세요. 또 예수님이 그곳에 당신과 함께 있는 것을 상상하세요. 당신은 안전합니까? 아이에게 당신과 함께 있어 이제 안전하다고 말하는 것을 상상해보세요. 그리고 그녀가 착한 아이이고, 당신이 아이를 사랑한다고 말하는 모습을 상상해보세요. 당신이 차분해지고 평온하게 느껴질 때 말씀해주세요. 좋아요. 자, 이제 저의 손가락을 따라 눈을 움직여보세요. ▶◀▶◀▶◀ 잘하셨습니다. 지금 기분이 어떤가요?

가끔 나는 성인 자아에게 어린 자아를 상냥한 말로 위로해주라고 부탁한다. 양육자, 보호자 혹은 영적인 존재가 이런 위안을 주기 위해 사용되기도 한다. 내담자가 느끼는 욕구에 따라 결정한다.

치유적 이미지화가 도움이 되는 경우가 있다. 폭행당했던 강렬한 기억을 처리한 후에는 신체에 저장되어 있던 폭력의 후유증으로 시달린다. 내담자는 종종 고통스럽고 상처받은 것처럼 느낀다. 치료자는 내담자에게 "치료의 빛이 머리 꼭대기부터 고통이 스며들어 있는 몸의 모든 곳으로 내려온다고 상상해보세요. 이 빛은 따뜻함과 사랑으로 아픈 곳을 치유합니다. 그리고 상처들은 서서히 치유되기 시작하고……. 따뜻함과 치유를 느껴보세요. 치유의 빛은 고통이 있는 모든 곳으로 움직이고 새로운 모든 부분에 새 삶을 가져다주고 소생할 수 있도록 도와줍니다"라고 제시한다.

각 내담자에게 가장 잘 맞는 말과 이미지를 사용하고 내담자 스스로 자신에게 가장 알맞은 이미지를 만들어내도록 한다. 이런 시각화를 위해서는 내담자와 함께 이미지를 만들어내는 것도 도움이 될 수 있다. 한 여성은 맑고 투명한 물로 가득 찬 폭포 아래 서서 과거의 폭행으로부터 자신의 고통스런 몸이 깨끗해지는 것을 상상했다. 우리는 이 이미지와 감정을 무릎을 두드리는 것으로 주입시켰다. 그녀는 후에 샤워할 때마다 폭포를 연상했고 치료와 소생의 감정을 지속할 수 있었다.

회기 종료 과정에서 다 처리되지 못한 내용들을 잘 담아둘 때 이미지화 방법을 활용한다. 많은 종류의 이미지화 기법들이 있으므로 내담자와 미리 몇 가지를 선택해놓는 것이 좋다. 어떤 내담자는 다음 회기까지 미완성된 내용들을 상담실 서류함에 넣고 가는 상상을 좋아한다. 또 다른 내담자는 아직 다루지 않은 미해결된 내용을 상상의 귀중품 보관실이나 금고에 잠궈두는 걸 좋아한다.

나의 한 동료는 내담자에게 다 처리되지 않은 내용들을 사무실 어딘가에 두고 가라고 부탁했다. 많은 내담자가 바구니를 선택했고, 치료자는 "미완결된 이미지, 감정, 신체 감각, 맛 혹은 냄새 모두를 상상하고 그것들을 바구니 안에 넣어두세요"라고 말했다. 이 작업을 하는 동안 내담자에게 짧은 안구 운동 혹은 다른 양측성 자극을 주었다. 보관해둘 이미지와 감정을 주입한 후, 내담자에게 만약 원한다면 다음 주 회기 때 담아두었던 내용을 계속해서 다룰 수 있다고 얘기한다.

또 다른 동료는 미완결된 회기를 종료하기 위해 다음과 같은 이미지화를 사용한다. 내담자에게 마치 영화의 한 장면을 보는 것 같이 외상 장면을 연상하라고 한다. 그러고는 내담자에게 장면이 작아지는 것을 상상하라고 한다. 다음에는 아주 튼튼한 수납함에 장면을 넣는 것을 상상하라고 한다. 그리고 내담자는 수납함이 물속으로 가라앉아 더 이상 보이지 않는 것을 상상한다. 하지만 언제라도 원한다면 수납함을 되찾을 수 있다는 걸 알려준다. 이런 시각화 작업 후, 내담자에게 내면의 장소 혹은 안전지대로 가서 자신에게 필요한 지지 혹은 자원을 모으라고 말한다. 이 과정을 통해 생기는 안전감을 짧은 안구 운동이나 다른 종류의 양측성 자극을 통해 각인한다.

또 다른 방법으로 내담자에게 남아 있는 외상적 내용들을 언제라도 편집하거나 뺄 수 있을 뿐 아니라, 나중에 다시 보고 싶을 때까지 저장할 수 있는 비디오테이프에 담았다고 상상하게 한다. 대부분의 사람이 바로 VCR을 상상하는데, 이는 문제를 스스로 통제할 수 있다는 느낌을 준다.

어떤 내담자는 상징적인 행위를 통해 안정감과 평온함을 되찾기도 한다. 한 여성은 폭력 사건을 처리하는 과정의 EMDR 회기를 마친 후에도 아직 현재 자신의 삶에 가해자의 더러운 것이 남아 있다고 느꼈다. 다양한 해결책을 탐구한 후, 우리는 그녀가 가해자로부터 받았던 모든 선물을 실제로 파괴하는 것을 생각해냈다. 그녀는 선물들이 가해자와의 연결을 의미하기 때문에 지금까지 그녀를 오염시켰다고 느꼈다. 받았던 모든 선물을 찾기 위해 체계적으로 집을 뒤졌고, 물건들이 작은 조각이 될 때까지 큰 망치로 부쉈다. 그리고 태울 수 있는 것들은 그녀의 벽난로에서 모두 태워 버렸다.

종료 기법으로써의 예술 활동

EMDR 회기 종료에 예술 활동이 유용한 도구가 되기도 한다. 무엇을 그리거나 조각하는 신체 활동은 안정감을 주고, 작품들은 내담자의 내적 경험의 구체적인 상징을 보여준다. 내담자는 회기 마무리에 생긴 새로운 이미지, 믿음 혹은 느낌을 그릴 수도 있다. 그림은 은밀하게 속으로만 가지고 있던 것에 형태를 주며, 치료자와 함께 나눌 수 있다. 만약 내담자가 그림으로 표현하면서 회기를 시작했다면 회기 마지막에 그림을 다시 그리는 것은 치료 과정 동안의 변화를 느끼게 한다. 회기 동안 변화가 일어났다는 명확한 느낌과 아직 다뤄지지 않은 일들의 정보를 제공한다.

내담자는 뭔가를 담아두는 이미지를 그릴 수도 있다. 한 예로, 내담자에게 고통스러운 기억들이 바다 밑에 떨어진 금고 안에 있는 것을 상상하며 그려보라고 하였고, 조절에 대한 감각을 더욱 강화시켰다.

어렸을 때 할아버지로부터 성폭행을 당했던 한 여성은 할아버지에 대한 좋은 기억들이 나쁜 기억들로 인해 더러워질까 두려워했다. 기억의 분리를 상상하는 것만으로는 부족했고, 그녀는 치료자와 다양한 잠재적 해결책들을 궁리해본 끝에, 뚜껑이 있는 큰 상자를 찾아내 고통스러운 이미지들을 상징하는 실제적인 것들을 안에 넣은 후 뚜껑을 꽉 닫았다. 그녀는 상자를 안전한 곳이라 느꼈던 치료자의 사무실에 두었다.

내담자는 회기 끝에 성인 자아와 어린 자아, 양육적, 보호적 존재들이 있는 안전지대를 그려서 안전의 느낌을 강화할 수 있다. 이미지를 그린 후에, 원한다면 집에 가져갈 수 있다.

종료 기법으로써의 명상

내가 처음으로 메타Metta 명상 혹은 자비 명상을 배운 것은 1976년에 샤론 샐즈버그가 조지프 골드스타인과 공동으로 지도했던 비파사나 명상 과정에서다. 그후로 나는 명상을 실천하고 또 가르쳐왔다. 명상은 자신과 타인을 위한 온정을 키우는 데 큰 도움이 된다. 어린 시절 학대를 당했던 성인은 마음의 상처로 고통을 받는다. 자신이 사랑했고 의지했던 사람들이 상처를 주었기 때문에 신체의 상처는 오래전에 치유되었더라도 마음의 상처는 여전히 남아 있다. EMDR과 함께 이뤄지는 자비명상은 마음의 치유를 가져온다. 나는 많은 내담자들을 위해 명상을 종료 기법으로 사용해왔다. 이 명상은 스스로를 사랑하는 데 초점을 둔다. 더 나아가, 많은 성인 피해자가 느끼는 수치심과 자기혐오의 치유를 강화한다. 어린 시절의 학대를 치유할 때 자신에 대한 온정을 키우는 것은 매우 중요한 측면이다. 치료자가 결코 비판적이지 않은 보살핌을 통해 더욱더 온정을 주고 강화할수록, 내담자의 치유에 커다란 도움이 된다.

앞에서 말했듯이 나는 어렸을 때 성 학대를 당했던 여성들을 위한 명상 집단을 2년 동안 이끌었다. 이 집단에서 숨 고르기, 비파사나 명상, 그리고 자비 명상을 가르쳤다. 명상을 더 짧게 하고 지도를 더 많이 하면서, 여성들의 욕구에 맞게 훈련들을 적용했다. 자비 명상에서 우리는 사랑하는 마음의 안전함 속에서 어린 자아에게 온정을 보내는 것에 초점을 두었다. 많은 여성들이 어린 자아에게 사랑을 보내는 것을 잘 하지 못했음에도 불구하고 매번 명상하기를 원했고, 앉아 있는 시간의 처음과 끝을 이 명상과 함께하길 원했다. 그들은 '닫혀 있는 내 마음에 온정이 생기기를', '내가 이제는 안전하기를', '이제 두려움으로부터 자유로워지기를' 등과 같이 치료자가 말해주었으면 하는 단어 혹은 구절들을 추가했다.

다음으로 했던 것은 요가/명상 세미나의 지도자였던 진 클레인으로부터 배운 숨 고르기 명상과 자비 명상이다. 둘을 같이 할 수도 있고 혹은 따로 할 수도 있다. 때로는 EMDR 후 곧장 자비 명상으로 들어갈 수도 있다. 5분에서 30분 혹은 더 길게도 할 수 있다. 명상을 사용하기 이전에 먼저 내담자에 명상을 가르쳐야 한다. 어떤 내담자는 회기 사이에 집에서 명상 훈련을 하기도 한다. 내담자에게 녹음테이프를 만들어 주거나 혹은 시중의 녹음테이프를 구입해 사용할 수도 있다. 두 가지 명상 모두 내담자가 조용하고 방해받지 않는 상태로 앉을 수 있는 곳을 찾고, 전화를 잠시 꺼놓고, 명상 시간 동안 확실히 방해받지 않도록 준비한다. 내담자는 쿠션 위에 책상다리를 하고 앉거나 혹은 의자에 앉아 양발이 바닥에 닿게 한다. 내담자가 편하게 그리고 똑바로 앉아 있는 것이 중요하다.

숨 고르기 명상

"눈을 감고 지금 앉아 있는 당신을 느껴보세요. 접촉한 곳들을 감지해보세요. 쿠션 위 당신의 엉덩이, 바닥에 닿아 있는 당신의 발, 그리고 당신의 호흡을 감지하세요. 숨이 들어오고, 나가고, 몸에서 호흡을 느껴보세요. 지금 이 순간 자신을 편안하게 이완시키세요.

자, 깊게 숨을 내쉬고, 지구 중심에서부터 공기를 모아 당신의 복부를 채우고, 그리고 가슴을…… 그리고 목을…… 채우세요. 그리고 지구의 깊은 곳으로 천천히 숨을 다시 내쉬세요. 목부터 가슴, 그리고 복부. 자, 다시 지구로부터 숨을 들이마시면서 천천히 복부를 채우고, 가슴, 목 그리고 다시 지구로 숨을 내쉬세요. 목에서 가슴으로 그리고 복부로. 깊고, 가득하고, 부드럽게 숨을 쉬세요. 호흡과 함께, 현재 매 순간 자신을 느껴보세요."

가능한 한 숨은 깊이 들이쉬어야 한다. 깊고 가득한 호흡. 지구로부터 숨을 들이마시고, 그리고 다시 지구로 천천히 숨을 내쉰다. 몇 분 동안 호흡과 지시를 반복한다. 호흡은 차분해지고, 중심으로 돌아오고 편안해지는 데 도움을 준다. 호흡은 사람을 둘러싼 보호막을 만들고, 필요한 경우 안전지대로 양육자/보호자를 불러오면서 유도된 이미지로 이어질 수 있다.

내면의 어린 자아를 향한 자비 명상

"자, 이제 당신의 마음에 집중하세요. 당신의 마음으로부터 숨을 내쉬고 들이마시세요. 각 호흡이 부드럽고 자연스럽도록. 들이마시고 내쉬고, 들이마시고 내쉬고……. 당신의 마음이 따뜻하고 부드러워지는 것을 느끼세요. 사랑스런 마음으로 숨을 내쉬고 들이마시세요.

자, 이제 당신의 마음속에 있는 내면의 아이를 상상하세요. 당신의 사랑스런 마음은 당신의 순한 아이가 머무르기에 안전한 곳입니다. 자, 이제 어린 자아에게 자비를 보내세요. (구절마다 잠시 쉬면서 부드럽고 온화한 목소리로 반복한다.)

당신이 평온해지길, 행복해지길, 애정으로 가득해지길, 두려움으로부터 자유로워지길, 고통으로부터 자유로워지길, 기쁨이 넘치길, 당신이 사랑하고 사랑받길 등과 같이 당신을 위한 말들을 사용하세요. 당신의 어린 자아에게 자비를 보내면서 이 말들을 조용히 혼자 반복하세요. 당신이 평온하길, 행복하길, 고통으로부터 자유롭길, 두려움으로부터 자유롭길, 안전하길."

계속 진행한다. 어린 자아에게 애정 어린 말들을 반복한다. 내담자는 사랑의 구절들을 반복하는 동안 자신의 성인 자아가 어린 자아를 무릎에 앉혀 안고 있는 모습을 상상할 수 있고, 다른 양육자/보호자 자원들도 자비를 베풀 수 있다. 명상은 어린 자아에게 온전히 초점을 맞추거나 다른 이들을 포함하도록 확대할 수도 있다.

"당신이 아주 많이 사랑하는 사람이 앞에 있는 것을 상상하세요. 그 사람에게 자비를 베푸는 모습을 상상하세요. 내가 행복해지길 원하는 것처럼 당신도 행복해지세요. 내가 평온해지길 원하는 것처럼 당신도 평화로워지길. 내가 고통에서 자유롭게 되길 바라듯, 당신도 고통에서 자유로워지길. 내가 두려움에서 자유롭게 되길 바라듯, 당신도 두려움에서 자유로워지길.'(내담자는 사랑하는 사람에게 자비를 보내면서, 자신에게 맞는 말들을 계속해서 반복할 수 있다.)

　　명상은 내담자가 사랑하는 사람까지 포함하도록 확대할 수 있으며, 가족 구성원과 친구들까지도 확대할 수 있다. 또 개인의 지역 사회, 마을, 국가, 대륙, 세계, 마지막으로 우주 전체까지 확대할 수 있다. 치료자는 내담자가 사람과 더불어 모든 식물과 동물에게 자비를 보내는 것을 상상하도록 지도할 수 있다. 명상 끝에 내담자는 우주의 모든 지각이 있는 존재들에게 자비를 보내는 것을 상상할 수 있다. '모든 곳에 모든 것들이 행복하고, 평온하고, 고통으로부터 해방되기를.'

　　내담자는 어린 자아에게 초점을 맞추는 대신, 스스로에게 자비를 보내는 것으로 명상을 시작할 수 있다. '내가 평온해지길, 내가 행복하길, 내가 고통으로부터 자유로워지길.'

　　명상의 목적은 스스로를 향한 따뜻함과 부드러움을 불러일으키는 데 있다. 이것은 쉽지 않은 과정이다. 스스로에게 온정의 감정을 느끼는 데 어려움을 겪는 사람에게는 '닫혀 있는 내 마음을 향해 온정을 가지세요'라는 말을 더할 수 있다. 내담자에게 맞추어 명상을 수정할 수 있다. 자비는 심지어 해를 입힌 사람들에게까지 확장할 수 있는데, 어떤 사람들은 자발적으로 한다. 하지만 조급한 용서는 온전한 치유를 위해 처리되어야 할 상처의 깊은 면들을 오히려 덮을 수 있기 때문에 신중을 기해야 한다.

회기 사이 내담자의 자기 관리를 돕기 위한 방법

과제

내담자에게 자연 속에서 산책을 하거나, 명상을 하거나, 요가 혹은 태극권을 하도록 격려하거나 혹은 스트레스를 줄이고 자신을 느낄 수 있는 다른 일들을 시도해보도록 격려할 수 있다. 건강한 식습관, 정기적인 운동, 그리고 충분한 휴식과 수면 등을 추천한다. 어떤 내담자는 집단 활동이나 자기 방어 훈련model mugging으로 도움을 얻을 수 있다. 고통스런 기억의 EMDR 치료 과정에서 내담자가 스트레스를 느낄 때 술 혹은 다른 약물을 복용하지 않도록 상기해준다. 만약 내담자에게 항불안제나 항우울제가 필요하다고 생각되는 경우에는 정신과 의사에게 투약 여부를 의뢰해야 한다.

회기 사이에 내담자가 보류 혹은 처리를 촉진하도록 돕는 방법은 내담자의 필요에 따라 다양하게 적용한다. 일기 쓰기는 내담자가 내면의 것들을 처리하고 통합하는 것을 계속하도록 돕는다. 많은 내담자가 표현하기 쉽지 않은 감정을 시로 표현하기도 한다.

그리기, 칠하기, 콜라주 작업, 그리고 조각하기 등을 통해 감정과 이미지들을 표현할 수 있다. 미술 작업은 통합적이며, 역량을 강화한다. 초점은 결과물이 아닌 표현에 있어야 한다. 표현되어야 하는 무언가가 어떤 형태로든 드러나도록 한다. 창의적 표현은 활력적이고 영적일 수도 있으며, 내담자가 피해자로서의 정체성을 넘어 스스로를 표현할 수 있도록 돕는다.

과도기 대상

어린 시절 학대를 당했던, 특히 부모나 가까운 사람에게 학대당했던 많은 내담자가 대상 항상성object constancy에 어려움을 느낀다. 결과적으로 제한된 시간 동안 치료자를 긍정적 내면의 상징으로 받아들이는 일이 어렵다. 치료자가 계속 존재할 뿐 아니라 회기 사이에도 자신을 지속적으로 돌본다고 생각하기 어렵다. 이러한 이유로, 위니콧이 '과도기 대상transitional objects'이라 불렀던 치료자와 양육적/치유적 환경을 상상하는 것도 유용하다. 과도기 대상은 여러 형태로 나타날 수 있다. 어떤 내담자에게는 치료자와 진료실을 떠올리는 작은 사물을 줄 수도 있다. 한 내담자는 내가 휴가 가는 것을 매우 곤혹스러워했기에 나와 우리의 작업을 상기시키기 위해 사무실에 있던 수정 시계 판을 주었다.

이완 운동 및 안전한 곳과 내적/외적 자원을 불러내기 위한 주문이 담긴 녹음테이프는 회기 사이에 도움을 줄 수 있다. 각 내담자를 위해 특별히 만들어진 상상 속에서 치료자는 내담자에게 직접 말을 하며 내담자의 이름을 부른다. 이런 녹음테이프는 내담자에게 큰 위안이 된다. 내담자는 밤에 수면을 취하거나 휴식을 취할 때 녹음테이프를 사용할 수 있다. 만약 내담자가 치료자와 차단됐다고 느낀다면, 관계를 상기시키는 방법의 하나로 테이프를 들을 수 있다. 특히 치료자가 휴가를 떠나거나 내담자에게 치료적 관계의 현실을 지속적으로 상기시킬 필요가 있을 때 유용하다.

내담자는 치료자가 회기 사이에도 자신을 기억해주는지 궁금해한다. 어떤 내담자는 미술 작품, 시, 특별한 사물, 그리고 어린 시절의 사진과 같은 자신의 한 부분을 상징하는 사물들을 치료자에게 주기도 한다. 그것들은 선물이기도 하지만, 한편으로는 치료자에게 일정 기간 동안 '빌려 준' 물건이기도 하다. 이 이슈에 있어 여러 의견들이 있고 또 이론적 지향에 따라 다양한 방법들이 있다는 것을 알고 있다. 나는 선물을 특별하게 해석하지 않는데, 이것이 오히려 치료적 관계에 손상을 가져올 수 있기 때문이다. 그리고 대개는 말없이 이해할 수 있는 경우도 많다. 나는 그저 내담자들이 이 물건들을 나에게 맡길 만큼 나를 신뢰하는 것에 감사하며, 그들이 되돌려달라고 할 때까지 보관해둔다.

제 4 부　　　　EMDR
치료 사례

11

다양한 기법을 보여주는 사례

이 장에서는 앞서 소개했던 타깃 정하기, 정보 처리 촉진하기,
제반응에 대한 작업, 차단된 정보 처리 과정 촉진하기, 회기 종료
등과 같은 몇몇 기법들을 사용한 세 가지 사례를 소개한다.

강력한 신체 감각적 제반응 작업: 안야의 사례

동남아시아 출신인 안야는 성적 당혹감을 느끼는 것 때문에 EMDR
치료를 받으려 했다. 애인과 4년 동안 좋은 관계를 유지해왔음에도 불구
하고 2년 동안은 성적인 관계를 가지지 못했다. 다른 치료자에게 치료를
받아본 적도 있었지만, 성적 혐오감은 오히려 더 심해졌다. 나를 찾아왔
을 때는 애인을 껴안는 것조차 하지 못했다.

그녀의 아버지는 군인으로 동남아시아에 주둔해 있었는데, 직업
상 세계 곳곳을 돌아다녀야 했다. 안야의 어머니는 결혼 후 얼마 되지
않아 안야를 임신했고, 2년 후엔 남동생을 낳았다. 그녀의 부모는 파티
를 즐기고 술을 좋아했지만, 결혼 관계는 원만하지 않았다. 안야가 십 대
후반쯤 되었을 때 어머니는 아버지가 발기 부전이라는 이야기를 해주었
는데, 자신이 바람피운 것에 대한 핑곗거리로 이야기했던 것이다.

안야에겐 어린 시절 기억이 거의 없었다. 일곱 살 무렵에 아빠가 자신을 성폭행한 것 같다고 믿고 있었지만 뚜렷한 시각 기억은 없었다. 그녀는 어린 시절 침실에서의 또 다른 느낌을 기억했는데, 자신의 몸에서 성적인 느낌, 불편함, 공포 등이 일어나는 것이었다. 또 자신이 성폭행을 당했다고 믿게 하는 꿈을 꾸곤 했다. 집단으로 모여 있는 남자들을 보면 두려워했고, 혹시 이전에 이와 관련된 일이 발생했던 것은 아닌가 의심했다. 확실한 건 아무것도 없었고, 가족은 별로 도움이 되지 못했다. 4년 전 안야는 피해자 그룹의 도움을 받아 그녀의 어머니와 함께 근친상간으로 의심되는 것들을 떠올렸다. 어머니는 그런 사실에 놀라기도 했지만 그녀를 지지했다. 안야가 이러한 사실을 아버지에게 따져 물었을 때, 아버지는 부인했다. 이 과정에서 그녀는 공황 발작을 경험했는데, 그녀는 그것을 '신체─기억 플래시백'이라고 표현했다.

그녀는 수줍은 성격이었지만 항상 친구들이 있었다. 16세 되던 해, 첫 남자 친구를 사귀게 되었다. 성적인 관계는 아니었고 아홉 달 동안 사귀었다. 그가 성적인 관계를 원했을 때 히스테리 반응을 보였고, 남자 친구는 그때 매우 자상하고 신사적이었다고 했다.

그녀는 무가치감을 느끼며 성장했고 낮은 자존감과 친밀감에 대한 두려움으로 인해 정서적으로 별로 깊은 관계가 아닌 남자와 관계를 맺곤 했다. 대부분의 관계가 1년 이상 지속되지 못했고, 이십 대 때 한 번, 그리고 현재의 관계만이 1년 이상 지속한 유일한 경우였다. 그녀는 상대와 가까워지면 성관계를 중단하곤 했다.

우리는 두 번째 면담에서 자신에 대한 부정적인 믿음과 EMDR 회기의 타깃이 될 만한 쟁점, 주제, 꿈 등을 이야기 나눴다. 그 내용은 다음과 같다.

① 내 몸과 성적인 느낌은 더럽고 구역질이 난다.

② 성적인 느낌이 들면 스스로를 나쁘다고 생각한다.

③ 단기간의 관계에서의 섹스는 괜찮다. 그러나 장기적인 관계에서는 그렇지 않다. 처음 사귀기 시작할 때의 섹스는 괜찮지만 후기에는 그렇지 않다. 그녀는 이것이 부모와 관련 있다고 믿었다.

④ 통제할 수 없다고 느끼면 위험한 것이다. 성적인 느낌이 포함된 느낌들은 위험하다.

⑤ 사람들이 나를 바라보고, 내 이야기를 들어주기를 바라지만 무섭기도 하다. 사람들 앞에서 목소리를 크게 낼 수가 없다. 내 목에 이상이 있는 것 같다.

⑥ 그녀는 숨을 못 쉬게 될까 봐 두려워했다. 공황 발작의 경험이 있고 수면 장애가 있다. 이와 관련해 안야는 최근의 꿈을 이야기했다. "나는 다른 세기에 있는 소녀예요. 나는 목이 졸려 죽을 뻔했어요. 스스로를 진정시키려고 노력했어요. 꿈속에서 나는 무섭고 소름 끼쳤어요."

⑦ 친해지면 나는 버림받을 것이다. 그녀는 이러한 믿음이 부모의 감정적 유기와 어머니가 자신을 아버지로부터 보호해주지 않았던 것과 연관 있을 것이라고 했다.

⑧ 임신하고 유산하는 꿈을 반복해서 꾸었는데, 그와 관련된 의식적인 기억은 없었다. 그녀는 이게 무슨 의미가 있는지 몰랐다.

⑨ 여러 해 동안 악마 같은 무언가가 자신을 추적하는 꿈을 꿨다.

⑩ 아주 폭력적이고 피가 흐르는 고통스러운 꿈을 꾸었는데, 그중에는 토막 난 신체 일부를 묻는 장면도 있었다.

안야의 내적 세계는 강렬했음에도 불구하고 그녀는 나와의 관계에서 차분하고 안정되어 보였다. 똑똑하고, 명확히 표현했으며 통찰력이 있었다. 그녀는 몇 년 동안 많은 작업을 시도했는데, 그것은 EMDR을 하기 위한 준비 단계가 되어주었다. 그녀는 자신에 대해 잘 아는 것처럼 보였다. 하지만 그녀는 이상한 꿈들의 정체를 알 수 없었고, 섹스에 대한 역겨운 느낌을 해결하지 못했다. 그녀는 친구들과 애인이라는 좋은 지지 체계를 갖추고 있었다. 비파사나 명상을 통해 자신의 경험을 알아냈고, 좀 더 넓은 관점을 유지할 수 있었다. 또한 자신보다 큰 자연의 무언가와 연결된 느낌을 가지고 있었다.

두 번째 면담 중에 우리는 안전지대를 연습했고, 내면의 어린 자아를 통해 유도된 이미지를 시도했다. 그녀의 안전지대는 아름다운 정원이었다. 정원 안에서 자신의 어린 시절 자아가 성인 자아와 연결되는 경험을 했다. 그들은 함께 놀 수도 있었고, 어린 자아는 성인 자아의 무릎에 앉아 편안해지는 경험을 하기도 했다. 이것은 중요한 정보였다. 그녀는 쉽게 접근할 수 있는 강한 내적 자원을 가지고 있었다. 나는 그녀의 어린 자아에 대한 내적 자원으로 그녀의 애인과 친구들뿐 아니라 성인이 된 그녀의 모습도 사용할 수 있었다. 그녀의 이러한 능력과 안정성, 나와의 연결된 정도, 자신의 문제에 대한 근원을 찾아보고자 하는 의지 등은 EMDR을 시작하기에 충분했다.

우리는 첫 회기에서 파트너에 대한 성적 혐오감을 타깃으로 삼았다. 혐오감이 무엇과 연관되는지 알 수 없었기 때문에 최근 그녀가 애인과 함께 침대에 있으면서 느꼈던 혐오감부터 시작했다. 그녀는 눈을 감고 기억을 탐색하던 중에 말했다. "내 하체가 그에게 닿는 것이 싫어요. 난 속옷을 입고 있고 그는 입지 않았어요. 다리가 서로 닿아 있는데 이 내 땀으로 젖을 것 같아 역겨웠어요. 그의 성기가 닿는 게 싫어요. 손과 발이 땀에 젖어가고 있어요. 땀에 대한 생각을 하니까 공포감이 연상돼요. 도망치고 싶어요. 가까이 있어서 무서워요. 몸과 분비물과 냄새 때문에 구역질이 나요. 나도 그도 다 더러워요. 섹스는 더럽고 육체도 더러워요."

그녀의 부정적 인지는 '육체/섹스는 더럽고 무섭다'였다. 긍정적 인지는 '육체와 섹스는 괜찮다'였고 VoC는 1~2점이었다. 이와 연관된 감정은 공포, 거부감, 혐오감, 그리고 '구역질 나는 느낌'이었다. SUDS는 7점이었다. 신체 감각은 하복부의 불쾌감, 어깨와 목의 긴장, 그리고 목에서 느껴지는 메스꺼움이었다. 우리는 라이트 바를 이용해 안구 운동을 시작했다.

안야 ▶◀▶◀▶◀ 치료가 안 되면 어떡하죠?

치료자 어떤 느낌이 드세요?

안야 편안해져요.

치료자 그대로 가세요. ▶◀▶◀▶◀ (안야는 아주 강한 제반응을 보이기 시작했다. 경련을 일으키듯 허리부터 뒤틀리더니 질식하는 것 같은 이상한 소리를 냈다. 안구 운동은 계속하고 있었고, 나는 그대로 계속하도록 했다.)

안야 어지러워요. 여기에 뭔가가 붙어 있는 것 같아요. 아주 익숙한 느낌이에요.

치료자　몸에서 어떤 느낌이 드나요?

안야　목이 조이고 가슴도 그래요. ▶◀▶◀▶◀ (그녀는 다시 몸을 뒤틀었는데, 몸이 앞으로 쓰러질 듯했다. 그녀는 기침을 하며 숨 막혀 했는데 마치 누군가가 그녀의 몸을 덮치는 것 같았다.) 가슴과 배가 아파요. 머리가 조여요. 무슨 일이 벌어지고 있어요. ▶◀▶◀▶◀ (제반응이 지속되었다.) 긴장감이 왼쪽으로 옮겨갔어요. 느낌과 생각이 신체 감각에서 떨어져 버린 것 같아요. (우리는 무엇이 일어나고 있는지 알 수 없었다. 나는 그녀에게 첫 장면으로 돌아가도록 한 뒤, 무엇이 떠오르는지 말하도록 했다.) 슬픈 기분이 드는 것 같아요.

치료자　지금은 어떤 믿음이 떠오르세요?

안야　아니야. 이건 아니야. (그녀 자신도 무슨 의미인지는 알지 못했다.)

치료자　그대로 가세요. ▶◀▶◀▶◀

안야　안구 운동 중에 무감각한 것 같았어요. 슬프지는 않았고, 아무 느낌도 없어요. 무감각해진 게 슬퍼요. 아무 생각 없고, 느낌도 모르겠어요. ▶◀▶◀▶◀ (안야는 안구 운동 중에 흐느끼기 시작했다. 나는 부드럽게 그녀가 잘하고 있으며, 그 느낌 그대로 가지고 가도록 격려했다. 그녀가 울음을 그칠 때까지 안구 운동을 계속했다.) 좀 나아졌어요. 그래도 마음이 아파요. ▶◀▶◀▶◀ 전에 들었던 생각이 떠올랐어요. 난 울면 미워 보여요. 어째서 그런 생각이 들었을까요? (그녀는 궁금해했다. 어느덧 처리 과정에서 벗어난 것 같아, 나는 다시 원래의 장면으로 돌아가보게 했다.) 힘이 없어요. 배가 좀 아파요. 목과 가슴은 좀 따뜻해요. ▶◀▶◀▶◀ 몸이 수축하면서 배가 아픈 것 같아요. ▶◀▶◀▶◀ 배를 만지면서 내가 얼마나 민감한지를 생각하고 있었어요. 꼭 임신한 것 같은 느낌이 들어요. 수축되고 밀리는 느낌이 꼭 출산하는 것 같은 느낌이에요. 그 생각을 믿는 건 아니에요. ▶◀▶◀▶◀ 더 생각이 나요. 왜 괜찮다고 생각하지 않는 건지. 아픈 배가 가라앉기 시작해요. 놀라워요. ▶◀▶◀▶◀ 몸과 배가 편해졌어요.

치료자　다시 처음 장면으로 돌아가 봅시다.

안야　떠올리기가 힘들어요. 선명하지가 않아요. 그 느낌들이 사라졌고, 중립적이고 멀게 느껴져요.

치료자　지금 자신에 대해서는 어떤 믿음이 떠오르나요?

안야　난 괜찮은 것 같다. 난 괜찮다……. 의심이 좀 들어요.

치료자　의심스런 느낌과 함께 가봅시다. ▶◀▶◀▶◀

안야　내 일부분이 믿지 말라고 하고 있어요. (나는 그게 뭔지 탐색하고자 했고, 그녀에게 애인과 함께 침대에 옷을 벗고 누워 있는 장면을 떠올리도록 했다.) 편안해요. 괜찮은 것 같아요.

치료자　　그대로 가세요. ▶◀▶◀▶◀

안야　　머릿속에서 나의 이미지를 테스트하고 있어요. 마음을 달래주는 이미지들이 있었어요. 괜찮은 것 같아요. ▶◀▶◀▶◀ 이미지들에 대해서는 괜찮은데, 실제 삶에 대해서는 믿지 못하겠어요. (나는 여기에 차단 믿음이 있다고 생각했다. 그녀에게 물었다.)

치료자　　괜찮게 느껴지려면 어떤 믿음을 버려야 할까요?

안야　　(그녀는 이 질문에 반응을 보였다.) 사람들은 오래된 관계에서는 섹스를 하지 않아요. 가까워지려면 떠날 각오를 해야 해요. 난 상실의 고통이 두려워요. (그녀는 자신의 부모가 성관계를 갖지 않는다고 생각했다. 나는 그녀의 부모 관계에 대한 그녀의 어린 시절 기억을 연관시키고자 했다.)

치료자　　누군가 오랜 관계를 지속하면서도 적극적으로 성적인 관계를 유지하는 사람들을 떠올려볼 수 있나요?

안야　　네.

치료자　　그들이 견고한 관계를 유지하면서 결혼도 했고, 생기 있는 사람이면서 즐거운 성생활을 하고 있다고 생각할 수 있나요? (나는 그녀의 오랜 관점에 반대되는 새로운 정보를 인식하게 하려고 적극적으로 노력했다. 그녀는 사실 오랜 신념과는 반대되는 사람들을 알고 있었다.)

안야   좋은 기분이 들어요.

우리는 면담을 정리하고 그녀에게 어떤 현상이 있었는지 얘기하고 면담을 마쳤다. 그녀는 편안해보였다.

그녀는 다음 회기에 와서 면담 다음 날 나빠졌다가 다시 나아졌다고 했다. 그후 그녀는 '플래시백'이라고 하는 현상들을 경험했는데 이미지는 없었다고 했다. "그들이 오는 게 느껴져요. 나는 몸이 불편해지는 느낌이 들고, 경련 같은 현상이 나타나요. 면담 중에 그런 것처럼요. 더 나빠지고 무서워지면서 난 울기 시작하고 심한 공포감이 들어요. 정말 태아 같은 자세로 아주 작아져 버리고 싶어요. 입을 벌리고 반복해서 비명을 지르고 난 숨을 쉴 수가 없어요. 산소 공급이 멈춘 것처럼 느껴져요. 이제 다시 숨을 쉴 수 있어요. 이런 플래시백은 밤에 나타나요. 꼭 죽는 것 같아요. 수치심이 많이 들어요."

플래시백 외에도 그녀는 애인이 자신을 잘 이해하지 못하는 것에 격노를 느끼기도 했다. 그녀는 강렬한 꿈을 꾸기도 했는데 어떤 것은 무섭기도 했고 어떤 것은 변화와 관련된 긍정적이고 영적인 것이기도 했다. 우리는 그녀가 느낀 격노, 그리고 애인이 자신에게 무관심한 것처럼 느껴졌던 점을 EMDR로 작업하기로 했다. 우리는 애인에 대한 이미지와 그녀가 버림받은 것처럼 느낀 감정으로부터 시작했다. 부정적 인지는 '내가 성적으로 보이지 않으면 관심을 받을 가치가 없다'였다. 그녀는 심한 분노를 느끼면서 배가 아프다고 했다.

이번 회기 중에 그녀는 강한 신체 제반응을 경험했다. 그녀는 안구 운동을 하는 동안 경련, 기침, 비명, 과호흡, 흥분 등을 보였다. 한순간 그녀는 스스로를 방어하는 듯한 몸짓을 하며 비명을 지르는 소녀의 장면을 떠올렸다. "그 아이의 비명 소리가 들려요." 몸짓과 감정을 보았을 때 무서운 성폭행을 재경험하는 것처럼 보였다. 처리 과정 중에 그녀는 말했다. "그러지 말라고 애원하고 있어요. 내 몸속에 상처를 입히고 있어요. 참을 수가 없어요. 강간처럼요. 내 몸에서 나가고 싶어요."

그후, 그녀는 자신을 해친 사람들에게 심한 분노를 느꼈고 그들에게 폭력을 행사하는 장면을 상상했다. 면담이 끝날 무렵 SUDS는 1~2점이었고, 그녀는 "성적 관심에 대해 거절하는 것도 괜찮아요. 거절하고 나서 점점 더 편안하게 느껴져요"라고 말했다. 그녀는 배가 불편하다고 했다. 면담을 정리하면서 그녀는 아직 자신이 무슨 일을 경험했는지 모르겠지만, 갱들에게 강간당한 것처럼 생각된다고 했다. 그녀는 면담 후에 더 힘을 얻은 것처럼 느꼈다.

그녀는 다음 회기에서 말하기를 자신은 좀 더 안정적이었지만, 사교 모임에서 플래시백을 경험했다고 말했다. 플래시백 동안 그녀는 누군가가 자신을 만지는 것 같았고, 쿨럭거리는 소리를 내며 비명을 질렀다고 했다. 그녀는 두 명의 무서운 남자에게 인질로 잡혀가는 악몽을 꾸기도 했다. 꿈속에서 그녀는 두 남자와의 섹스에 동의하는 것만이 탈출할 수 있는 유일한 방법이라는 것을 알았다고 한다. 그녀는 그런 자신이 '창녀'처럼 느껴졌고, 구역질 나고 슬펐다고 한다. 그 꿈을 타깃으로 EMDR을 시작했다. 경련이 시작되었고 비명과 질식하는 듯한 증상을 보이기도 하다가, 어느 순간 그녀는 "뭔가 검은 것이 내 입에서 나와요. 뭔가 큰 게 내 목 안에 있어요"라고 말했다. 그녀는 공포와 분노를 동시에 표현했지만 시각 기억은 없었다. 그녀는 예전에 꾸었던 꿈 중에 살이 뜯겨 나간 개의 악몽을 떠올렸다. 그녀는 피 토하듯 비명을 질렀고, 몇 분 동안 흐느껴 울었다. 그녀는 개가 불쌍했고, 뭔가 책임을 느끼기도 했다. 그녀는 뭔가 무서운 것을 보는 듯한 느낌에 압도되었고 강한 제반응을 경험했다. 또 그녀는 공포 이상의 다른 무언가를 목격한 또 다른 꿈을 연상했다. 나는 안구 운동을 지속하면서 계속 진행하게 했다. 그녀는 신체 감각이나 감정 반응의 강도가 무척 강했음에도 불구하고 목격한 장면을 계속 인식할 수 있었다. 가끔 압도되는 것처럼 느끼기도 했지만 그녀는 떠오르는 내용이 무엇이든 간에 그것을 계속 관찰하고 있었다. 회기를 마칠 무렵, 그녀는 안전지대로 이동할 수 있을 정도로 편안한 상태였다.

그녀는 회기 이후 악몽을 꾸었는데 플래시백과 격한 분노를 느꼈다고 했다. 플래시백 속에서 그녀는 아시아에서 젊은 남자들에게 강간을 당했다고 했다. 우리는 그 꿈에 집중하여 EMDR을 진행했다.

안야는 꿈에 대해 이야기했다. "나는 해안 근처에 있어요. 차가 지나가고………. 오빠예요. 주차장으로 데리고 들어갔어요. 밴을 타고 있어요. 고급 호텔 방이에요. 나는 당황한 채 목욕 가운을 입고 있어요. 작고 뚱뚱하고 대머리인 남자가 나를 보고 있는 장면이 계속돼요. 내가 뭘 하든 그는 계속 거기 서 있고 그를 떨쳐버릴 수가 없어요. 택시를 타고 가는데, 그가 나를 따라와요. 그에게 총을 쏘지만 소용없어요. 이제 잡혔어요. 그는 나일론 끈으로 나를 묶어요. 팔을 감고 테이프로 입을 막았어요. 무섭고 무력해졌어요. 개 세 마리가 보여요. 그는 개를 시켜 나를 강간하게 만들려고 해요. 무기력해요. 어떻게 벗어나죠?

그때 난 잠에서 깼어요. 개들은 꼭 멍청한 아이들 같았어요. 정말 슬펐고 플래시백이 생겼어요. 왜 이런 짓을 하려 했을까요? 난 울었어요. 그리고 숨이 막히기 시작했어요. 무서웠어요. 숨을 쉴 수가 없었어요. 난 정말 창피했고 애인에게 이야기했어요. 별 관심이 없는 것 같았어요. 꿈을 꾸고 나서 애인이 내게 관심이 없는 것 같다는 느낌이 들었어요. 나는 상처받고 화가 났어요. 슬픔이 밀려왔어요. 난 울었고 분노가 치밀어 올랐어요. 잠을 잘 수 없었어요."

이렇게 강렬한 과정이 지속되는 동안에도 안야는 일상생활을 잘 꾸려 나갔다. 그녀는 마음속에 떠오르는 것들이 자신의 과거와 관련 있다는 것을 이해하고 확신했다. 그녀는 EMDR을 계속하고 싶어 했다. 우리는 그 꿈을 타깃으로 삼았다. 그녀는 플래시백이나 악몽 외에는 자신이 집단 강간을 당했다는 명확한 기억이 없었다. 꿈을 처리하기 위해 나는 꿈의 가장 고통스러운 부분을 물었다.

안야   난 꽁꽁 묶여 힘을 쓸 수 없어요. 할 수 있는 게 없어요. 난 개들에게 강간을 당할 거예요.

치료자   자신에 대해 어떻다고 생각하세요? (부정적 인지를 확인했다.)

안야   무기력해요.

치료자   '나는 힘이 있다'라고 한다면 1점에서 7점 중 어디에 해당되나요?

안야   2점이오.

치료자   어떤 감정이 드나요?

안야   공포, 경악, 분노요.

치료자   0점에서 10점 중 어느 정도로 고통스럽나요?

안야   9점이요.

치료자   몸 어디에서 느껴지나요?

안야   내 몸 중심에서요.

치료자   이미지를 떠올리세요. 그리고 '나는 무기력하다'라는 믿음과, 몸에서 느껴지는 감정과 느낌, 그리고 눈으로 불빛을 따라가세요. ▶◀▶ ◀▶◀ (그녀의 몸이 경련하기 시작했고, 숨소리가 거칠고 빨랐다. 겁에 질려 보였다. 그리고 어느 순간 비명을 질렀다. 그녀에게 뭔가 무서운 일이 벌어 지는 것 같았다. 나는 그녀에게 '이미 지난 일이다'라고 말하며 처리 과정을 계속하도록 했다. 이러한 극심한 제반응은 몇 분 동안 지속되었다.) 지금은 어떤가요?

안야   슬프고 화끈거려요. 메스꺼워요. ▶◀▶◀▶◀ (경련이 다시 시작 되었지만 그리 심하지는 않았다.)

치료자   지금은 어떤가요?

안야   좀 나아졌어요. 그 부분은 끝났어요.

치료자　무슨 일이 있었죠? (그녀가 경험한 것을 알고자 했다.)

안야　강간을 당한 것 같아요.

치료자　원래 장면으로 돌아가 보죠. 무엇이 떠오르나요?

안야　떠올리기가 힘들어요. 개들이 달라 보여요. 확실치 않아요. 으
르렁거리고, 아무것도 하지 않아요. 목 근처에 뭔가가 느껴져요. ▶◀▶◀
▶◀ 뭔가를 삼키는 장면이 보여요. 목 주위에 스카프가 있어요. (그녀는
이때 어떤 정서 반응도 보이지 않았다. 그래서 우리가 처음 시작한 꿈의 장
면으로 돌아가 보도록 했다.) 다시 바뀌었어요. 나는 하늘 위에 있고, 개
들은 저 아래에 있어요. 저를 보며 짖고 있어요.

치료자　어떤 기분이 드나요?

안야　괜찮아요. 위험하지 않고, 나를 따라올 수 없어요. ▶◀▶◀▶◀
좀 편해지고…… 위험하지 않아요. 꿈의 장면이 떠올라요. 예전의 남자
친구예요. 땀을 흘리고 있어요. 그는 나를 봐서 반가운데 퇴짜 맞은 기
분이 들어요. ▶◀▶◀▶◀ 나의 첫 남자 친구에게 돌아갔어요. 그리고 아
버지, 오빠……. 난 땀이 싫어요. 하지만 위험하지는 않아요. (이것은 그
녀에게 중요한 통찰이었다. 왜냐하면 그녀는 땀에 심한 거부감이 있었고, 그
것은 플래시백과 감정적 고통을 안겨주었기 때문이다. 나는 꿈과 관련된 고
통이 사라졌다는 것을 확실히 해두고 싶었고, 타깃에서 멀어지지 않도록 다
시 원래의 이미지로 돌아가 보도록 했다.) 개들이 사라지고 있어요. 개들

이 있었던 블랙홀이 보여요. 내 팔과 가슴에 묶인 나일론 끈이 느껴져요. ▶◀▶◀▶◀ 묶인 것처럼 느껴지지 않아요. 끈이 사라졌어요. 끈에서 풀려났어요. 화가 나요. 끈이 풀리고 떨어졌어요.

치료자　원래의 장면으로 돌아가 보면, 지금은 어떤가요?

안야　위험하지 않아요, 개도 없고, 끈도 없고……. 난 춤을 추고 있어요! 기분이 좋아요!!

치료자　(이미지가 많이 바뀌었고 고통스럽지 않았기 때문에 나는 꿈의 나머지 부분을 검토해보기로 했다.) 꿈의 첫 부분부터 돌이켜보고 고통스러운 부분이 없는지 한번 보세요.

안야　그렇게 힘들진 않아요. 오빠는 꿈에서 뭐 하는 거지?! ▶◀▶◀ ▶◀ 오빠가 나오는 두 가지 꿈이 더 있어요. 내가 싫어하는 오빠의 친구가 있는데, 입이 가볍고 비열해요. 오빠에게 화가 나고 그 친구 녀석에게도 화가 나요. 배가 아파요. ▶◀▶◀▶◀ 편안해요. 나는 화가 나 있어요. 그는 쓰레기 같은 존재예요. ▶◀▶◀▶◀ 재수 없는 놈, 비열한 놈. 시간 낭비하기 싫어요.

치료자　어떤 느낌이 들죠?

안야　머리가 아파요. 하루 종일 그랬거든요.

치료자　꿈속으로 돌아가 봅시다. 뭐가 떠오르나요?

안야　그 사람은 더 이상 위협적이지 않아요. 난 그 사람을 발로 차고 있어요. 오히려 우스워요. 그냥 형태만 남아 있어요. 나는 그의 목을 묶고, 그를 비웃고, 개들이 그에게 오줌을 싸게 해요. ▶◀▶◀▶◀ 이미지가 사라졌어요. 개들이 캉캉을 추고 있어요. (그녀는 웃었고, 새로운 이미지에 기뻐했다. 나는 그녀에게 꿈을 돌아보며 다른 힘든 부분은 없는지 보게 했다. 그녀는 없다고 했다.)

치료자　이 이미지 속에서 당신은 자신을 어떻다고 생각하나요? (긍정적 인지를 확인했다.)

안야　나는 강하다. (긍정적 인지 주입) ▶◀▶◀▶◀ 나는 스스로를 돌볼 수 있다. (또 다른 긍정적 인지가 나타났고, 이것도 주입했다.) ▶◀▶◀▶◀ (우리는 회기를 정리했고 처리 중에 어땠는지를 물었다. 그녀는 스스로 청년 갱들에 의한 강간을 처리해냈다고 느꼈다. 그녀는 여전히 어떤 일이 있었는지 기억해내지 못했지만 많이 편안해졌다.)

다음 시간에 안야는 지난 회기 이후 크게 변했는데, 더 이상의 악몽이나 플래시백은 없었고 '깨끗해졌다'고 했다. 애인과도 좀 더 가까워진 것처럼 느꼈다. 그러나 아직 성적으로는 차단된 느낌이 있었다.

나는 수개월간 꿈과 증상에 집중해 안야를 치료했다. 처리 과정은 신체 감각적인 내용과 함께 심한 제반응이 동반되었고, 시각 기억은 거의 없었다. 명확한 시각 기억이 없었지만 그녀는 호전되었고 증상이 줄어들었다. 치료를 마칠 무렵에는 애인과 더 가까워질 수 있었고, 애인과의 스킨십을 즐길 수 있게 되었다. 그녀는 성적인 행위를 점차 편안하게 받아들였다. 더 이상 공포와 격노, 악몽이나 플래시백에 시달리지 않았고, 내적인 상태도 꽤 안정되었다. 그녀는 중요한 일을 마친 듯한 느낌을 느끼며, 언제든 필요하면 다시 치료를 받으러 돌아올 수 있다는 것을 염두에 두고 치료를 마쳤다.

사라진 조각 맞추기: 지나의 사례

지나는 10여 년간 지속된 폭식증 때문에 나를 찾았다. 첫 면담에서 자신에게 늘 음식과 관련된 문제가 반복되었다고 했다. 낮은 자존감, 섹스 혐오감, 남자와의 혼란스럽고 불만족스러운 관계 등으로 힘들어했다. 남편을 사랑했지만, 그와의 섹스는 꺼렸고, 그러면서도 결국엔 '굴복'하고 속상해했다. 그녀는 "난 거절할 수가 없어요. 난 항상 남들의 시중을 들어야만 해요"라고 했다.

지나는 밤마다 심한 불안에 시달렸는데, 어렸을 때 정원사에게 성희롱을 당한 것과 연관이 있다고 생각했다. 정원사는 부모가 없을 때 그녀의 방에 들어와 성적인 '놀이'를 하곤 했다고 한다. 부모에게 이야기하지 않았지만, 무슨 이유에선지 1년 후 해고당했다고 했다.

지나는 동유럽에서 태어났는데 미혼모인 어머니가 그녀를 고아원으로 보냈으며, 네 살 때 미국인 부부에게 입양되었다. 여동생도 입양된 아이였다. 고아원 시절의 기억은 거의 없고, 종종 배가 고팠던 기억이 있을 뿐이었다.

첫 EMDR 회기에서 그녀는 최근의 악몽을 어린 시절 정원사와의 무서운 경험과 연관 지었다. 나는 꿈과 연관된 기억을 물었고 그녀는 다음과 같이 이야기했다.

지나　네댓 살 때쯤이었어요. 침대에 누워 있었고 부모님은 없었는데 그렇게 어둡진 않을 때였어요. 그는 내 왼쪽에 서서 큰 성기를 꺼내 내 손으로 만지게 했어요. 그리고 그는 나의 성기를 만졌어요. 그는 침대로 들어오지는 않았고 삽입하지도 않았어요. 여동생은 다른 침대에 있었어요. 그는 매우 덩치가 컸는데, 해고될 때까지 계속했어요.

치료자　EMDR을 시작하기 전에 먼저 안전지대를 찾는 게 좋겠군요. 당신이 완전히 안전하게 보호받는 곳을 상상해보세요. 눈을 감고 그런 장면을 찾아보겠어요? 찾으면 말해주세요. (지나는 눈을 감았고 몇 분 동안 편안해보였다.)

지나　엄마 돌고래와 아기 돌고래와 함께 수영하는 장면이에요. 모든 것에서 생기가 느껴져요. 아주 안전하게 느껴져요.

치료자　네, 좋습니다. 지나, 당신은 언제든 처리 과정을 멈출 수 있고 안전지대로 돌아올 수도 있습니다. 그냥 내게 알려주기만 하면 됩니다. 이제 시작해보겠습니다. 당신의 기억 중에 가장 안 좋은 장면은 무엇인가요?

지나　내 앞에 있는 큰 성기요. 도망치고 싶은데 안 돼요.

치료자   자신을 어떻다고 생각하세요?

지나   남자들은 그걸 할 수 있지만, 나는 아무것도 할 수 없다.

치료자   당신이 어떻게 되기를 바랍니까?

지나   이제는 내가 조절할 수 있다.

치료자   기분이 어떤가요?

지나   불안하고 무기력해요. 아래쪽에서 느껴져요. 성기랑 배에서
요. 에너지가 거기 집중되어 있어요. 구역질이 나요. (나는 점수를 매기
지 않았다. 왜냐하면 지나는 자존감이 낮고 수행 불안이 타깃 기억을 처리
하는 데 방해될 수 있을 거라 생각했기 때문이다.)

치료자   그래요. 지나, 이미지와 감정, 신체 감각 그리고 '남자들은 그
걸 할 수 있지만 나는 아무것도 할 수 없다'라는 생각을 떠올려보세요.
그리고 제 손가락을 보세요. 아무것도 거르지 말고 무엇이든 떠올려보
세요. ▶◀▶◀▶◀ 네. 눈을 감고 심호흡을 하세요. 무엇이 떠오르는지 말
해주세요.

지나   내가 어딘가에 있는 것 같아요. 그 사람은 보이지 않아요. 완
전히 다른 데 있는 것 같아요. 아무 느낌도 없는 것처럼 공허해요.

치료자 그대로 가세요. ▶◀▶◀▶◀

지나 (그녀는 몇 분 동안 울기 시작했다. 나는 그녀가 계속하도록 격려했다. "다 지난 일이에요.") 어두워요. 무서워요. ▶◀▶◀▶◀

치료자 지금은 어떤가요?

지나 어둡고 혼란스러워요. 마비된 것 같아요.

치료자 그 느낌을 따라가세요. ▶◀▶◀▶◀ (안구 운동을 하면서 그녀는 몇 분 동안 울며 제반응을 보였다.) ▶◀▶◀▶◀ 지금은 어떤가요?

지나 (울음과 함께) 그가 나를 덮친 것 같은데 난 거기에 없는 것 같고, 그의 얼굴이 보여요. 다른 이미지도 있었어요. 난 어두운 방에 있고 아무도 보이지 않아요. 문이 열리더니 곧 닫혀요. 두 이미지가 겹쳐요. 공허함이 느껴져요. 마루에 앉아 있고 공허해. 난 울지 않고 아무 느낌도 없어요.

치료자 그 이미지와 공허감을 따라가세요. ▶◀▶◀▶◀

지나 상자 안에 갇힌 것처럼 텅 빈 공간 속으로 점점 더 깊이 들어가요. 거기 안팎에는 아무것도 없어요. (나는 여기서 길을 잃은 느낌이 들었다. 지나가 무엇을 처리하고 있는지 알 수 없었다. 그래서 원래의 이미지가 변했는지 보기로 했다.)

치료자   처음 시작했던 원래의 이미지를 떠올려보세요. 지금은 무엇이 떠오르나요?

지나   무서워요. 내가 소리 내지 못하게 그 사람이 손으로 입술을 누른 채 나랑 놀기를 계속해요.

치료자   지금은 당신 자신에 대해 어떤 생각이 드나요? (거기서 어떤 일이 벌어지는지 알기 위해 인지적인 부분을 물었다.)

지나   내 몸이 싫어요.

치료자   네, 이미지와 그 믿음을 따라가세요. 안구 운동을 좀 더 하겠습니다. ▶◀▶◀▶◀

지나   그 사람이 나를 덮쳐서 숨이 막혀요. 그가 가버렸으면 좋겠어요. ▶◀▶◀▶◀ 나는 다시 떠다니는 것 같고 어두워요. 아무것도 없는 것 같아요. (기억이나 기억에 대한 반응에 해리를 보이는 것처럼 들렸다.)

치료자   어떤 느낌이 드나요? (그녀의 몸으로 돌아오도록 하기 위한 질문이었다.)

지나   기분이 좋아요. (몸 밖에서 떠다니는 느낌.)

치료자   왜 그렇죠?

지나   아무것도 할 일이 없어요. 그냥 기분이 좋아요. (여기서 나는 다시 그녀가 타깃으로 돌아오도록 했다.)

치료자   원래의 이미지를 떠올리면 지금은 무엇이 떠오르나요?

지나   내 안에 저항이 느껴져요. 머리가 아파요. (무엇이 일어나고 있는지 알 수가 없었다. 이미지도 없고, 인지 내용도 없었다. 그래서 자신에 대해 어떻게 생각하는지를 물었다.) 난 아무것도 아니에요. 나는 내가 누군지 몰라요. (그녀는 현실로 돌아왔다.) 살기 위해서 나는 아무것도 아닌 존재가 되었어요.

치료자   그대로 가세요. ▶◀▶◀▶◀

지나   그녀가 울어요. (지나의 상상 속에 보인 어린 자아를 의미했다.) 침대에서 울고 있어요. 그녀에게 다가가고 싶은데 할 수 없어요. 내 가슴에 공허함이 느껴져요. (여기서 나는 내적, 외적 자원을 개입하여 지나의 어린 자아를 위해 돌봐주는 인물을 불러오는 것이 필요하다고 생각했다. 왜냐하면 지나의 성인 자아는 그럴 만한 능력이 부족했기 때문이다.)

치료자   그 아이를 편안하게 해줄 사람이 있을까요?

지나   (그녀는 바로 대답했다.) 수전이오. 내 친구 수전이 할 수 있을 거예요.

치료자 그대로 가세요. ▶◀▶◀▶◀

지나 수전이 그 아이를 안고 있고, 그 아이는 울고 있어요. 나는 그 아이와 함께해주지 못할 것 같아요. 그러고 싶지만 그럴 수가 없어요.

치료자 왜 못하죠?

지나 아직은 그 아이를 도울 수가 없어요. (그녀의 성인 자아는 아직 어린 자아를 돌볼 준비가 되어 있지 않았다. 그렇지만 잠재력은 있었다.) 아이가 잠들었어요. ▶◀▶◀▶◀ 꼭 그림을 내려다보는 기분이에요. 수전이 아이를 안고 있는 장면을요. 평화로운 느낌이에요. 꼭 내가 천국에서 아래를 내려다보고 있는 것 같은 기분이에요. 나는 자주 내 몸에서 빠져나오는 것 같아요. (지나는 이 점을 인식하고 있었다.) ▶◀▶◀▶◀ 아무 말도 할 수 없었기 때문에 내가 고통을 느끼지 않으려면 뭔가를 중단해야 했어요. ▶◀▶◀▶◀ 그땐 아무것도 표현할 수 없었어요. 난 어렸고, 덩치 큰 남자가 위협하고 있었으니까요. 하지만 이젠 표현할 수 있어요! (자발적인 긍정적 인지) ▶◀▶◀▶◀ 긴장이 사라지고 가슴속에 어떤 기운이 돌아오는 듯한 느낌이에요. 에너지가 가슴속으로 밀려와 확산되는 것 같아요.

회기를 마칠 시간이 거의 되었다. 지나는 매우 만족했고, 그녀의 몸으로 돌아온 상태였다. 이번 회기를 통해 그녀는 많이 회복되었다. 회기 중에 무엇을 얻었는지 이야기하던 중에 그녀는 자신이 살아오면서 늘 자신의 몸에서 벗어나 공황 상태에서 지내왔고, 그 때문에 폭식과 구토가 계속됐다는 것을 알게 되었다. 정원사가 자신의 몸 위에 있던 장면을 떠올림으로써 그녀는 왜 남편이 잠자리에서 자신의 몸 위에 올라가는 게 싫었는지 알 수 있었다.

이번 회기는 매우 강렬하면서도 모호한 점도 많았다. 나로서는 확인이 필요했고, 자주 타깃으로 돌아오도록 했다. 이렇게 함으로써 그녀는 타깃에 집중할 수 있었고, 처리 중에 떠오른 것들을 더 잘 다룰 수 있었다. 회기 중에 떠오른 모호한 신체 기억은 다음 회기에서 더 뚜렷이 나타났고, 연관된 시각 기억이 함께 나타나곤 했다.

다음 시간에 지나는 남편과의 관계에 대해 많은 이야기를 했다. 지난 EMDR 회기 이후 자신의 현재 행동과 과거 사건의 연관성을 찾아볼 수 있었다고 했다. 그녀는 자신이 사람들 사이에서 불안정하게 느끼는 감정을 말했다. 그녀는 뭔가 불편했고 자신의 존재에 대한 확신이 없었다. 오히려 그녀는 자신이 보살핌을 받는 것보다는 남들을 챙겨주는 것이 더 편하다는 것을 알게 되었다.

나는 그녀에게 정원사와의 장면을 떠올리도록 했다. "정원사가 거기 있어요. 내 모습은 보이지 않아요. 어두워요. 그가 가버렸어요. 가슴 윗부분이 허전해요. 뭔가 무겁고 기운이 없어요." 뭔가 신체 기억이 떠오르는 것 같았다. 나는 그녀에게 자신에 대해 어떤 생각이 드는지 물었다. 그녀는 그 장면을 떠올리며 답하기를, "난 아무것도 아니에요"라고 했다. 그리고 안구 운동을 시작했다. 기억 네트워크가 자극된 상태였기 때문에 긍정적 인지와 점수를 확인하는 과정이 오히려 방해가 될 것 같아 생략했다.

지나　▶◀▶◀▶◀ 아직 어두워요. 난 깔려 있어서 움직일 수가 없어요. 뭔가에 갇혀 있는 것 같아서 숨도 쉴 수가 없어요. 마비된 것 같아요. 터져 버릴 것 같아요. 산소가 부족해요. (다른 무언가와 연결된 또 다른 기억이 떠오른 것 같았다. 기본적으로 신체 기억이며 이미지는 없었다. 우린 무슨 일이 벌어진 건지 알 수 없었다. 우린 모두 암흑 속에 있었다.) ▶◀ ▶◀▶◀ 지금은 밖에 있는 것 같아요. 어두워요. 무슨 소리가 들리는데 난 길을 잃고 다친 것 같아요. 무서워요. (지나는 울기 시작했는데, 목소리로 볼 때 어린아이의 기억 속에 있는 것 같았다.) ▶◀▶◀▶◀ 모두 조용히 해야 해요. 그렇지 않으면 그들이 나를 데려다가 해칠 거예요. 사람들이에요. 그들이 해칠 거예요. (그녀는 겁먹은 것 같았다.)

치료자   몇 살이지요? (나는 그녀에게 방향을 잡아주고, 기억 속에서 무슨 일이 일어나고 있는지 알고자 했다.)

지나   아주 어려요. ▶◀▶◀▶◀ (지나는 아주 강렬한 제반응을 보였다. 울며 숨을 몰아쉬다가 기침을 하고 구토를 했다. 나는 그녀에게 안구 운동을 하게 하면서 모두 지난 일이니 그냥 흘려보내라고 부드럽게 격려해주었다.)

지나   남자 아이들이 나를 붙잡고 못살게 굴었어요. 한 녀석이 그녀의 입을 막고 있고 나머지는 성폭행을 하고 있어요. ▶◀▶◀▶◀ (그녀는 울기 시작했고, 다시 제반응을 보이다가 멈췄다.) 지금 어디론가 가고 있는 것 같아요. 날고 있어요. (그녀는 해리를 보이고 있었다. 이는 강렬한 느낌에 대한 그녀의 방어였다.) ▶◀▶◀▶◀ 내가 날고 있는 것 같아요. 고통도 없고, 기분이 좋아요. 그대로 있고 싶어요.

치료자   원래의 장면으로 돌아가봅시다. 지금은 무엇이 떠오르는지 말해보세요.

지나   죽을 것 같아요.

치료자   무슨 일이 일어났나요?

지나   내가 죽었어요.

치료자   무슨 뜻이죠?

지나   모두 죽었어요.

치료자   그게 무슨 뜻인지 말해줄 수 있나요? (무슨 일인지 이해하고자 하였다.)

지나   여자 아이가 죽었어요.

치료자   죽은 게 확실해요?

지나   아이가 상자 안에 있는 것 같아요. 그 아이는 움직일 수가 없어요. 나오려고 하는데 안 돼요. (여기서 나는 그녀가 맴돌기 현상을 보이며 차단되어 있다는 것을 알 수 있었다. 어린아이는 상자 같은 것에 갇혀 있다. 그녀는 갇혀 있고 달아날 곳이 없다는 차단 믿음을 보이고 있었다. 그녀가 상자에서 나오려면 내적, 외적 자원의 개입이 필요했다.)

치료자　누가 당신을 상자에서 꺼내줄 수 있을까요? (그녀는 곧바로 대답했다.)

지나　언니가 해줄 수 있을 거예요!

치료자　그렇게 생각해보세요. ▶◀▶◀▶◀

지나　이제 숨을 쉴 수 있어요!!! 무거운 느낌이 사라졌어요. (그녀는 몇 차례 심호흡을 했다.) ▶◀▶◀▶◀ 이제 한결 가벼워졌어요. 긴장을 했더니 온몸이 쑤셔요.

치료자　지금은 자신이 어떻다고 생각하나요?

지나　그 아이는 무섭고 암담했어요. 많은 걸 참고 있어요. 그 아이는 울지 않고 소리 지르지 않으려고 참느라 온몸이 긴장돼 있어요. 만약 감정을 표현하면 더 힘들어지고 상처받을 테니까요. 그들이 때리기도 할 테고요. (시간이 다 되어 나는 회기를 마치고자 했다. 자신의 감정을 표현하면 곧 벌을 받게 된다는 식의 관점을 버리기 위해서는 그녀가 안심하면서 자신을 표현할 수 있게 하는 것이 중요했다. 그래서 나는 전망을 연결하는 개입을 하기로 결정했다. 그녀의 성인 자아는 자신을 표현해도 지금은 안전하며 과거에 안전하지 않았을 뿐이라는 것을 알게 되었다.)

치료자 자신을 표현하는 게 과거엔 안전하지 못했지만 이제는 안전하다는 게 사실인가요?

지나 네, 사실이에요.

치료자 그 점을 생각하세요. ▶◀▶◀▶◀

지나 기분이 좋아요.

그녀는 마치 자신이 머무르기에 좋은 장소에 있는 것처럼 느껴진다고 했다. 그녀는 평온하고 강해 보였다. 회기를 정리하는 중에 지나는 EMDR 처리 과정에서 자신이 기억해냈던 것들을 설명했다. 그 기억들은 고아원 시절의 것들이었다. 고아원에는 아이는 많고 돌봐줄 어른이 적었기 때문에 밤에는 큰 남자 아이들을 남겨두었다. 남자 아이들이 어린아이들을 신체적, 성적으로 학대했다. 남자 아이들은 그녀를 벌준다면서 트렁크 안에 넣기도 했다. 침대에 소변을 보면 추운 밖으로 내쫓기도 했다. 떠오른 기억 중 하나는 소년들이 그녀를 밖으로 끌어냈을 때 그녀가 도망쳐 숨어 있던 기억이었다. 들키지 않으려고 조용히 아무 말도 하지 않고 숨어 있어야만 했다. 이런 기억들은 그녀 인생의 사라진 조각들처럼 느껴졌고, 그녀의 증상과 믿음에 대해 많은 부분을 이해할 수 있게 해주었다.

개입의 사용: 테레사의 사례

테레사는 남편과의 심각한 문제 때문에 치료를 받으러 왔다. 그녀는 남편에게 증오를 투사하고 친밀감을 피하고 있었는데, 이런 행동들은 어린 시절 근친상간 때문이라고 했다. 불안과 공포로 괴로워했고, 근친상간 기억을 작업하는 것을 두려워해 수년간 피해왔다. 테레사는 감정적으로 안정되어 있었고, 좋은 직업과 여성들과의 친한 우정을 유지하고 있었으며, 약물이나 알코올 남용의 과거력은 없었다.

테레사는 혼란스럽고 불안정한 가톨릭 집안에서 성장했다. 알코올 중독자인 아버지는 두 오빠들을 포함해 자녀들을 수차례 성폭행했다. 특히 당시 15세였던 오빠 중 하나는 3세인 그녀를 성폭행했다. 테레사는 어머니를 모든 자녀를 적절히 돌봐줄 수 없는 희생자로 기술했다. 대가족과 혼란 속에서 테레사는 주의를 끌지 않고 눈에 띄지 않아야 한다고 느끼며 성장했다. 그녀는 어머니와 여름에 함께 지내는 숙모와 삼촌에게서 사랑받는다고 느꼈다.

테레사는 나와 작업하고 싶어 하는 주제들이 많았는데, 근친상간과 관련된 안전하지 않다는 느낌, 경계 침범의 느낌과 그것이 가져오는 상처와 분노, 관심을 받지 못하고 사물이 된 것 같은 느낌들이었다.

다음은 개입의 사용을 보여주는 두 회기다. 이 중 앞 회기에서 우리는 오빠에 의한 성폭행을 작업했다. EMDR 회기의 타깃 이미지는 주로 오빠가 그녀를 괴롭히기 위해 데리고 간 지하실에서의 장면이었다. 오빠가 거기서 그녀를 수차례 성폭행했기 때문에, 그녀가 선택한 장면은 오빠가 그녀를 성폭행한 모든 시간들을 대표하는 합성물이었다. 진행하면서 서로 다른 사건들의 여러 요소들이 나타났으나 주제, 감정, 신체 감각, 사고는 모두 같았다.

　　EMDR을 시작하기 위해 나는 테레사에게 오빠가 그녀를 성폭행하는 지하실 장면을 떠올리도록 요청했다.

치료자　어떤 걸 느끼죠?

테레사　역겹고, 안 좋아요. 난 성관계를 싫어하고, 성관계가 저속하고 사람들에게 상처 준다고 생각해요. 이기적이에요. 온몸의 느낌이 역겨워요. 나는 아파요. 나는 어떤 성sexuality도 없어요. 나는 그걸 원치 않고 필요로 하지 않으며, 그건 나빠요. (테레사는 매우 자의식이 강한 편이었고, 자신의 느낌을 연결하는 것을 어려워했다. 나는 긍정적 인지를 찾거나 점수 매기는 것을 하지 않았는데, 처리 과정을 방해하고 우리의 치료적 동맹을 해칠 것이라는 염려 때문이었다. 외상의 기억 네트워크는 이미지, 부정적 인지, 감정, 신체 감각 등을 떠올렸다. 우리는 라이트 바를 사용하여 안구 운동을 시작했다.)

테레사　▶◀▶◀▶◀ 내 내부가 수축하고 방어적이 되는 걸 느껴요. 내 위가 조여요. ▶◀▶◀▶◀ 그게 사라졌어요. 메스꺼워요. ▶◀▶◀▶◀ 나는 정말 어렸어요. 나는 너무 어렸고 이걸 하기 원치 않았어요. 큰오빠였기 때문에 그를 기쁘게 해주고 싶었어요. ▶◀▶◀▶◀ 뜨거워요.

치료자　원래의 장면으로 돌아가 보죠. 지금 어떤 게 떠오르죠?

테레사　나는 거기에 덜 연연해하고 있는 것 같이 느껴져요. 나는 오빠가 얼마나 어렸는지 알아요. ▶◀▶◀◀ 그의 모습과 그가 자신의 옷을 벗을 때의 두려움. 나는 신체 느낌을 느껴요. ▶◀▶◀◀ 내 몸이 뜨거워요. ▶◀▶◀◀ (테레사는 괴로워하기 시작했다.) 나는 부서지고 있다고 느껴요. 내가 여전히 살아 있나요? ▶◀▶◀◀ 내 위에 무게가 느껴져요. 나는 내 몸을 떠났고 돌아와서 내가 여전히 거기 있다면 내가 죽어가는 게 아닌가 생각해요. (그녀의 작은 몸은 그녀의 오빠가 성교했을 때 그의 몸에 의해 부서졌고, 그녀가 그녀의 신체를 떠나도록 유발했다.) ▶◀▶◀◀ 나아졌어요. 날 침투할 수 없어요. 당신은 날 가질 수 없고, 나는 여기에 있지 않아요. 난 너무 행복했고 떠날 수 있었어요. ▶◀▶◀◀ 여기 있는 것은 안전하지 않아요. (신체에 있는 것) ▶◀▶◀◀ 희미하게, 그는 내게 아무에게도 이야기하지 말라고 말하고 있어요.

치료자   자신에 대해 어떻게 믿고 있나요?

테레사   나는 보이지 않고 무력해요. 나는 보이지 않는 게 확실하고, 그게 그가 내게 이럴 수 있는 유일한 이유예요. 나는 존재하지 않아요. (나는 이 부정적인 인지가 변하지 않고, 그녀가 이를 확신하고 있음을 알 수 있었다. 그녀는 성인의 관점을 잃고 아이에 머물러 있었다. 그녀는 괴로워하지 않는 게 분명한데, 이는 그녀가 자신의 신체에 없기 때문이다. 내담자가 해리된 상황에서 회기의 종료를 결정하기 위해 SUDS를 측정하는 것은 무의미했다. 시간이 거의 다 되어, 나는 차단된 처리 과정의 장애물을 제거하기 위해 관점을 연결하는 인지적 개입을 했다.)

치료자   당신은 보이지 않는 게 아닌데, 자신을 보이지 않는 것처럼 다루는군요. 그때는 당신의 몸에 있는 것이 안전하지 않았지만, 지금은 안전해요.

테레사   맞아요. 그게 옳아요. (나는 이게 그녀에게 진실인지 알고 싶었다. 만약 그녀가 여전히 자신의 신체에 있는 것이 안전하지 않다고 믿으면 어떡하나? 그렇다면 나는 그녀에게 진실이 될 다른 것을 찾아야 했다.)

치료자   '내가 보이지 않는 게 아니었고, 내가 보이지 않는 것처럼 나를 다루었다' 그리고 '그때는 내 몸에 있는 것이 안전하지 않았지만, 지금은 안전하다'고 생각해보세요. ▶◀▶◀▶◀

테레사   나는 처음으로 내 몸에 내가 있는 것을 느낄 수 있어요! 나는 전에 내가 내 몸에 있지 않았다는 걸 몰랐어요. ▶◀▶◀▶◀ 내 몸에 있기에는 그게 너무 강렬했어요. (그녀는 놀란 표정이었다.)

테레사는 자신이 신체에 있다는 것에 깜짝 놀랐다. 그것은 마치 그녀가 자신의 신체 주변을 선회하다가 불쑥 들어간 것 같았다. 이 보고를 듣고, 나는 그녀에게 그녀의 어린 자아를 확인하고 어떤 상태인지 보도록 했다. 그다음 그녀는 안전지대에 머물러 있는 자신을 상상했고 안전하다는 느낌을 확실히 했다. 테레사는 자신의 신체 현상에 깜짝 놀라며, 그것이 그녀 삶에 어떤 영향을 미칠지 보는 것에 기대하며 회기를 떠났다.

다음 주에 테레사가 왔을 때, 그녀는 지난 회기 이후 일어났던 변화를 말하며 흥분했다. 그녀는 신체적으로 다르게 느꼈고 사람들과 더 현재에 있음을 느꼈다. "나는 내 몸을 다르게 느꼈어요. 더 중심에서 나와 함께 있어요. 내가 더 보이고 견고하게 느껴졌어요. 나는 더 자신 있게 사람들을 대할 수 있어요. 나 자신을 더 용서하고 더 진실되게 느껴요." 그녀는 안전하고 강해지는 꿈을 꾸었다고 보고했다. 또한 자신의 신체 기능을 더 잘 깨닫게 되었다. 회기 전에 그녀는 화장실도 안 가고 먹지도 않으며 하루를 보냈었다. 자신의 몸에 통합된 결과, 그녀는 자신을 더 잘 돌보고, 규칙적으로 식사하며, 신체 욕구에 따라 화장실도 가게 되었다. 남편은 그녀가 해방된 것 같다고 말했다.

EMDR을 시작하기 전에 우리는 오빠에게 성폭행을 당하면서 지하실에 있는 지난 회기의 장면을 확인했다. 그녀는 "그것에서 거리를 느껴요. 평평하고 덜 강렬해요. 컬러보다는 회색이에요"라고 말했다. 내가 그녀의 신체에서 무엇을 느끼는지 물었을 때, 그녀는 여전히 위와 가슴에서 두려움을 느낀다고 말했다. 나는 남아 있는 신체 감각에 집중하면서, 오빠와의 장면을 계속 처리하기로 결정했다.

테레사 ▶◀▶◀▶◀ 긴장되고 두근거려요. ▶◀▶◀▶◀ 내 위가 타는 것 같고 가슴이 조여요. 나는 '그녀'에게 일어나는 것에 관련된 느낌들을 불신해요. (여기서 '그녀'는 어린 자아를 말한다.) ▶◀▶◀▶◀ 그 느낌들이 약간 사라지기 시작해요. (그녀는 남편과 이번 주말에 2년 만에 처음으로 성관계를 가지려고 노력했으나, 긴장하고 억제되어 그만두었다고 했다. 그녀는 아직 준비되지 않았다.) 나는 자신을 억제하고 있어요. ▶◀▶◀▶◀ 이것이 내가 자신을 억제하는 방식이에요. 낯익어요. 안전하지 않아요. 정신적 구속을 자유롭게 할 만큼 안전할 수 있을까요?

치료자 정신적 구속을 놓아주는 것을 상상해보세요. (이것은 무언가

가 어떨지 확인하도록 허락하는 이미지 개입이다.) ▶◀▶◀▶◀

테레사 슬프고 일시적이라고 느껴지지만, 그렇게 하는 것이 가능할 수도 있겠어요.

치료자 지금 당신의 신체에서 어떤 것이 느껴지나요?

테레사 내부가 수축되어 있어요.

치료자 계속 갑니다. ▶◀▶◀▶◀

테레사 내가 매우 위축되고 내부에서 끌어당기는 소녀 때의 느낌이 기억나요. 혼자 있을 때 더 안전하다는 기억이 있어요. 소녀가 잔디밭을 걷고 있는데, 그녀는 위축되지 않아요. ▶◀▶◀▶◀ 주위에 다른 사람들이 있으면 난 자의식이 매우 강하게 느껴져요. 어렸을 때 난 긴장되었고, 내가 나쁘다고 느꼈어요. 내게 뭔가 문제가 있는데…… 동시에 난 그것을 믿지 않았어요. (침묵) 혼자 있을 때 기분이 더 나아져요. ▶◀ ▶◀▶◀ 주의를 딴 데로 돌리고 나 자신을 느낌들로부터 편안하게 하고 싶어요. 아이였을 때, 아무도 날 돌보지 않는다는 느낌에 대처하기 위해 음식을 이용했고 다른 사람들에게서 도망쳤어요. 난 내가 원하는 것을 가질 수 없을 거예요. ▶◀▶◀▶◀ (안구 운동 세트 동안, 테레사는 제반응하기 시작했다. 숨이 가빠지고 고통스러워 보였다. SUDS가 증가하는 게 분명했다. 감정이 슬픔에서 공포로 바뀌었다.) 갇히는 것에 두려움을 느껴요. 오빠와 있는 상황에서 공포를 느끼고 누군가가 날 보고 있는 것 같아요. 그걸 하는 내가 나빠서…… 내 책임인 것 같아요. (이 시점에서 나는 그녀의 성인 자아가 아는 것과 어린 자아의 왜곡된 관점을 연결하는 인지적 개입을 하는 것이 필요하다고 느꼈다. 어린 자아는 부적절한 책임을 갖고 있었다.)

치료자　　당신은 몇 살이죠?

테레사　　나는 두 살, 세 살, 네 살이에요.

치료자　　오빠는 몇 살이었어요? (나는 그녀의 오빠가 그녀보다 나이가 많고 책임져야 하는 사람이라는 것을 깨닫도록 시도했다. 그녀의 성인 자아는 이것을 알고 있었으나 어린 자아는 몰랐다.)

테레사　　그는 열두 살, 열세 살, 열네 살이에요.

치료자　　누가 더 잘 알아야죠?

테레사　　그예요. (그녀는 성인과 아이의 기억 네트워크 사이를 연결하면서 오빠에게 책임이 있다는 것을 깨달았다.)

치료자　　그것을 생각하세요. ▶◀▶◀ (우리는 두 개의 기억 네트워크를 연결하기 위해 안구 운동을 추가했다.)

테레사　　나 자신이 신체에 가라앉는 것을 느낄 수 있어요. 오빠도 아

338

버지의 희생자였어요. ▶◀▶◀▶◀ 아버지는 얼간이에요. 희생자와 가해자의 집안이고, 그게 전해 내려왔어요. 슬프고 절망적이고 우리는 뒤죽박죽이에요. 오빠와 아빠의 관계가 슬퍼요. (그녀는 오빠가 아버지에게 성추행당한 것을 회상하고 있었다. 그녀는 가족력에서 학대자와 희생자의 긴 사슬을 볼 수 있었다.) ▶◀▶◀▶◀ 내 다리가 뜨겁고 위가 이상하게 느껴져요.

치료자 누구에게 성 학대의 책임이 있죠? (나는 그녀에게 그 아이는 학대의 책임이 없었다는 것을 명확히 하고 싶었다.)

테레사 오빠와 아버지예요. ▶◀▶◀▶◀ 어머니를 생각해요. 내 일부는 그들이 아이를 가질 자격이 없다고 느껴요. 그들이 혼란스럽고 자신들의 욕구를 만족시키지 못한 것은 내 잘못이 아니었어요. (부모에게) 내가 태어난 건 내 잘못이 아니니 꺼져버려! ▶◀▶◀▶◀ 뜨겁고 미칠 것 같아요. 무의식적으로 얼마나 많은 굴욕을 겪으면서 참아왔는지. ▶◀▶◀▶◀ 나는 결코 그들에게 화낼 수 없었어요. ▶◀▶◀▶◀ 그들에게 정신 차리고 당신들이 하고 있는 것을 보라고 말하고 싶어요! 이건 역겨워요! ▶◀▶◀▶◀ 몸이 뜨거워지는 게 느껴져요. 어린 소녀로서 내가 느낄 수 있다는 게 놀라워요. ▶◀▶◀▶◀ 내 분노가 정말 뜨거워지고 정점에 오른 뒤 사라지는 것을 느껴요. 내가 느낌을 잘 견뎌 낼 수 있다니 너무 놀라워요.

치료자 '나는 느낌을 잘 견뎌 낼 수 있다'에 머무르세요. (나는 이 긍정적 인지를 강화하고 더 주입하길 원했다.) ▶◀▶◀▶◀

테레사　여전히 사라지고 있어요.

치료자　지금 당신의 신체에서 어떤 것을 느끼죠? (나는 처리해야 할 것이 있는지를 알기 위해 그녀가 자신의 신체에 집중하도록 하고 있다.)

테레사　여전히 조금 뜨겁고, 따끔거리고, 지쳐요.

치료자　당신은 아이인 자신에 대해 어떻게 생각하죠?

테레사　나는 정말 가혹한 것을 다뤄야 했어요. 나는 사람들이 날 원치 않고 나에 대한 준비가 되어 있지 않으며 날 이해하지 못하고 나에게 충분하지 않은 상황에 있었어요. 난 그보다 더 가치가 있어요. 내 일부는 내가 가치를 창조하도록 도왔다고 믿어요.

치료자　어떻게요?

테레사　우리의 영혼은 그걸 견뎌 내길 원해요. 나는 그것들이 이유라고 생각했어요.

치료자　계속 가죠. ▶◀▶◀▶◀

테레사　나는 그렇게 단순하진 않지만, '순결'이라는 단어를 알아요. 나는 현재 순결하고 과거에도 순결했어요. (자발적인 긍정적 인지) ▶◀▶◀ ▶◀ 서로 다른 나이의 몇 가지 기억들이 떠올랐어요. 네 살 때 그 어린 소녀는 순결했어요. 한 살 반이나 두 살처럼 어렸을 때예요. 나는 그 소녀가 순결했다는 것을 알면서 가슴에 심한 통증을 느껴요. (시간이 거의 다 되어, 나는 그녀가 작고 취약하다고 느낀 상태에서 마치게 하고 싶지 않았기 때문에 긍정적인 인지적 개입을 했다. 나는 그녀에게 조절의 주제를 다른 전망을 연결하는 인지적 개입을 제공했고, 그녀는 이제 성인이고 힘이 부여됨을 느끼면서 회기를 마칠 수 있었다.)

치료자   당신에게 그때는 아이로서 당신 신체나 다른 사람들이 당신에게 했던 것에 대한 조절력이 없었지만, 지금은 있어요. 안 그런가요?

테레사   네. 사실이에요.

치료자   그것을 생각하세요. ▶◀▶◀▶◀

테레사   나는 데이비드(남편)를 약간 두려워하고 있었어요. 그가 원하는 것을 내가 하지 않아서 그가 떠나는 걸 원치 않아요. 나는 내가 원하는 것을 하고 싶어요. 나는 내가 원하는 것을 찾고 지키고 싶어요. 나는 조절력을 갖고 싶어요.

테레사는 신체에 통합되고 힘이 부여되는 것을 느끼며 회기를 마쳤다. 그녀의 성인 자아는 그녀의 인생에 대해 더 많은 조절과 선택을 느끼고 있었다.

다음 주에 테레사는 더 행복하고 밝아지고 안정된 상태로 왔다. 그녀는 자신의 신체를 더 느꼈고 배고플 때 먹고, 필요할 때 화장실에 가고 있었다. 다른 사람들도 그 변화를 알고 있었다. 그녀는 좀 더 현재에 존재하면서 자신의 신체와 연결되는 것을 느꼈다.

또 다른 변화는 지난 회기에 자발적으로 나타난 긍정적 인지인 '나는 느낌을 잘 견뎌 낼 수 있다'를 주입한 결과인 것 같았다. 그녀는 "데이비드와 내가 헤어진다고 해도 괜찮아요. 나는 그 느낌들을 잘 견뎌 낼 수 있고, 괜찮아요"라고 말했다. 그녀는 데이비드를 잃는 슬픔을 견디는 것까지 포함해 자신의 인생에서 무엇이 일어나든 견딜 수 있고 그 감정들이 지나가게 하면서 견뎌 낼 수 있다는 자신감을 보였다. "나는 더 이상 혼자되는 것을 두려워하지 않아요." 우리는 성적 학대와 부모의 방임 문제를 다루면서 수개월 동안 작업을 계속했다.

12

복합적인 문제를 가진 내담자의 사례

마지막 장에서는 복합적인 사례를 소개하며
지금까지 기술해온 다양한 치료적 이슈들과 기법들을 설명한다.

크리스티나는 자신의 인생이 꽉 막힌 듯한 느낌과 해결되지 않은 분노를 느껴왔으며, 이러한 감정들이 자녀에게 향하곤 하는 문제 때문에 나를 찾아왔다. 그녀는 내면 깊숙이 자신은 안전하지 못할 뿐 아니라 보호받지 못한다고 느끼며, 불안해서 미칠 것 같고 지나친 경계심을 느낀다고 했다. 또한 자신은 뭔가가 잘못되었다고 느끼며 자기혐오 때문에 아주 불행하다고 했다. '알 수 없는 어떤 힘에 속박된' 느낌 때문에 인생이 더 이상 앞으로 나아갈 수 없는 것 같다고 했다. 그녀는 1년 전까지만 해도 지금보다 훨씬 행복했는데, 1년 전 그녀에게 심각한 상처를 준 강간 사건이 일어나면서 자신에 대한 느낌이 엉망진창이 되었다고 했다. 이후 그녀는 암벽에 부딪힌 것 같은 느낌이 들고, 그 사건으로 인해 어렸을 때 가졌던 신에게 버림받은 느낌과 자신이 나쁜 아이라서 벌을 받는다는 느낌이 다시 들었다고 했다. 크리스티나는 그녀를 자극한 이 감정적인 문제가 어렸을 때 아버지로부터 성폭행당한 사건과 관련된 것이라고 말했다.

크리스티나는 매우 지적이고 매력적인 사십 대 중반의 여성으로, 과거에 정신과 치료를 통해 도움을 받은 적이 있다고 했다. 때문에 자기 내면의 경험을 이야기하고 통찰할 수 있었다. 그녀는 자신의 자아가 분리되어 있는 것 때문에 많이 힘들어하고 있었다. 해리성 정체성 장애는 아니었지만 여러 개의 서로 다른 자아를 가지고 있었다. 하나는 아빠가 좋아하는 '특별한 아이'였고, 또 다른 자아는 뭔가 문제 있다고 믿는 '나쁜 자아'였으며, 세 번째 자아는 '분노로 가득 차 있고 보복적이며 파괴적인 자아'였다. 이들 자아 상태는 통합되어 있지 못하고 각자 독자적으로 행동하는 것 같았다.

크리스티나는 최근의 꿈과 그녀의 생각을 연관지어 이야기했다. "엄마가 돌아가셨는데, 나에게 칼을 들고 다가와 이렇게 말했어요. '네가 기억하는 유일한 사람이니까, 난 너를 죽여야만 해.'"

크리스티나는 다섯 살 때 아버지가 자신을 성폭행했지만 기억은 희미하다고 말했다. 그녀는 그 기억을 떠올리려고 하면 자신이 흩어져 버릴까 봐 두렵다고 했다. 또 아버지가 일하고 있는 안방에 들어가기 위해 계단에 앉아 기다리던 기억이 떠오른다고 했다. 이 장면들을 떠올리면 뭔가 성적이고 나쁜 느낌이 들어 머릿속이 어지럽고 감정적으로나 인지적으로 닫혀 버린다고 했다. 그러면서 그녀는 안전하지 못하고 뭔가 문제 있는 것처럼 느껴졌다. 그녀를 흐느껴 울게 만든 그 장면을 마치 영화를 보듯 들여다보고 나서야, 그녀는 자신이 성폭행당했다는 사실을 기억해냈다. 나중에 그녀는 '배신'이라는 주제로 모래 놀이 치료를 했다. 그녀는 몇 년 전에 EMDR 치료를 받은 적이 있었는데, 그때 경험이 없어 미숙했던 치료자는 그녀의 기억을 열어놓은 채 적절히 닫지 못했다. 그로 인해 그녀는 원래의 상태로 되돌아가지 못할까 봐 무척 두려워했다. 치료 회기 중에 되살린 두려움은 몇 년 동안 지속되어 그녀는 어린 아이의 감정 상태로 지내야만 했다.

크리스티나는 그리스계의 보수적인 하류층 가정에서 6남매 중 둘째로 태어났다. 그녀는 자신의 아버지를 'A 타입 성격의 소유자', '성적으로 부적절한 사람', '여자를 때리는 사람' 등으로 묘사했고, 어머니는 그녀를 아버지의 '총애를 받는 사람'이라고 말했다. 크리스티나는 아버지의 또 다른 여자였고, 둘의 관계는 매우 특별했다. 어머니는 다른 형제들을 돌보느라 너무 바빴기에 크리스티나는 아버지의 대리 부인이 되곤 했다. 그녀가 아버지를 마치 신처럼 숭배하는 바람에, 엄마와 그녀의 관계는 부자연스러웠다. 그녀는 바쁜 엄마로부터 관심을 받지 못했던 것이다. 그녀의 부모는 모두 감정적이었다.

크리스티나는 아주 외향적인 소녀로, 고등학교에서 인기가 좋았다. 그녀가 오래된 남자 친구와의 사이에서 임신하게 된 사건은 그녀의 인생을 뒤흔들었다. 그녀는 부모에 의해 강제로 다른 지방에 있는 미혼모의 집으로 옮겨져 격리된 채 지내야 했다. 아이를 낳고 입양을 보내고서야 집으로 돌아올 수 있었다. 그녀는 다른 학교에서 학업을 마친 후 새 출발을 하게 되었는데, 이때부터 타인과 거리를 두게 되었다. 새로운 친구들이 알지 못하는 비밀, 즉 아이를 가졌었다는 사실을 혼자 간직한 채 살아야 했다. 크리스티나는 성인기 초반에 여러 곳을 옮겨 다니며 지냈고 그곳에서 여러 남자들과의 사이에서 아이를 낳았다. 그러다가 13년 전에 한 곳에 정착하게 되었고, 자신의 아이를 키우는 데 온 힘을 쏟기 시작했다. 최근에는 학업을 계속하기 위해 학교에 진학했다. 근처에 언니들도 살고 있어 지원 체계가 좋았으며, 깊이 있고 만족스러운 관계를 유지하는 친구들도 많았다. 그러나 수년 동안 남자와는 지속적이고 친밀한 관계를 맺지 못했으며 늘 누군가를 그리워했다.

나는 크리스티나와 어린 시절 과거력과 현재의 상황을 얘기하면서 여러 회기를 보냈다. 병력 청취를 통해 내적, 외적 자원들을 찾아내고 개발하면서 EMDR을 위한 준비 작업을 마쳤다. 우리는 그녀가 어린 시절과 현재 가깝게 지내고 있는 사람들에 대한 이야기를 나누고, 그녀의 영적인 부분에 대한 얘기도 하면서 안전지대를 개발했다. 그녀의 안전지대는 아름다운 바다가 보이는 곳으로 평화로움과 보호받는 느낌을 갖는다고 했다. 우리는 내적 자아로 유도된 이미지를 통해 성인 자아와 어린 자아 사이의 관계를 정했다. 그녀는 내면의 어린 자아와 좋은 관계를 가지고 있었기 때문에 어린 시절의 성폭행을 EMDR로 다룰 때 성인 자아는 좋은 자원이 되었다. 그녀는 내면의 양육자와 보호자로 예수를 선택했고 예수와의 친밀감을 느꼈다. 그녀는 필요할 때마다 예수를 불러낼 수 있었다.

크리스티나는 나를 신뢰하는 것 같았고, 우리는 매우 빠르게 신뢰 관계를 형성했다. EMDR을 하기에 충분히 강한 자아를 가진 것으로 생각되었고, 그녀의 생활이나 재정적인 상황도 안정적이었다. 그녀는 EMDR의 강도 높은 과정과 그로 인해 감정이 자극될 것을 두려워했지만, 그래도 자신의 성장과 치유를 위해 전념할 준비가 되어 있었다. 그녀는 자기 자신을 잘 알고 있으며 현재의 어려움에 대해서도 통찰력이 있는 것 같았다. 하지만 자신의 감정을 조절할 수 없을 것 같다고 느꼈다. 그녀는 자신의 인생이 모든 측면에서 막혀 있는 것처럼 느끼고 있었다.

우리 둘 다 EMDR을 할 준비가 되어 있다고 느꼈을 때 EMDR 회기를 하기로 계획했다. 첫 번째 EMDR 회기에서 몇 가지 점검을 한 후에 그녀는 바다가 있는 안전지대로 갔고, 그녀의 안내자이자 보호자인 예수를 불러왔다. 나는 그녀에게 언제든 멈출 수 있으며 안전지대로 되돌아갈 수 있음을 말해주었다. 나는 그녀에게 안전지대에서 그녀를 가장 괴롭히고 있는 감정들을 연결시켜 보라고 했다. 그것은 가슴과 배에 위치한 두려움이었다. "죽을 것 같아요." 그녀가 말했다. "아버지가 나를 고통스럽게 하고 있어요. 나를 가지 못하게 해요." 그녀의 마음속에 떠오른 이미지는 이와 같았다. "나는 어린아이인데 쇠문이 달린 방에 있어요. 나는 천장을 떠다니고 있어요. 마치 천장에서 내려다보고 있는 것 같아요. 내 배가 꽉 조이는 느낌이에요. (잠시 침묵) 숨넘어가는 소리를 들려요. 숨이 막힐 것 같아요." 그녀의 부정적인 생각은 '나는 죽어가고 있어요' 였고, 긍정적인 생각은 '나는 지금 안전하다'였으며, VoC는 3점이었다.

우리는 이 시점에서 안구 운동을 시작하여 이미지, 부정적 인지, 감정, 신체 감각을 활성화시켰다.

크리스티나 ▶◀▶◀▶◀ 나는 방에 숨어 있어요. 아주 조용하고 고요해서 마치 숨바꼭질을 하고 있는 것 같아요. ▶◀▶◀▶◀ (그녀는 제반응을 보이며 울기 시작했다. 호흡이 빨라지고 눈에 띄게 흥분했다.) 아빠, 나에게 그런 건 시키지 마세요. 나는 속으로 말하고 있지만 소리 내어 말하지 못해요. 나는 문밖으로 뛰쳐나가고 싶지만 그렇게 할 수가 없어요! 나는 내가 하고 싶은 대로 할 수가 없어요. 나에게는 목숨이 달린 일이에요. ▶◀▶◀▶◀ 그는 내 배를 꼼짝 못하게 고정시켜 놓고 있지만 난 지금 내 몸 안에 있는 것처럼 느껴져요. 엄청난 저항이 느껴져요. (잠시 침묵) 그를 흠씬 두들겨 패주고 싶어요. 정말 화가 나요. ▶◀▶◀▶◀ 나는 꼼짝할 수가 없어요. 내가 할 수 있는 건 정말 아무것도 없어요. 이건 마치 게임을 보는 것 같아요. (그녀는 아버지가 자신을 꼼짝 못하게 눌러 놓고 괴롭히는 장면을 떠올렸다. 그런데 마치 뭔가 재미있는 일이 일어나고 있는 것처럼 하는 그의 방식이 그녀를 혼란스럽게 하고 있었다.) 내 마음 한쪽에서는 이런 일이 일어나다니 '나는 미쳤어'라고 말하고 있어요. (그녀는 자신에게 일어나고 있는 일들을 믿을 수가 없었다.)

치료자　지금 어떤 감정이 느껴지세요?

크리스티나　슬픔이요. 그가 날 비웃고 있어요. 난 속으로 무척 겁이 나지만 그걸 밖으로 표현하지 않아요. 나는 내가 느끼는 대로 행동할 수가 없어요.

치료자　왜 그렇죠? (나는 그녀가 직관적으로 알고 있는 것을 인지할 수 있도록 질문했다. 그녀가 이것을 알게 되면 자신의 어린 자아와 성인 자아가 연결되는 과정을 진행할 수 있을 것이다.)

크리스티나　내가 느끼는 것을 그대로 표현하면 그는 화를 낼 것이고…….
▶◀▶◀▶◀ 나는 내 몸으로부터 빠져나오려 애쓰는 것 같아요. 그러면 지금의 이런 답답함을 느끼지 않게 될 거예요. 그럼 나는 그것에서 벗어날 수 있을 거예요. (그녀는 현재 자신의 이중 인식을 말하고 있다.)

치료자　지금 무엇이 느껴지나요? (해리를 줄어들게 하기 위해 나는 그녀가 자신의 신체에 좀 더 집중하게 했다.)

크리스티나 난 분리된 느낌이 들어요. 마치 분리되어 사람이 아닌 것 같아요. ▶◀▶◀▶◀ 내 영혼은 정말 괴로워요.

치료자 그것이 당신의 몸 어디서 느껴지죠?

크리스티나 나의 뇌에서요.

치료자 지금 당신 자신에 대해 어떤 생각이 드나요? (나는 인지적 요인을 활성화시키고, 거기서 무슨 일이 일어나는지 알기 위해 이 질문을 던졌다.)

크리스티나 난 아무것도 아니에요. (이것은 매우 강력하고 핵심적인 부정적 생각이었으며, 아마도 이것이 그녀의 우울증의 깊은 원인일 것이다. 그녀는 내 질문에 자신의 입으로 말한 것을 듣고 스스로도 놀라워했다.) ▶◀▶◀ ▶◀ 난 죽어가고 있어요. 내 안에서 일어나고 있는 것과 밖에서 보이는 내 모습이 너무 달라요. 내 안에서는 아버지로부터 도망치기 위해 애쓰고 있는데, 겉으로는 그저 거기에 누워 있을 뿐이에요. 안으로는 미칠 것 같아요! 난 크게 소리치고 싶고 도망치고 싶어요. ▶◀▶◀▶◀ 그를 죽이고 싶어요. 그의 심장을 칼로 찌르고 싶어요.

치료자 당신이 그렇게 하는 것을 상상해보세요. (나는 그녀가 평생 동안 품어온 분노를 상상 속에서 안전하게 표현할 수 있도록 허락했다.) ▶◀ ▶◀▶◀

크리스티나 정말 너무 화가 나요. 내 몸이 없어진 것 같기도 하고, 내 몸과 내가 분리된 것처럼 느껴져요.

치료자 지금 당신 자신에 대해 어떤 생각이 드나요?

크리스티나 그런 느낌만 들지 않는다면 난 살 수 있을 것 같아요. (또 다른 핵심적인 생각이 나타나고 있었는데, 그것은 그녀의 인생의 많은 부분에 영향을 미쳐온 것으로 그녀로 하여금 스스로의 감정을 닫고 살게 만들었다. 부정적인 생각이 재처리되면서 그녀는 자신에 대한 새로운 통찰력을 갖게 되었다.) ▶◀▶◀▶◀ 난 두 가지의 다른 감정을 느끼고 있어요. 그중 하나는 무감각하게 감정들을 회피하려는 것이고요. 다른 하나는 아버지에게 고통을 주고 싶다는 강렬한 느낌이에요. 난 그의 성기를 망가뜨리고 싶어요. (잠시 침묵) 난 나 자신으로부터 아버지를 보호하려고 애쓰고 있어요. 내가 아버지를 해친다는 생각이 받아들여지지 않아요. 그래서 결국 내 감정들을 느끼지 않게 되지요. 감정을 닫아버리는 거예요. 이것이 내겐 익숙해요. ▶◀▶◀▶◀ 내 머리를 모래 속에 묻어 버리는 장면이 떠올라요. 내가 아버지를 미워한다고 했던 말도 함께요. ▶◀▶◀▶◀ 내가 누군가를 세게 때리는 장면도 떠올라요. 난 엄청난 분노를 느껴요. 그를 목 졸라 죽이고 싶어요. 그가 열쇠를 쥐고 있는 것 같아요. 난 삶과 죽음 사이에서 이렇게 영원히 꼼짝 못하게 될까 봐 두려워요. (그녀는 자신의 감정이 내면에서 일어나지 않게 붙잡고 있었으며, 그 결과 충분하게 살아오지 못했다고 말하고 있다. 시간이 다 되어가고 있었고, 이 시점에서 나는 회기를 종료할 수 있을지 알고 싶었다. 그녀가 처음의 장면을 떠올릴 때 얼마나 많은 처리가 일어났는지 알고 싶었으므로, 그녀에게 처음 장면을 떠올리고 무슨 일이 일어나는지를 말해달라고 했다). 나는 완전히 갇혀 있어요. 움직일 수가 없어요. 무언가 내 가슴을 짓누르고 있어요. (그녀는 신체 기억을 가지고 있었다.)

치료자   (그녀의 인지적 채널에서 무슨 일이 일어나고 있는지를 파악함으로써 내가 어떤 부분에 중재의 초점을 두어야 할지 알고 싶었다.) 지금은 자신에 대해 어떤 생각이 떠오르나요?

크리스티나 느끼지 않는 게 차라리 나아요.

치료자   계속 갑니다. ▶◀▶◀▶◀

크리스티나 그가 나를 죽일까 봐 두려워요. 난 위협당하고 있어요. (그녀는 아이였을 때 느낀 감정을 지금 훨씬 완전하게 깨닫고 있었다. 그녀의 아버지가 그녀에게 했던 '게임'에 적개심을 느끼고 있음을 알았다.) ▶◀▶◀▶◀ 아버지를 죽이고 싶어요. 그를 거세해 버릴 거예요. 그를 칼로 찌르고 있어요. 난 분리된 것 같아요. 수동적인 나와 폭력적인 나로……. (그제야 그녀는 자녀들에게 향했던 자신의 분노를 생각했다. 그 분노는 아이들과는 무관하며 다른 곳에서 온 분노였다는 것을 알았다.) ▶◀▶◀ 나는 분노가 내 안으로 향하고 있는 걸 느껴요. "너는 덫에 걸린 거야"라는 목소리가 들려요. (시간이 많이 흘러갔고, 나는 그녀가 더 이상 진행하지 못한다는 것을 알 수 있었다. 그래서 처음의 장면으로 돌아가라고 했다.) 그가 나에게 왜 이러는지 이해할 수가 없어요. 그는 너무 가혹해요.

치료자 지금 당신 자신에 대해 어떤 부정적인 생각이 떠오르나요? (나는 그녀의 인지적 채널에서 무슨 일이 일어나는지 알고자 물었다. 그녀의 차단 믿음은 무엇일까?)

크리스티나 난 자유로워질 자격이 없어요. 내 잘못이에요. 그래서 난 살 가치도 없어요. 난 죽어야 해요. (어린 자아는 아버지의 행동에 책임감을 지니고 있었다.)

치료자 당신은 몇 살이죠? (나는 이런 생각을 하고 있는 사람이 아이인지 또는 성인인지를 알고 싶었고, 거기에 맞춰 그다음의 중재를 할 수 있었다.)

크리스티나 다섯 살이요.

치료자 누구에게 책임이 있죠? 다섯 살 난 아이인가요? 아니면 마흔 살의 어른인가요?

크리스티나 마흔 살 어른이요.

치료자 그것에 대해 생각하세요. ▶◀▶◀▶◀

크리스티나 난 덫에 걸린 느낌이에요. (정보 처리 과정의 막힘이 뚫렸기 때문에 인지 개입이 작동하는 것 같았다. 즉 또 다른 채널로 내려갔다. 그러나 인지적 개입은 회기의 종료를 도와주지 않았다. 회기를 종료해야 했기 때문에 이미지 개입을 시행했다. 나는 그녀에게 그녀의 어린 자아와 함께 안전 지대인 해변으로 가서 그녀를 보호해줄 예수를 불러내라고 했다. 그 장면을 떠올리며 짧게 안구 운동을 실행했다. 그러고는 고요하고 평화로운 상태로 되돌아왔다. 안구 운동을 하는 동안 그녀의 성인 자아가 해변에서 아들과 함께 공놀이하는 장면이 떠올랐다고 말했다. 그녀와 아들은 아주 재미있게 놀고 있었다.)

우리는 떠오른 장면들에 대한 이야기를 나누고 정리하면서 회기를 마쳤다. 나는 그녀에게 과거의 고통스러운 기억들을 열어 놓았기 때문에 마음을 편히 가지라는 것과 꿈이나 떠오른 생각들을 기록하라고 일러 주며, 필요할 때는 전화하라고 말해주었다.

다음 주에 크리스티나는 자신이 꾼 꿈이 지난주의 치료에서 일어난 작업과 관련 있는 것 같다고 말했다. "내가 극장에 앉아 있는데, 아주 몸집이 커다란 여자가 다가오더니 내 위에 앉아 기대는 거예요. 그녀를 앞으로 밀었더니 나에게 사과하더군요. 그건 마치 밖에서 나를 짓누르는 무게와 같은 느낌이었어요."

그녀가 꿈과 관련지어 얘기하는 것을 보며, 아마도 내면에 있던 것들이 움직이고 있다는 걸 알 수 있었다. 꿈속에서 그녀는 하나의 경계선을 그어 놓았는데, 그것을 침범해 들어온 사람에게 그에 합당한 책임을 묻자 그가 사과를 한 것이다. 그러나 아직 신체 감각에서 그녀는 처리되지 않은 무언가가 있다는 걸 알 수 있었다.

나는 그녀에게 지난주에 우리가 치료하던 장면을 떠올려보라고 한 다음, 지금 무엇이 떠올랐는지 물어보았다. 그녀는 "아버지가 내 위에 올라가 있는 장면이에요. 너무나 슬퍼요"라고 말했다. 나는 그녀에게 그 장면을 떠올릴 때 지금 자신에 대해 어떤 생각이 떠오르는지 물었다. 그녀는 "난 아무것도 아니에요. 난 너무 보잘 것 없어요"라고 대답했다. 그녀의 긍정적인 생각은 '나는 중요한 사람이다'였으며, VoC는 2점이고 SUDS는 8점이었다. 우리는 그것을 타깃으로 치료를 시작했다.

첫 번째 세트의 안구 운동을 하는 동안 그녀는 울기 시작했다. 그녀는 남편이 막내아들이 도움을 필요로 하는데도 불구하고 도와주지 않을 때 심한 배신감을 느꼈다고 말했다. 그녀는 화가 나 있었다.

> **크리스티나** ▶◀▶◀▶◀ 난 너무 무기력해요. 난 공격적일 필요가 있다고 느껴요. 난 그의 배신에 화가 나요. ▶◀▶◀▶◀ 난 행복할 가치가 없는 인간이에요. 난 너무너무 화가 나요. 난 떨고 있어요. (난 그녀에게 무슨 일이 일어나고 있는지 무엇을 보고 있는지 알 수가 없었다. 그래서 처음 장면으로 돌아가라고 말했다.) 저리 가버려, 이 나쁜 놈! 나한테 무슨 짓을 하고 있는 거야? ▶◀▶◀▶◀ 난 당신이 미워, 난 당신이 싫어!!! ▶◀▶◀▶◀ 내 목에 뭔가가 있어요. 아빠의 성기요. ▶◀▶◀▶◀ (크리스티나는 아버지에 대한 분노로 가득 차 있었다. 그녀는 마치 토할 것만 같았고 나는 쓰레기통을 준비했다. 그녀는 아버지를 향한 분노와 아버지를 보호해야 한다는 양가감정에 놓여 있었다. 그녀는 맴돌기에 빠져 있었으므로 나는 이미지 개입을 통해 그녀가 안전감을 느낄 수 있도록 도왔고, 또 전망을 연결하는 개입을 통해 그녀의 성인 자아의 현재 관점과 과거의 어린 자아의 관점을 연결시켰다. 그리고 그녀는 현재 안전하다는 것과 지금 여기에는 우리를 보호해주는 울타리가 있다는 것, 그리고 어렸을 때 그녀에게 상처를 준 아빠는 과거의 아빠이지, 지금의 아빠는 아니라는 점을 말해주었다. 그녀는 "그래요, 맞아요"라고 말했다. 그리고 한 세트의 안구 운동을 더 시행했다. 개입들은

효과를 보였고 처리 과정은 다시 진행되었다.) 나는 그 순진한 아이가 불쌍해요. 나는 내 몸…… 나의 배, 머리, 목에서 그걸 느낄 수 있어요. 내 목이 더럽게 느껴지고, 수축되어 있어요. 나는 배에서 아픔을 느껴요. (그녀는 이제 신체적 채널이 열렸고, 신체 기억을 처리하는 중이었다.) ▶◀ ▶◀▶◀ 배가 아파요.

치료자　당신 자신에 대해 어떤 생각이 떠오르나요? (내 생각에는 신체적 채널이 차단된 것 같아 인지적인 부분을 체크해보고자 했다.)

크리스티나 나는 절대 나아질 수가 없어요. 내 목과 목의 뒤쪽이 조여드는 느낌이에요. 누군가가 나를 후려치는 느낌이에요. ▶◀▶◀▶◀ 난 내 몸에 있고 싶지 않아요. 정말이지, 너무 싫어요.

치료자　그 장면에서 무슨 일이 일어나고 있나요? (나는 그녀가 무엇을 보고 있는지, 그리고 그녀를 그토록 괴롭히고 있는 것이 무엇인지 알고 싶었고, 나머지 부분들도 함께 그녀의 의식으로 불러내고 싶었다.)

크리스티나 아버지는 발기된 채 서 있어요. 나 또한 서 있어요. 나는 어린 소녀예요. 난 이런 일이 일어나고 있다는 걸 믿고 싶지 않아요. ▶◀▶◀ ▶◀ 난 너무 슬퍼요. 그리고 다음 세대에 걸쳐 내 아이들까지 영향을 받고 있는 걸 알 수 있어요. 내 문제가 지금 드러나고 있어요. (그녀는 자신이 부정해왔던 당시 아버지와 일어났던 일이 현재 그녀가 아이들과 함께 있는 것에 영향을 미친다는 것을 깨달았다. 그녀의 분노는 그를 향해 뻗어 있었고 그녀는 아버지를 '비열한 놈'이라고 부르기 시작했다.) ▶◀▶◀▶◀ 당신을 절대 가만두지 않겠어. 난 더 이상 당신을 보호하지 않을 거야. 난 힘을 되찾고 있어. 내가 내 아들에게 전수해온 걸 이제 알았어.

치료자　처음의 장면으로 돌아갑시다. 이제 무엇이 떠오르나요? (나는 좀 더 남아 있는 부분을 계속 처리하기를 원했으며, 그녀가 처음 기억의 처리 과정을 진행시키도록 도우려 했다.)

크리스티나　나는 그의 앞에 있어요. 그의 성기가 내 입 안에 있어요. 나는 배에 통증을 느끼고 있어요. ▶◀▶◀▶◀ 나에게 이런 일을 시키지 말아요, 아빠. 나는 몇 번이고 되풀이해 말했어요. 난 그 남자가 "구강성교를 좋아하지 않다니, 넌 문제가 있어"라고 한 말을 기억해요. (그녀는 떠오른 생각에 관련되어 그녀가 연결시키고 있는 것들을 얘기하기 위해 잠깐 휴식을 가졌다.) 난 반항아였어요. 나에게 뭔가를 하라고 시키는 사람에겐 누구한테든 반항했지요. 이제는 어른이 되어야 할 때가 온 것 같아요. 난 작고 볼품없는 사람이라고 믿었기 때문에 한 번도 성숙한 어른이라는 느낌을 가져보지 못했어요. (그리고 한 세트의 안구 운동을 시행했다.) '내가 이것들을 이겨냈으면 좋겠다'라는 생각을 했어요. 그랬더니 '넌 힘과 능력을 가졌어'라는 말이 떠올랐어요. ▶◀▶◀▶◀ 점점 긍정적인 느낌이 들어요. 힘과 능력. 난 이렇게 존재해요. 내가 있어요! 이건 영적인 느낌이에요. (자발적인 영적인 경험을 하는 동안, 크리스티나는 당당하게 말하고 있었다.) ▶◀▶◀▶◀ 내 몸이 깨끗해진 것을 느껴요. 고요하고 영적인 느낌이 들어요. 난 자유롭고, 난 존재하고, 난 완전해요. 학대받은 경험을 이것으로 모두 덮어버렸어요. (회기를 마칠 때가 되어, 나는 그녀에게 처음 장면으로 돌아가라고 한 뒤 무엇이 떠오르는지 물었다.)

난 이제 어른이에요. 이제 내 인생에 나타나는 걸림돌들을 극복할 수 있는 자원이 생겼어요. 나는 내 삶에 대처할 수 있어요. (우리는 안구 운동으로 긍정적인 생각을 주입했고, 그녀는 고요하고 평화로우며 힘이 생기는 걸 느꼈다. 우리는 이번 회기 동안 그녀에게 일어났던 일을 요약 정리했다. 그녀는 회기 마지막 부분에서 큰 변화를 경험한 것 같았다. 그녀의 '내면의 현자'는 이번 회기에서 더욱 힘 있는 목소리를 냈고, 다음 회기에서는 강한 동맹자가 되어주었다.)

2~3주 후에 크리스티나는 EMDR 회기를 한 차례 더 받았다. 그녀의 상태를 점검하는 과정에서 그녀는 예전보다 생기를 되찾기는 했으나, 아직 뭔가 불완전한 것 같고 예전보다 화가 더 많이 난다고 했다. 그녀는 최근 3년간 있었던 남자와의 관계를 얘기하면서 "아무도 믿을 수가 없어요"라고 말했다. 가장 마지막 관계는 한 남자와 그리스에서 휴가를 함께 보낸 뒤에 끝났다. 이 여행에서 그녀는 영적으로 예수를 영접하게 되었으며, 이때부터 더 이상 자신의 파트너에게 종속되는 느낌을 갖지 않게 되었고 그에게 도전하기 시작했다고 한다. 우리는 약 1년 전에 그녀에게 일어났던 끔찍한 사건과 그 후유증에 대해 이야기를 나누었다.

크리스티나는 이번 회기를 그녀 인생에서 느끼는 뭔가 꽉 막힌 느낌에 초점을 두기로 했다. 그녀는 학업을 마치려고 애쓰고 있는데, 뭔가 곤경에 빠진 느낌을 갖고 있었다. 그녀는 '난 그럴 만한 능력이 안 돼요'라고 믿고 있었다. 타깃을 좀 더 분명히 하기 위해 눈을 감게 하고 그런 꽉 막힌 느낌이 신체의 어느 부위에서 느껴지는지를 물었다. 느낌에 집중하는 동안 "난 그럴 만한 능력이 안 돼요"라고 말하도록 했다. 그녀에게 생각과 장면이 떠오를 때마다 그것에 집중하면서 다시금 돌이켜보라고 했다. 그녀는 일고여덟 살 때 아버지가 그녀를 깎아내리는 말을 했던 장면을 떠올렸다. 자신이 정말 좋아했던 미술 작품을 보여주었을 때 아버지는 "그걸 지금 작품이라고 말하는 거냐? 그런 형편없는 걸 가지고!" 라고 소리 질렀다. 이 얘기를 하면서 그녀는 당시에 그림을 아버지에게 보여주는 것에 얼마나 흥분해 있었는지, 보여주고나서 얼마나 상처받았는지를 기억해냈다. 그녀의 부정적인 인지는 '나는 별로 좋은 사람이 아니다'였고, 긍정적인 인지는 '나는 괜찮은 사람이다'였으며 VoC는 3점이었다.

크리스티나는 눈을 감았을 때 내적인 경험에 더 몰입할 수 있었으므로 내가 그녀의 무릎을 두드려주는 것을 좋아했다. 그녀의 기억 네트워크가 자극되어 있었기 때문에, 그녀의 아버지가 그녀를 깎아내리는 말을 했던 장면과 부정적인 인지인 '나는 별로 좋은 사람이 아니다'에 집중할 때 무릎을 두드려주었다.

크리스티나 ▶◀▶◀▶◀ 목, 배, 가슴이 조여드는 느낌이에요. (그녀는 매우 격앙된 어린아이의 목소리로 말했다.) 난 이걸 할 수가 없어요. 너무 겁이 나요. 난 두려워요. 나에게 이런 걸 시키지 말아요. (그녀는 아버지와의 초기 기억을 처리하고 있었다. 내 추측으로는 지난번 회기와 같은 내용인 것 같았고, 아버지가 그녀를 깎아내리는 말을 하던 장면은 아닌 것 같았다.) ▶◀▶◀▶◀ 미안해요, 미안해요. 내가 간 게 아니었어요. 나를 위해 거기에 있어준 사람은 아무도 없었어요. ▶◀▶◀▶◀ 내 영혼의 안내자가 나타났어요. (지난번에 들었던 목소리가 그녀를 위한 보호자로 나타났다. 그녀는 그 목소리를 '샤먼'이라고 불렀다.) 아버지가 내게 왔을 때 그녀는 나를 혼자 내버려두라고 아버지에게 말했어요. 그녀는 아버지를 마치 어린아이처럼 대했어요. 그녀가 통제력을 가졌어요. 아버지는 그 자리에 그냥 있었어요. ▶◀▶◀▶◀ 당신은 이제 나를 해칠 수 없어요. (샤먼은 아버지에게 크게 소리치고 있었다.) 난 뭐든 할 수 있어요. 그건 겁나는 이야기죠. ▶◀▶◀▶◀ 난 신성한 나 자신을 통제하는 걸 그만둬야 해요. 그렇지 않으면 감각을 잃고 사람들을 무자비하게 찔러 버릴 거예요. ▶◀ ▶◀▶◀ (그녀는 숨을 깊이 들이마셨다.) 나를 위협하는 건 아무것도 없어요. (이건 아마도 '샤먼'이 하는 말인 것 같다. 그러고 나서 그녀는 다시 처음의 그 사람으로 바뀌었다.) 난 나에게 뭔가 부족한 점이 있을까 봐 두려워요. 난 내가 원하는 것들을 가질 자격이 없어요. (그러고 나서 그녀는 마치 보호자처럼 소중히 여겼던 인형을 기억해냈는데, 그걸 그녀의 엄마가 빼앗아 세 살 위의 언니에게 주었고, 언니는 그 인형을 망가뜨렸다. 이 일은 그녀에게 깊은 상처를 남겼을 뿐 아니라, 자신은 대접받을 자격이 없다고 하는 믿음을 더욱 확고하게 만들었다.) ▶◀▶◀▶◀ 샤먼의 이미지는 강력해요. "내가 널 보살펴주겠다. 내가 여기에 너와 함께 있어." 나는 아주 강력하고 아름다운 여성적인 에너지의 존재를 느껴요. 마치 다른 세상에 살고 있는 요정 같아요. 참 편안해요. (나는 그녀가 처리 과정 어디쯤에 있는지 알고 싶어서, 그녀에게 처음 장면을 떠올리게 하고 무엇이 떠오르는지를 물었다. 그녀가 그 장면을 떠올렸을 때 그것은 완전히 달라져 있었다. 그녀는 더 이상 아버지와 함께 있는 어린아이가 아니었다. 대신 그리스의 델로스섬에 있는 사자 조각상의 이미지를 떠올렸다. 그녀가 듣고 있는 말들을 나에게 크게 말해주었는데, "아름다움은 당신 안에 있어요. 다른 사람이 당신에게 뭐라 하든 상관없이. 그건 당신 안에서 밖으로 나오는 것이지 결코 밖에 있지 않아요"라고 했다. 그녀의 목소리는 확신에 차 있었고, 그것이 그녀의 경험과 말 속으로 분명하게 옮겨져 있었다. 이건 분명 인간의 한계를 초월한 경험이었으며, 나중에 그녀는 이를 자원으로 활용할 것이다. 나는 그녀의 무릎을 두드리기 시작했다.) 사자상이 사원을 지키고 있어요. 나는 그 사원에 누가 들어오고 나가는지를 검열하는 사람이 될 수 있어요. 난 내가 들여놓고 싶지 않은 것은 들어오지 못하게 막을 거예요. ▶◀▶◀▶◀ 사자상은 나의 불안한 자아로부터 나를 지켜줘요. 안쪽에는 공주가 있어요. 나 자신과 만나는 게 몹시 불안해요. (크리스티나는 통찰력을 가지고 있었다.) 나를 있는 그대로 지키기 위해서는 내게 불안감이 필요해요. 그는 고개를 끄덕이고 있어요. 나를 깎아내리지 않고. 난 지금 안전지대에 있는 느낌이에요. 그는 과거에 있었어요. 난 그걸 좋아해요. (그녀는 어린 시절의 미술 작품에 대해 말하고 있었다.) 내 생각이 중요하죠. 난 나니까요.

치료자　지금 기분이 어떤가요?

크리스티나　마음이 평화롭고 편안해요. (우리는 짧은 세트의 두드림으로 그녀의 긍정적인 인지와 평화로운 느낌을 주입했다. 크리스티나는 회기를 정리하면서 이번 회기가 강력했다고 말했다. 그녀는 자신에게 훨씬 좋은 느낌을 갖게 되었으며 아버지에 대해서도 보다 객관적인 시각을 갖게 되었다고 했다. 여성스런 샤먼과 델로스섬의 사자상을 만난 그녀의 놀라운 경험은 매우 강한 느낌을 주었다고 말했다.)

다음 주에 크리스티나는 기분이 좋아졌고 에너지가 솟아오르는 느낌을 경험했다고 말했다. 학업에도 흥미가 생겼고, 새로운 직업도 가지게 되었다. 그녀는 좀 더 '통합된' 느낌을 가졌으며 자신의 에너지를 보다 창조적으로 사용할 수 있게 되었다. 지난 회기의 마지막 장면, 즉 아버지가 그녀의 미술 작품을 깎아내리는 말을 하던 장면으로 돌아가서 점검하였을 때, 그녀는 "아버지와 동등한 느낌이 들어요. 그도 역시 한 인간일 뿐이죠. 정말 멋진 인생이에요"라고 하였다.

이것은 지난번 회기의 치료가 성공적이었고, 그녀의 부정적인 감정과 자신에 대한 부정적인 믿음이 바뀌었음을 확인해주는 것이었다. 나는 그녀에게 다른 회기에서의 장면, 즉 그녀의 아버지와 함께 방에 있던 장면을 떠올려보라고 했다. 그녀는 눈을 감고 장면을 떠올렸다. 처음에는 그녀가 "내가 지금 살아 있다는 것이 현실이에요. 나는 그 일과는 다른 쪽에 있는 것처럼 느껴져요"라고 말했다. 하지만 그 장면을 유지하게 했을 때 그녀는 분노로 흥분했다. "나를 이용하지 말아요!" 그녀는 상상 속의 아버지에게 크게 소리쳤다. 강한 분노감과 슬픔, 그리고 배신감이 치밀어 올랐다.

나는 그녀에게 그 장면을 떠올릴 때 지금 자신에 대해 어떤 생각이 드는지를 물었다. 그녀는 "넌 가족을 위해 희생해야 해. 난 나의 영혼을 희생했어요. 난 가족들이 더 나은 삶을 살 수 있도록 내 영혼을 희생해야 해요"라고 대답했다. 이것은 분명 부정적인 인지였다. 그녀는 그 기억과 감정 속에 남아 있었다. 나는 그녀를 과거로 돌아가게 해서 긍정적인 인지가 무엇인지, 그리고 그것이 몇 점인지를 묻지 않았다. 왜냐하면 그것이 오히려 처리 과정을 방해할 수 있다고 느꼈기 때문이다. 그녀는 양측성 자극에 대한 준비가 되어 있다고 말했으며, 눈을 감은 후 곧바로 어린 시절의 경험을 떠올렸다.

크리스티나 ▶◀▶◀▶◀ 짐이 덜어진 것 같아요. 두렵지만…… 그건 과거에 일어난 일이에요. 이젠 내 안에 힘이 있어요. 밖에서 들어온 것이 아니라 내 안에 있는 힘이 나온 거예요. ▶◀▶◀▶◀ 난 마치 아버지의 날개 아래에 붙잡힌 것 같은 느낌이에요. 이제 난 세상에 있어요. 난 신성한 나예요. 그는 더 이상 나를 가질 수 없어요. 나는 신성한 나와 함께 있어요. 이제 난 날 수 있어요! ▶◀▶◀▶◀ 세상은 순환적이에요, 직선적인 것이 아니라. 두려워할 게 없어요. 굳이 내 능력을 보여주지 않아도 돼요. 그건 아버지의 잘못이었어요. 내 책임이 아니에요. (그녀는 학대의 책임이 누구에게 있는지를 깨닫고 있었다.) ▶◀▶◀▶◀ 정말 안전한 느낌이 들어요. 내가 잃어버린 것 중에 가장 큰 것은 내가 안전하지 않다고 느끼는 거예요. 난 그 누구도 믿을 수 없어요. 나 자신까지도. ▶◀▶◀▶◀ (그녀는 내면에 있는 샤먼의 목소리를 듣고 있었다.) 우리는 자신의 한계를 극복할 수 있어요. 일단 한계를 인식하면 그걸 뛰어넘을 수 있어요. ▶◀▶◀▶◀ 난 자유로워지고 싶어요. 완전해지고 통합되고 평화로워지고 싶어요. 어떤 사람이 다가와서 냉소적으로 "이건 현실이 아니야"라고 말해요. 그렇다면 무엇이 현실인가요? 난 쪼그라져서 작은 공 속으로 들어갔어요. 나의 일부분이 "넌 네가 말하는 대로 될 수 없어"라고 말해요. ▶◀▶◀▶◀ 어린 소녀가 집에 왔어요. 신성한 자아가 어린 소녀와 함께 정원에 있어요. 나는 그녀처럼 되고 싶어요. (그녀는 통합되지 않은 신성한 자아에 대해 얘기하고 있었다.) 존중받을 만한 사람이 된다는 게 편안하지 않았어요. ▶◀▶◀▶◀ 난 신성한 자아에 대해 편안해졌어요. 그녀는 "내가 지금 여기에 있어"라고 말하면서 나를 가엾게 여기고 있어요. 난 그녀가 성장하고 있고 위로받고 있다고 느껴요. 고정되어 있는 건 아무것도 없어요. (크리스티나는 끔찍한 사고를 당하고 나서 병원 침대에 누워 있을 때, 그녀를 보고 "그렇게 나쁘지는 않은데"라고 말한 여자를 기억해내고 몹시 화를 냈다. 그녀는 상상 속에서 그 여자에게 "내 눈앞에서 꺼져버려!"라고 말했으며, 나는 크리스티나에게 "계속 갑니다"라고 말하면서 무릎을 두드리기 시작했다.) 사람들과 함께 있고 싶은 마음이 들어요.

치료자　　그 장면을 스스로 떠올려보세요. ▶◀▶◀▶◀ (내가 두드리는 동안, 그녀는 자신에게 소리쳤다. "네가 느끼는 대로 놔둬도 괜찮아. 네가 통제하려고 애쓰지 않아도 돼. 내가 여기 너와 함께 있잖아." 두드리기를 마친 후에 그녀는 훨씬 '평화롭고 이완됨'을 느꼈다.)

다음 주에 크리스티나는 흥분된 채로 왔다. 그녀는 화가 나 있었고 슬퍼 보였으며, '모든 사람을 구제하는 것'에 분노를 느끼고 있었다. 그녀는 십 대 아들과 싸웠는데, 그를 주먹으로 때렸다고 했다. (다행히 다치지는 않았고, 자신의 행동이 부적절하다는 걸 그녀도 분명히 인식하고 있었다.) 우리는 시간과 비용 때문에 50분의 회기를 하기로 결정했다. 그녀는 이전에 강한 감정과 흥분된 기억들을 처리하고 미완결 회기를 끝마칠 수 있는 능력을 보여주었으므로, 나는 그녀가 짧은 회기만으로도 필요하다면 내면의 자원들을 불러낼 수 있을 거라고 믿었다. 이 회기를 진행하는 동안 그녀는 다시 안구 운동을 사용하기를 원했다.

우리는 곧바로 아들과 있었던 일을 다루기로 했다. 사건에서 가장 최악의 장면을 떠올렸을 때, 즉 아들에게 주먹을 날렸을 때, 그녀는 "입 닥쳐. 불평 좀 그만 해! 넌 왜 네가 가진 것들을 감사할 줄 모르니?"라고 말했다. 그녀는 안구 운동을 시작했고 곧바로 그녀의 아버지와 있었던 초기의 사건을 떠올렸다. 그녀의 목은 더러운 것으로 가득 차 있는 것 같았고, 배에서는 통증을 느꼈다. 엄청난 분노가 쏟아져 나왔고, 아들과의 몸싸움은 곧 그녀 아버지와의 몸싸움으로 변했다. 아버지가 자신을 성적으로 학대한 장면을 떠올리면서 분노와 슬픔을 동시에 느꼈다. 우리는 안전지대로 가서 샤먼의 도움을 받아 편안함을 느끼면서 미완결 회기를 마쳤다.

이 회기 이후로 여름휴가 때문에 한 달간 치료를 중단했다. 그후 가진 회기에서 크리스티나는 기분이 훨씬 좋아졌다고 말했다. "난 점점 내 인생에 책임질 수 있다는 느낌이 들어요." 그녀는 자신의 학업을 얘기하며 한 단계 앞으로 나아가고 있다고 말했다. 또 한결 편안해진 느낌을 얘기하면서 "잘 지내고 있어요"라고 말했다. 처음 치료를 받으러 왔을 때 자아가 분리되어 있는 듯했던 느낌도 이제는 '통합된' 느낌으로 바뀌어 있었다. 내면에 있는 샤먼이 그녀에게 평화로움과 힘을 실어주었고, 다른 사람과의 관계에서도 스스로 적절한 통제와 경계를 갖게 된 점에서 여러 가지 변화를 느꼈다. "난 이제 건강한 경계healthy boundaries를 갖게 되었어요." 그녀가 웃으면서 말했다. 그녀는 남자와의 관계에 대한 가능성을 열어놓았고, 실제로 관심을 끄는 한 남자와 만남을 가졌다. 하지만 그녀는 자신의 몸에 대한 부정적인 생각들이 떠올라 이번 회기에는 이런 느낌들을 알아보고 싶어 했다. 성에 관한 얘기가 그녀의 관심사였다.

나는 그녀의 눈을 감게 하고 그녀가 만나고 있는 남자를 떠올리게 한 다음, 그 장면에서 어떤 느낌이 드는지 물어보았다. 그리고 불편한 감정과 함께 어떤 생각이 떠오르는지를 물었다. "내 몸은 매력이 없어요"라고 말하면서 자신의 몸을 숨기는 장면이 떠오른다고 했다. 그녀는 목이 조여드는 느낌과 배의 통증을 호소했다. 이번 회기에서는 안구 운동보다 두드리는 것을 원했다. 그녀는 눈을 감고 자기 몸에 대한 부끄러움 때문에 숨는 장면과 '내 몸은 매력적이지 않아'라는 생각에 집중했다. 나는 그녀의 무릎을 두드리기 시작했다.

크리스티나 그를 보면 에너지가 솟는 걸 느껴요. 난 누군가와 관계를 맺고 싶어요. ▶◀▶◀▶◀ '난 반드시 자유로워져야 한다'는 목소리가 들려요. 누군가와 함께 있어야 할 필요가 없어요. ▶◀▶◀▶◀ 정말 고요하고 평화로워요. (그녀는 분명 하나의 채널을 끝냈다.)

치료자 처음 장면으로 돌아가 봅시다. 당신에게 지금 무슨 일이 일어나고 있는지 말해주세요.

크리스티나 내가 샤먼 뒤로 숨는 장면이 떠올라요. 아버지가 나에게 다가오고 있어요.

치료자 지금 느낌이 어떠세요?

크리스티나 슬픔이 파도처럼 밀려와요. ▶◀▶◀▶◀ 난 다시 그 남자를 보면서 그에게 "난 당신이 필요해요"라고 말하고 있어요. 내가 그를 필요로 한다는 인상을 주면 그는 우리 관계를 끝내버릴 텐데. (그녀는 과거의 조건화된 사고를 하고 있었다.) ▶◀▶◀▶◀ 정말 광란의 섬광과 깊은 정적이에요. 목이 조여드는 느낌이에요. (그녀에게 구강성교의 신체 기억들이 떠오른 것 같았다.) ▶◀▶◀▶◀ 구역질이 나고 토할 것 같아요. 난 지난 몇 주 동안 이런 기분을 느껴왔어요. ▶◀▶◀▶◀ 누군가가 나를 잡으려고 달려드는 장면이요. 그리고 나서 샤먼이 나타나고 난 그 뒤에 숨는 장면들이 떠올라요. 난 보호받고 있지만 그걸 믿을 수가 없어요. 누군가 나에게 다가오면 그 믿음이 흔들려요. (그녀는 누군가에 대한 로맨틱한 관심이 새롭게 생기고 있다는 얘기를 하고 있었다.) ▶◀▶◀▶◀ 네가 하지 못하게 한다면 아무도 너에게 상처를 줄 순 없어. 난 날 드러내는 게 두려워. ▶◀▶◀▶◀ 난 상대방이 날 봐주길 원해. (아버지가 그녀를 성폭행했을 때 그는 그녀를 쳐다보지 않았고 그녀를 물건처럼 취급했던 것이다. 우리는 이 회기를 마쳐야 했다. 그녀는 마음을 가라앉혔고 회기를 무사히 마칠 수 있었다. 우리는 그녀에게 일어났던 일들을 정리했다. 그녀는 다른 사람과의 관계에서 상대방이 자신을 봐주기를 원하고 있었다. 아버지가 그녀를 바라보지 않았던 것이 그녀에게 상처가 되었던 것이다.)

2주 후에 가진 회기에서 크리스티나는 그녀의 몸과 친밀한 관계에 관한 주제로 계속 치료하길 원했다. 이전에 가졌던 회기들보다는 그 강도가 감소했다는 걸 나는 느낄 수 있었다. 그녀는 증상이 거의 없다고 했으며, 삶이 행복해보였고, 여러 가지 새로운 것들을 찾아 즐기고 있었다. 그녀가 초반에 느낀 꽉 막힌 느낌들은 사라진 것 같았고 더 이상 문제 될 게 없었다. 그녀는 자신에게 다가오는 문제들을 더 깊이 살펴보아야 했다.

우리는 막혀버린 성 문제에 대해 이야기했다. "내가 성적인 즐거움을 느낄 수 있을까요?" 그녀는 자신이 완벽해져야 하며 완벽한 몸매를 유지해야만 한다고 믿고 있었다. 그녀의 어머니는 뚱뚱했고, 이것이 아버지가 부정을 저지르게 해서 어머니에게 감정적인 고통을 주었을 뿐 아니라, 어머니를 일찍 죽게 만들었다고 믿고 있었다. 그 결과 크리스티나는 완벽해져야 한다고 생각했으며, 그렇지 않으면 남자가 자신을 떠날 것이고 그녀는 죽게 될 것이라고 믿고 있었던 것이다.

나는 우리가 치료해온 결과, 그녀의 어린 자아가 어떻게 변화했는지를 알고 싶었다. 이것을 알면 앞으로 어떻게 치료해나가야 할지 방향을 잡을 것 같았다. 크리스티나는 눈을 감고 어린 자아를 만나러 갔으며, 샤먼의 보호를 받고 있는 걸 보게 되었다. 그녀에게 느낌이 어떠냐고 물었을 때, 그녀는 보호받는 느낌이라고 답했고 아무도 그녀를 해치지 않을 거라는 걸 알게 되었다고 했다. 나는 그녀에게 어린 자아와 샤먼, 성인 자아를 모두 함께 불러내보라고 했다. 한참이 흐른 뒤에, 그녀는 말했다. "그들이 함께 손을 잡고 있어요. 그들이 내게 다가와서 몸속으로 들어오고 있어요." 그녀의 분리되어 있던 자아들이 자연스럽게 하나로 통합되는 것 같았다. 나는 그녀의 이러한 통합된 상태를 주입하기 위해 안구 운동을 하게 했다.

크리스티나 ▶◀▶◀▶◀ 모두 통합돼서 정말 기뻐요! 이제 완전해질 수 있을 것 같아요! (그러더니 곧바로 이를 의심했다.) 내가 정말 자유로울 수 있나요? ▶◀▶◀▶◀ 모든 게 중요하지만, 난 영적인 존재예요. 난 그 점을 중요하게 생각할 거예요. 난 벗어나고 싶어요. ▶◀▶◀▶◀ 나에게 정말 진실되고 싶고, 나 자신을 존중할 거예요. 진정한 나 자신을 보고 싶어요. ▶◀▶◀▶◀ 난 불가사의한 진실들을 더 알고 싶어요. (그리고 나서 그녀는 성적으로 눈뜨게 된 장면과 감정들을 이야기했다. 그녀는 깨어난 성의 상징으로 그리스 신화에 나오는 로터스의 꽃이 피어나는 아름다운 장면을 떠올렸다.) ▶◀▶◀▶◀ 다른 사람과의 관계에서 내가 안전하다는 걸 믿을 수 있을까요? ▶◀▶◀▶◀ 난 내게 진실해질 필요가 있어요. 오직 나에게…… 내 안에서 울리는 나만의 소리에 귀를 기울여야 해요.

치료자　크리스티나, 과거로 돌아가서 당신이 성에 대해 어떻게 느끼는지를 체크해볼 수 있겠어요? (나는 여기서 그녀에게 변화한 부분이 있는지를 알아보고 싶었다.)

크리스티나 예전에 만났던 한 남자에게서 "넌 성욕이 너무 지나쳐"라는 말을 들었던 게 생각나요. ▶◀▶◀▶◀ 이제는 사람들과의 관계에서 적절한 경계를 갖게 되었어요. (이것은 아주 긍정적인 인지이다. 나는 그녀에게 그 생각에 집중하라고 하면서 한 세트의 안구 운동을 시행했다.) ▶◀▶◀ ▶◀ 나는 춤추고 움직이면서 내가 얼마나 자유로운지를 느끼고 있어요. (크리스티나는 그 이미지에 깊이 몰입되어 있었으며, 움직이고 춤추면서 자신을 자유롭게 표현하는 에너지 넘치는 경험을 했다. 에너지는 그녀의 몸 안에서 움직이고 있었다. 그녀는 "이제 나는 내 몸을 받아들이고 있어요"라고 말했다.)

치료자　에너지와 감각을 열어놓고, 몸의 움직임으로 당신의 성을 표현하는 장면들을 떠올려보세요. ▶◀▶◀▶◀

크리스티나 정말 평화롭고 고요해요. 뭔가 군이 애쓰지 않아도 돼요. (크리스티나는 완결이 느껴지는 이 시점에서 EMDR 치료 과정을 끝내는 게 좋겠다고 느꼈다. 회기를 정리한 후에 우리는 그녀가 미래에 다루기 원하는 것들에 대한 얘기를 나누었다. 그녀는 아직도 다루고 싶은 것들이 많았다. 자신이 '사람이 아닌 것 같다'는 믿음 등이 그것이다.)

이 시점에서 크리스티나는 자신이 가장 절박하게 원했던 것을 이루었다고 느꼈으므로, 치료를 종료하기로 했다. 그녀는 더 이상 우울하지도, 꽉 막힌 느낌도 갖지도 않았다. 그녀는 훨씬 통합된 느낌을 갖게 되었다. 그녀의 영적인 자아와의 연결은 더욱 깊어지고 힘 있어 보였다. 그녀는 자신에 대해 더욱 좋은 느낌을 갖게 되었고, 다른 사람과의 관계에서 적절한 경계를 가지고 있었으며, 스스로를 돌볼 수 있게 되었다. 그녀는 평화로움을 느꼈고 더 이상 분노를 느끼지 않았다. 그녀는 자신의 에너지와 돈을 외상으로 인해 상했던 신체를 회복하는 데 쓰길 원했으며, 예술 활동과 운동을 통해 우리가 해왔던 치료들을 통합해나가고 싶어 했다. 우리는 치료를 중료하는 것에 동의했다. 원한다면 언제든 다시 치료받으러 올 수 있다는 것을 그녀는 알고 있었다. 우리가 함께한 EMDR 치료는 그녀의 치유 과정을 깊이 있고 훌륭하게 촉진시켜 주었다.

참고문헌

Acierno, R., Van Hasselt, V. B., Tremont, G., & Meuser, K. T. (1994). Review of validation and dissemination of eye-movement desensitization and reprocessing: A scientific and ethical dilemma. Clinical Psychology Review, 14, 287-299.

Anderson, C. (1996, June). Visualization for survivors of molest. EMDRIA Newsletter, 1.

Baker, N., & McBride, B. (1991, August). Clinical applications of EMDR in a law enforcement environment: Observations of the Psychological Service Unit of the L. A. County Sheriff's Department. Paper presented at the Police Psychology (Division 18, Police & Public Safety Sub-Section) mini convention at the APA annual convention, San Francisco, CA.

Bass, E., & Davis, L. (1988). The courage to heal: A guide for women survivors of child sexual abuse. New York: Harper & Row. 엘렌 베스, 로라 데이비스, 《아주 특별한 용기》, 이경미 옮김, 동녘, 2012년.

Bernstein, C., & Putnam, F. (1986). Development, reliability, and validity of a dissociation scale. Journal of Nervous and Mental Disease, 174, 727-735.

Boudewyns, P. A., Stwertka, S. A., Hyer, L. A., Albrecht, J. W., & Sperr, E. V. (1993). Eye movement desensitization and reprocessing: A pilot study. Behavior Therapy, 16, 30-33.

Bresler, D. E. (1990). Meeting an inner advisor. In D. C. Hammond (Ed.), Handbook of hypnotic suggestions and metaphors (pp.318-320). New York: Norton.

Briere, J. (1995). Trauma Symptom Inventory professional manual. Odessa, FL: Psychological Assessment Resources.

Carlson, E. B., & Putnam, F. W. (1992). Manual for the dissociative experiences scale. Available from the first author.

_____, & _____ (1993). An update on the dissociative experiences scale. Dissociation, 6, 16-27.

Carlsom, J. G., Chemtob, C. M., Rusnak, K., Hedlund, N. L., & Muraoka, M. Y. (1998). Eye movement desensitization and reprocessing for combat-related posttraumatic stress disorder. Journal of traumatic stress, 11, 3-24.

Chambless, D. L., Baker, M. J., Baucom, D. H., Beutler, L. E., Calhoum, K. S., CritsChristoph, P., Daiuto, A., DeRubeis, R., Detweiler, J., Haaga, D.A.F., Bennett Johnson, S., McCurry, S., Mueser, K. T., Pope, K. S., Sanderson, W. C., Shoham, W., Wtickle, T., Williams, D. A., & Woody, S. R. (1998). Update on empirically validated therapies, the Clinical Psychologist, 51, 3-16.

Cohen, B. M.,& Cox, C. T. (1995). Telling without talking: A window into the world of multiple personality. New York: Norton.

Cohn, L. (1993a). Art psychotherapy and the new eye movement desensitization and reprocessing (EMD/R) method, an integrated approach. In Evelyne Dishup (Ed.), California art therapy trends. Chicago, IL: Magnolia Street Publisher.

_____ (1993b). Art therapy and EMDR. Workshop presentation. EMDR Conference. Sunnyvale, California.

Daniels, N., Lipke, H., Richardson, R., & Silver, S. (1992, October). Vietnam veterans' treatment programs using eye movement desensitization and reprocessing. Symposium presented at the International Society for Traumatic Stress Studies annual convention, Los Angeles, CA.

Datta, P. C., & Wallace, J. (1996, November) Enhancement of Victim empathy along with reduction of anxiety and increase of positive cognition of sex offenders after treatment with EMDR. Paper presented at the EMDR Special Interest Group at the Annual Convention of the Association for the Advancement of Behavior Therapy, New York.

Davis, L. (1990). The Courage to heal workbook. New York: Harper & Row.

Douglass, F. (1941). The life and rimes of Frederick Douglass. New York: Pathway Press.

Erickson, M. H., & Rossi, E. L. (1976). Two level communication and the microdynamics of trance and suggestion. American Journal of Clinical Hypnosis, 18, 153-171.

Feske, U. (1998). Eye movement desensitization and reprocessing treatment for posttraumatic stress disorder. Clinical Psychology: Science and Practice, 5, 171-181.

Foster, S., & Lendl, J. (1996). Eye movement desensitization and reprocessing: Four case studies of new tool for executive coaching and restoring employee performance after setbacks. Consulting Psychology Journal: Practice and Research, 48, (3), 155-161.

Goldstein, A. (1992, August). Treatment of panic and agoraphobia with EMDR: Preliminary data of the Agoraphobia and Anxiety Treatment Center, Temple University. Paper presented at the fourth World Congress in Behavior Therapy, Queensland, Australia.

_____ & Feske, U. (1994). Eye movement desensitization and reprocessing for panic disorder: A case series. Journal of Anxiety Disorders. 8, 351-362.

Goldstein, J. (1976). The experience of insight. Boulder, CO: Shambala.

Greenwald, R. (1994). Applying eye movement desensitization and reprocessing to the treatment of traumatized children: Five case studies. Anxiety Disorders Practice Journal, 1, 83-97.

Harner, M. (1980). The way of the Shaman. New York: Bantam.

Herbert, J. D., & Meuser, K. T. (1992). Eye movement desensitization: A critique of the evidence. Journal of Behavior Therapy and Experimental Psychiatry, 23, 169-174.

Herman, J. L. (1992). Trauma and recovery. New York: Basic Books. 주디스 허먼, 《트라우마》, 최현정 옮김, 열린 책들, 2012년.

Kabat-Zinn, J. (1990). Full catastrople living: Using the wisdom of your body and mind to face stress, pain, and illness. New York: Dell.

Klein, J. (1988). Who am I? Longmead, Shaftesbury, Dorst: Element Books.

Kleinknecht, R. (1992). Treatment of post-traumatic stress disorder with eye movement desensitization and reprocessing. Journal of Behavior Therapy and Experimental Psychiatry, 23, 43-50.

_____ (1993). Rapid treatment of blood and injection phobias with eye movement desensitization. Journal of Behavior Therapy and Experimental Psychiatry, 24, 211-217.

Kluft, R. P. (1985). The natural history of multiple personality disorder. In R. P. Kluft (Ed.), The childhood antecedents of multiple personality. Washington, DC: American Psychiatric Press, Inc.

_____ (1987). First-rank symptoms as a diagnostic clue to multiple personality disorder. American Journal of Psychiatry, 144, 293-298.

Korn, D. (1997). Clinical application of EMDR in treating survivors of sexual abuse. Workshop presentation. EMDR International Association Conference, San Francisco, CA.

Kornfield, J. (1993). A path with heart: A guide through the perils and promises of spiritual life. New York: Bantam.

Leeds, A. M. (1997, July 13). In the eye of the beholder: Reflections on shame, dissociation, and transference in complex posttraumatic stress and attachment related disorders. Principles of case formulation for EMDR treatment planning and the use of resource installation. Unpublished paper presented at the EMDR International Association Conference, San Francisco. Available from <ALeeds@concentric.net>

_____ (1998) Lifting the burdern of shame: Using EMDR resource installation to resolve a therapeutic impasse. In P. Manfield (Ed.), Extending EMDR: A casebook of innovative applications (pp.256-281). New York: Norton

_____ , & Korn, D. (1998). Clinical applications of EMDR in the treatment of adult survivors of childhood abuse and neglect. Workshop presentation. EMDR International Association Conference, Baltimore, MD.

_____ , & Shapiro, F. (in press). EMDR and resource installation: Principles and procedures to enhance current functioning and resolve traumatic experiences. In J. Carson & L. Sperry (Eds.), Brief therapy strategies with individuals and couples. Phoenix: Zeig, Tucker.

Lendl, J., & Foster, S. (1997). EMDR performance enhancement for the workplace: A practitioners' manual. Self published manual. Inquiries to: Sandra Foster, Ph.D., 220 Montgomery St., Suite 315, San Francisco, California 94104. E-mail: samrolf@aol.com.

Levin, C. (1993, July/August). The enigma of EMDR. Family Therapy Networker, 75-83.

_____, Grainger, R. K., Allen-Byrd, L., & Fulcher, G. (1994, August). Efficacy of eye movement desensitization and reprocessing (EMDR) for survivors of Hurricane Andrew: A comparative study. Paper presented at the American Psychological Association conference, Los Angeles, CA.

Levin, S. (1987). Healing into life and death. New York: Anchor/Doubleday.

Linehan, M. (1993a). Cognitive-behavioral treatment of the borderline personality disorder. New York: Guilford.

_____ (1993b). Skills training manual for treating borderline personality disorder. New York: Guilford.

Lipke, H. (1994, August). Survey of practitioners trained in eye movement desensitization and reprocessing. paper presented at the American Psychological Association annual convention, Los Angeles, CA.

_____, & Botkin, A. (1992). Brief case studies of eye movement desensitization and reprocessing with chronic post-traumatic stress disorder. Psychotherapy, 29, 591-595.

Loewenstein, R. J. (1991). An office mental status examination for complex, Chronic dissociative symptoms and multiple personality disorder. Psychiatric Clinics of North America, 14, 567-604.

_____ (1993). Posttraumatic and dissociative aspects of transference and countertransference in the treatment of multiple personality disorder. In R. P. Kluft & C. G. Fine. (Eds.), Clinical perspectives on multiple personality disorder (pp.51-86). Washington, DC: American Psychiatric Press.

Lohr, J. M., Kleinknecht, R. A., Conley, A. T., dal Cerro, S., Schmidt, J., & Sonntag, M. E. (1992). A methodological critique of the current status of eye movement desensitization (EMD). Journal of Behavior Therapy and Experimental Psychiatry, 23, 159-167.

Lovett, J. (1999). Small wonders: Healing childhood trauma with EMDR. New York: Free Press.

Maltz, W. (1991). The sexual healing journey. New York: HarperPerennial.

Marcus, S., Marquis, P., & Sakai, C. (1997). Controlled study of treatment of PTSD using EMDR in an HMO setting. Psychotherapy, 34, 307-315.

Marquis, J. (1991). A report on seventy-eight cases treated by eye movement desensitization. Journal of Behavior Therapy and Experimental Psychiatry, 22, 187-192.

McCann, D. L. (1992). Post-traumatic stress disorder due to devastating burns overcome by a single session of eye movement desensitization. Journal of Behavior Therapy and Experimental Psychiatry, 23, 319-323.

McFarlane, A. C., Weber, D. L., & Clark, C. R. (1993). Abnormal stimulus processing in PTSD. Biological Psychiatry, 34, 311-320.

McNeal, S., & Frederick, C. (1993). Inner strength and other techniques for ego-strengthening. American Journal of Clinical Hypnosis, 35, 170-178.

Miller, E., (1996). Letting go of stress. Source Cassette Learning Systems, Inc.

Ogden, T. H. (1994). Subjects of analysis. Northvale, NJ; Aronson.

Page, A. C., & Crino, R. D. (1993). Eye-movement desensitization: A simple treatment for post-traumatic stress disorder? Australian and New Zealand Journal of Psychiatry, 27, 288-293.

Parnell, L. (1994, August). Treatment of sexual abuse survivors with EMDR: Two case reports. Paper presented at the 102nd annual meeting of the American Psychological Association, Los Angeles, CA.

_____ (1995-1998). EMDR in the treatment of sexual abuse survivors. EMDR Institute: Level II Specialty Presentations.

_____ (1995, June). The use of imaginal and cognitive interweaves with sexual abuse survivors. Workshop presentation. EMDR International Association Conference. Santa Monica, CA.

_____ (1996a). Eye movement desensitization and reprocessing (EMDR) and spiritual unfolding. Journal of Transpersonal Psychology, 28, 129-153.

_____ (1996b, August). From trauma to transformation: EMDR and spiritual unfoldment. Association for Transpersonal Psychology Annual Conference.

_____ (1997a). Transforming Trauma: EMDR. New York: Norton.

_____ (1997b, July). Beyond recovery: EMDR and transpersonal experiences. EMDR International Association Conference, San Francisco., CA.

_____ (1998a, July). Transforming sexual abuse trauma with EMDR. Workshop presentation. EMDR International Association Conference, Baltimore, MD.

_____ (1998b). Post-partum depression: Helping a new mother to bond. In P. Manfield (Ed.), Extending EMDR: A casebook of innovative applications (pp.37-64). New York: Norton.

_____ , & Cohn, L. (1995). Innovations in the use of EMDR, imagery, and art. EMDR regional network meeting.

Paulsen, S., Vogelmann-Sine, S. Lazrove, S., & Young, W. (1993, October). Eye movement desensitization and reprocessing: Its role in the treatment of dissociative disorders. 10th Annual Conference of ISSMPD, Chicago.

Philips, M. (1997a, July). The importance of ego strengthening with EMDR. EMDRIA Conference. San Francisco, CA.

_____ (1997b, November). The importance of ego strengthening with dissociative disorder patients. Fourteenth international fall conference of the International Society for the Study of Dissociation. Montreal, Canada.

_____ (in press). Hypnosis, EMDR, and ego strengthening. American Journal of Clinical Hypnosis.

_____ , & Frederick, C. (1995). Healing the divided self. New York: Norton.

Pitman, R. K., Orr, S. P., Altman, B., Longpre, R. E., Poire, R. E., & Macklin, M. L. (1996). Emotional processing during eye-movement desensitization and reprocessing therapy of Vietnam veterans with chronic post-traumatic stress disorder. Comprehensive Psychiatry, 37, 419-429.

Popky, A. J. (1997). EMDR integrative addiction treatment model. EMDR Institute: Level II Specialty Presentation, San Francisco, CA.

Puffer, M. K., Greenwald, R., & Elrod, D. E. (in press). A single session EMDR study with twenty traumatized children and adolescents. Traumatology.

Puk, G. (1991). Treating traumatic memories: A case report on the eye movement desensitization procedure. Journal of Behavior Therapy and Experimental Psychiatry. 22, 149-151.

_____ (1999). In F. Shapiro, EMDR Institute manual. Pacific Grove, CA: EMDR Institute.

Putnam, F. W. (1989). Diagnosis and treatment of multiple personality disorder. New York: Guilford.

_____ , Guroff, J. J., Silberman, E. K., Barban, L., & Post, R. M. (1986). The clinical phenomenology of multiple personality disorder. Journal of Clinical Psychiatry, 47, 285-293.

Pynoos, R. S., Steinberg, A., & Goenkian, A. (1996). Traumatic stress in childhood and adolescence: Recent developments and current controversies. In B. van der Kolk, A. C. McFarlane, & L. Weisaeth (Eds.), Traumatic stress. New York: Guilford.

Ross, C. A. (1989). Multiple personality disorder. New York: Wiley.

_____ (1995). Diagnosis of dissociative identity disorder. In L. Cohen, J. Berzoff, & M. Elin (Eds.), Dissociative Identity disorder. Northvale, NJ: Aronson.

_____ , Herber, S., Norton, G. R., Anderson, G., & Garchet, P. (1989). The Dissociative Disorders Interview Schedule: A structured interview. Dissociation, 2, 169-189.

_____ , Miller, S. D., Reagor, R., Bjornson, L., Fraser, G. A., & Anderson, G. (1990). Schneiderian symptoms in multiple personality disorder and schizophrenia. Comprehensive Psychiatry, 31, 111-118.

참고문헌

Rossman, M. L. (1987). Healing yourself: A step-by-step program for vetter health through imagery. New York: Walker.

Rothbaum, B. O. (1997). A controlled study of eye movement desensitization and reprocessing for posttraumatic stress disordered sexual assault victims. Bulletin of the Menninger Clinic, 61, 317-334.

Salzberg, S. (1996). Loving-kindness meditation-- learning to love through insight meditation (audio cassette).

_____ , & Kabat-Zinn, J. (1997). Loving kindness: The revolutionary art of happiness. Berkeley: Shambala.

Scheck, M. M., Schaeffer, J. A , Gillette, C S (1998). Brief psychological intervention with traumatized young women: The efficacy of eye movement desensitization and reprocessing. Journal of Traumatic Stress, 11(1), 25-44.

Schore, A. N. (1994). Affect regulation and the origin of the self: The neurobiology of emotional development. Hillsdale, NJ: Erlbaum.

_____ (1998, January 31). Memory, brain process and development, part I. Understanding and Treating Trauma: Developmental and Neurobiological Approaches: Lifespan Learning Institute Conference, Los Angeles, CA.

Shapiro, F. (1989a). Efficacy of the eye movement desensitization procedure in the treatment of traumatic memories. Journal of Traumatic Stress Studies, 2, 199-223.

_____ (1989b). Eye movement desensitization: A new treatment for post-traumatic stress disorder. Journal of Behavior Therapy and Experimental Psychiatry, 20, 211-217.

_____ (1995). Eye movement desensitization and reprocessing. New York: Guilford. 프랜신 샤피로, 《안구운동 둔감화 재처리법》, 권정옥 옮김, 시그마프레스, 2011년.

_____ (in press). Eye movement desensitization and reprocessing (EMDR) and the anxiety disorder: Clinical and research implications of an integrated psychotherapy treatment. Journal of Anxiety Disorders.

Siegel, D. (1998, February). Memory, brain process and development, part II. Understanding and Treating Trauma: Developmental and Neurobiological Approaches: Lifespan Learning Institute Conference, Los Angeles, CA.

Silver, S. M., Brooks, A., Obenchain, J. (1995). Eye movement desensitization and reprocessing treatment of Vietnam war veterans with PTSD: Comparative effects with biofeedback and relaxation training. Journal of Traumatic Stress, 8, 337-342.

Solomon, R., & Kaufman, T. (1992, October). Eye movement desensitization and reprocessing: An effective addiction to critical incident treatment protocols. Preliminary results presented at the International Society for Traumatic Stress Studies annual conference, Los Angeles, CA.

_____ , & Shapiro, F. (1997). Eye movement desensitization and reprocessing: An effective therapeutic tool for trauma and grief. In C. Figley, B. Bride, & N. Mazza (Eds.), Death and trauma. London: Taylor & Francis.

Spector, J., & Huthwaite, M. (1993). Eye-movement desensitization to overcome post-traumatic stress disorder. British Journal of Psychiatry, 163, 106-108.

_____ , & Reade, J. (in press). The current status of eye movement desensitization and reprocessing-EMDR. Clinical Psychology and Psychotherapy.

Spiegel, D. (1993). Multiple posttraumatic personality disorder. In R. P. Kluft & C. G. Fine (Eds.), Clinical perspectives on multiple personality disorder. Washington, DC: American Psychiatric Press, Inc.

Steinberg, M. (1995). Handbook for the assessment of dissociation: A clinical guide. Washington, DC: American Psychiatric Press, Inc.

Taylor, C. (1991). The inner child workbook. Los Angeles: Tarcher.

Thompson, J., Cohn, L., & Parnell, L. (1996, June). Beyond the cognitive interweave: The use of dreams, art, and imagery in EMDR. EMDR International Conference, Denver, Co.

Tinker, R., & Wilson, S. (1999). Through the eyes of a child: EMDR with children. New York: Norton

van Etten, M. L., & Taylor, S. (1998). Comparative efficacy of treatment for post-traumatic stress disorder: A meta-analysis. Journal of Clinical Psychology and Psychotherapy, 5, 126-144.

van der Kolk, B. (1994). The body keeps the score: Memory and the evolving psychobiology of posttraumatic stress. Harvard Review Psychiatry, 1: 253-265.

_____ (1996). The complexity of adaptation to trauma: Self-regulation, stimulus discrimination, and characterological development. In B. van der Kolk, A. C. McFarlane, & L. Weisaeth (Eds.), Traumatic stress. New York: Guilford.

_____ (1998, January 31). Social and neurobiological dimensions of the compulsion to forget and re-enact trauma. Understanding and treating Trauma: Developmental and Neurobiological Approaches Lifespan Learning Institute Conference. Los Angeles, CA.

_____ , Burbridge, J. A., & Suzuki, J. (1997). The psychobiology of traumatic memory: Clinical Implications of neuroimaging studies. In R. Yehuda & A. C. McFarlane (Eds.), Annuals of the New York Academy of Sciences (Vol. 821): Psychobiology of Posttraumatic Stress disorder. New York: New York Academy of Sciences.

_____ , & Fisler, R. (1995). Dissociation and the fragmentary nature of traumatic memories: Overview and exploratory study. Journal of Traumatic Stress. 8, (4), 505-525.

_____ , McFarlane, A. C., & Weisaeth, L. (Eds.). (1996). Traumatic stress. New York: Guilford.

_____ , B. A., Perry, C., & Herman, J. L. (1991). Childhood origins of self-destructive behavior. America Journal of Psychiatry, 148, 1665-1671.

Watkins, J. G. (1971). The affect bridge: A hypnoanalytic technique. International Journal of Clinical and Experimental Hypnosis, 19, 21-27.

_____ (1990). Watkins' affect or somatic bridge. In D. C. Hammond (Ed.), Handbook of hypnotic suggestions and metaphors (pp.523-524). New York: Norton.

Wernick, U. (1993). The role of the traumatic component in the etiology of sexual dysfunctions and its treatment with eye movement desensitization procedure. Journal of Sex Education and Therapy, 19, 212-222.

Wildwind, L. (1993). Chronic depression. Workshop presentation. EMDR Conference, Sunnyvale, CA.

Wilson, D., Covi, W., Foster, S., & Silver, S. M. (1993, April). Eye movement desensitization and reprocessing and ANS correlates in the treatment of PTSD. Paper presented at the California Psychological Association annual convention. San Francisco, CA.

Wilson, S. A., Becker, L. A., & Tinker, R. H. (1995). Eye movement desensitization and reprocessing (EMDR) method treatment for psychologically traumatized individuals. Journal of Consulting and Clinical Psychology, 63, 928-937.

_____ , _____ , & _____ (1997). Fifteen-month follow-up of eye movement desensitization and reprocessing (EMDR) treatment for PTSD and psychological trauma. Journal of Consulting and Clinical Psychology, 65, 1047-1056.

Wolpe, J. (1991). The practice of behavior therapy (4th ed.). New York: Pergamon.

_____ , & Abrams, J. (1991). Post-traumatic stress disorder overcome by eye movement desensitization: A case report. Journal of Behavior Therapy and Experimental Psychiatry, 22, 39-43.

Yeshe, Lama, T. (1995). The tantric path of purification. Boston: Wisdom Publication.

Young, W. (1994). EMDR treatment of phobic symptoms in multiple personality. Dissociation, 7, 129-133.

찾아보기

옮긴이 소개

이호영 정신건강의학과 전문의
아주대학교 의과대학 명예교수

김준기 정신건강의학과 전문의
마음과 마음 식이장애 클리닉 원장
서울 EMDR 트라우마센터 센터장
EMDR Institute Trainer
한국 EMDR협회 기획홍보이사

김남희 정신건강의학과 전문의
마음토닥정신건강의학과 원장
수원 스마일센터 센터장
EMDR Institute Trainer
한국 EMDR협회 교육수련이사

공성숙 순천향대학교 간호학과 교수
국제 EMDR 협회 공인치료자

배재현 임상심리전문가
정신보건임상심리사 1급
서울 EMDR 트라우마센터 부센터장
EMDR Institute Trainer
한국 EMDR협회 학술이사

윤인순 정신보건 사회복지사
국제 EMDR 협회 공인치료자

홍만제 정신건강의학과 전문의
홍만제 정신건강의학과 원장
국제 EMDR 협회 공인치료자

황이삭 정신건강의학과 전문의
이삭 정신건강의학과 원장
국제 EMDR 협회 공인치료자

서울 EMDR트라우마센터
www.seoulemdr.co.kr

EMDR 마음의 상처 치유하기

1판 1쇄 인쇄	2021년 6월 19일
1판 1쇄 발행	2021년 6월 29일

지은이	로럴 파넬
옮긴이	김준기·배재현·김남희 옮김
발행처	(주)수오서재
발행인	황은희, 장건태
책임편집	최민화
편집	마선영, 박세연
마케팅	이종문, 황혜란, 안혜인
디자인	권미리
제작	제이오
주소	경기도 파주시 돌곶이길 170-2 (10883)
등록	2018년 10월 4일(제406-2018-000114호)
전화	031)955-9790
팩스	031)946-9796
전자우편	info@suobooks.com
홈페이지	www.suobooks.com
ISBN	979-11-90382-40-3 03180 책값은 뒤표지에 있습니다.